互联网时代农村流通全产业链整合发展

张喜才◎著

中国商业出版社

图书在版编目(CIP)数据

互联网时代农村流通全产业链整合发展/张喜才著
—北京：中国商业出版社，2017.9
ISBN 978-7-5044-9555-6

Ⅰ.①互… Ⅱ.①张… Ⅲ.①农村-商品流通-产业链-研究-中国 Ⅳ.①F723.82

中国版本图书馆 CIP 数据核字(2016)第 210081 号

责任编辑：蔡凯

中国商业出版社出版发行
010-63180647　www.c-cbook.com
(100053　北京广安门内报国寺1号)
新华书店经销
北京市书林印刷有限公司印刷
* * * * *
787×1092 毫米　16 开　印张:15.75　千字:300
2017 年 9 月第 1 版　2017 年 9 月第 1 次印刷

定价:42.00 元
* * *
(如有印装质量问题可更换)

摘　要

近年来,党中央、国务院出台了一系列政策,着重重建农村商业网点、改善农村流通设施、提升管理水平,使得农村商品流通现代化水平得到了较大提高。但目前农村市场建设还存在体系不健全、功能残缺等问题,这些问题导致了农村社会经济结构转型迟滞、小农生产效率低以及农村社会发展滞后等后果。因此,为了提升农村经济社会发展水平、全面深化农村经济体制改革,我们必须加快农村现代商品流通体系建设。

农村商品流通是"三农"工作的经络,建设农村现代商品流通体系是释放农民激情、活跃农业要素、提升农村现代文明、推进城镇化建设的重要内容。在农村现代商品流通体系建设过程中,可以通过提升现代商业素养武装农民,帮助农民致富;通过现代商业流通带动农业发展,帮助农业增收;通过现代商业文明提升农村现代文明,帮助农村发展。在此基础上才可以更加有效地推动城镇化建设,进而通过拉动农村地区的内需促进国民经济健康发展,从而实现通过"三商"活"三农"的目的,完成农村现代商品流通体系建设的重要使命。

近年来,农村消费品市场加速增长扩大。中国 13 亿人口,7 亿在农村,占全国人口的 60%,2015 年乡村消费品零售额 41932 亿元,增长 11.8%。2012 年以来,农村(乡村)的社会消费品零售总额增长率开始大于城市。2013 年县及县以下社会消费品零售总额达到 71639 亿元,相比 2005 年增长了 1.46 倍,年均增长达到 18.25%,农村消费品零售总额占社会消费品零售总额的比重提升至 26.27%。快速增长的农村消费品市场亟待农村流通产业链转型升级的支撑。

农产品产量增长,农产品商品率不断提高。2015年农产品总产量约22亿吨。使得流通需求总量增加,对流通能力、效率和质量要求提高;农产品生产和加工向优势区域集中,使得跨区域流通需求增加,对物流提出了新的要求。农村电商迅速崛起。阿里研究院发布《农村电子商务消费报告(2014)》显示,中国农村电商消费市场近年来持续扩大,预计全国农村网购市场规模2014年将达到1800亿元人民币。电子商务对中国农村地区的影响日益加深,但我国现有的农村物流体系不足以支撑农村电子商务发展。我国农村物流发展很快,但同城乡一体化发展、农村供给侧改革和六次产业融合发展的要求相比仍显滞后。特别是农村电子商务迅速崛起,对农村物流网络体系提出了更多更高要求。农村物流网络顶层设计缺失,物流设施不足,市场主体规模小、实力弱,物流网络组织化程度低。农村物流网络体系滞后造成物流成本居高不下,阻滞了农村供给侧改革,制约了农村六次产业融合发展,对农业发展和农民增收造成了不利影响。

目前,我国乡村社会消费品零售总额增长比例已经连续两年大于城镇,镇级消费额占到国内消费总额的一半左右,这是农村商品流通体系建设进入新常态的一个重要标志。新形势下,农村现代商品流通体系建设还面临着城镇化、电子商务、消费结构升级等一系列挑战,依然存在配送成本高、市场秩序失范、商业基础设施不健全、中小流通企业可持续发展机制尚未建立、网络条块分割等问题。造成这些问题的原因是多方面的,既有商品流通体系本身的原因,也有农村市场法律法规体系不适应现代商品流通体系要求的原因。加之近年来,在新型城镇化、城乡一体化、工业化和农业现代化的带动下,在农村电子商务、农村物联网等支撑下,在供给侧改革和产业融合的推动下,农村流通产业链建设是一个大市场。因此,未来一段时间内,在农村供给侧改革和产业融合的带动下,在农村电子商务、农村现代服务业的引领下,在国家政策和企业竞争的双重作用下,农村现代物流网络体系建设必将迎来新一轮的大发展,在顶层设计、基础设施、组织体系、商业模式等方面不断改革和创新。

近年来,四化同步深入推进,农村供给侧改革和产业融合加快推进,农业进步、农村经济发展的主要制约因素逐渐从生产转为流通,农村流通作为联系生产与消费、城市与农村、工业与农业的纽带,在促进城乡商品交换、优化农村产业结构、增加农村就业渠道等方面发挥日益重要的作用。发展农村物流、加快农产品流通、打通农产品流通的最后一公里,对促进传统农业向现代农业、商流向现代物流实现转变,具有很大的现实意义。因此,加快农村现代流通产业链建设对于深化农村供给侧改革,促进产业融合,发展现代农业具有重要意义。

本书从供给侧结构性改革出发,从全产业链视角,从宏观、微观两个方面,构建了二元结构下农村供给和需求模型,还总结了国外农村市场建设的模式,希望可以借助国外发展经验,为我国农村商品流通体系建设的政策制定提供一些借鉴。注重计量分析＋案例研究方法,通过农村社会消费品、农产品、农资等数据分析,量化农村物流网络总需求。通过聚类分析,将全国农村物流网络细分为5个区域,使顶层设计更具针对性。通过深入淘宝村、物流园区等调研,提出村级物流的组织体系、商业模式,解决农村物流最后一公里问题。

本书受到国家自然科学基金国际合作项目(71361140369)"变化市场中农产品价值链转型及价格、食品安全的互动关系"的支持,北京市教委社科一般项目"京津冀农业全产业链合作模式及对策研究"、北京市委组织部优秀青年骨干人才项目和北京物资学院青年基金培育项目的支持。

目 录

一、供给侧改革下重新审视农村流通产业链 ·············· （1）

（一）供给侧改革的"流通困局" ·············· （1）

（二）农村流通产业链的内涵 ·············· （4）

（三）二元结构、供给侧改革与农村流通产业链 ·············· （7）

（四）农村现代商品流通产业链的特征 ·············· （17）

二、农村流通产业链文献综述 ·············· （23）

（一）农村流通产业链的研究综述 ·············· （23）

（二）农村流通网络不断优化升级研究综述 ·············· （27）

（三）电商对农村流通影响综述 ·············· （28）

（四）简要评论 ·············· （31）

三、我国农村商品流通产业链主体及网点现状 ·············· （32）

（一）供销合作社主导型 ·············· （33）

（二）邮政系统主导型 ·············· （33）

（三）批发市场主导型 ·············· （34）

（四）农业产业化龙头企业主导型 ·············· （34）

（五）大型零售企业主导型 ·············· （35）

（六）第三方物流主导型 ·············· （37）

（七）农民专业合作社主导型 ·············· （38）

四、农村商品流通四大产业链 ································ (42)

    （一）农村流通产业链的总体规模 ···················· (42)

    （二）农村流通产业链环节分析 ······················ (53)

五、新常态下农村商品流通产业链的现状及问题 ········ (64)

    （一）新常态下农村商品流通产业链的现状 ············ (64)

    （二）农村商品流通产业链的主要问题 ················ (78)

    （三）农村消费拐点与流通革命 ······················ (83)

六、互联网时代农村商品流通产业链的外部冲击及影响 ········ (90)

    （一）市场环境新变化 ······························ (91)

    （二）电子商务对农村市场的影响 ···················· (92)

    （三）城镇化对农村市场的影响 ······················ (100)

    （四）撤村并居对农村市场的影响 ···················· (102)

    （五）经营业态新提升 ······························ (103)

    （六）消费结构新升级 ······························ (104)

    （七）市场建设新活力 ······························ (108)

    （八）市场政策新方向 ······························ (109)

七、互联网＋农村物流网络的顶层设计 ················ (111)

    （一）农村物流网络的影响因素分析 ·················· (111)

    （二）农村物流网络影响因素的 pearson 相关系数 ······ (122)

    （三）农村物流网络的聚类分析 ······················ (123)

    （四）农村物流网络的聚类区域分析 ·················· (126)

八、电商背景下村级物流网络发展模式 ……………………… (130)

（一）农村物流网络的最后一公里 …………………………… (130)

（二）农村物流综合平台——村级物流服务站 ……………… (131)

（三）村级物流服务站的组织模式 …………………………… (133)

（四）村级物流服务站的业务模式 …………………………… (135)

（五）村级物流服务站的盈利模式 …………………………… (137)

（六）村级物流的自组织共享经济模式 ……………………… (138)

九、农村电商产业链可持续发展生态圈研究 ………………… (140)

（一）电子商务进农村的现状 ………………………………… (140)

（二）电子商务对接农村流通产业链的问题 ………………… (148)

（三）农村电商生态的产业链系统 …………………………… (153)

十、产业链视角下农村商贸服务网点研究 …………………… (164)

（一）大型流通企业拓展农村情况分析 ……………………… (167)

（二）大型连锁企业拓展农村市场的主要模式 ……………… (170)

（三）大型连锁企业拓展农村市场的主要问题 ……………… (174)

（四）农村商贸服务网点拓展政策建议 ……………………… (177)

十一、农村流通产业链整合研究 ……………………………… (179)

（一）现代化农村流通产业链的建设主体——谁来整合 …… (179)

（二）现代化农村流通产业链的构成要素——整合什么 …… (180)

（三）现代化农村流通产业链的建设方式——怎样整合 …… (181)

（四）现代农村流通产业链的一般框架 ……………………… (183)

（五）我国农村流通产业链的整合工具 ……………………… (184)

❊目录

十二、互联网时代农村商品流通产业全产业链模式 ……………… (194)
    （一）农村流通产业链整合的思路 ………………………………… (194)
    （二）完善农村流通产业链网络体系 …………………………… (196)
    （三）农村物流流通产业链整合的组织模式 ………………… (198)
    （四）农村流通产业链整合的市场主体分析 ………………… (199)

十三、城镇化背景下国外农村流通体系建设的经验借鉴 ………… (213)
    （一）地多人少，大农场背景下的美国模式 ………………… (213)
    （二）人多地少，高度组织化下的日韩模式 ………………… (215)
    （三）人地均衡，中小型农场下的欧洲模式 ………………… (217)

十四、互联网时代农村流通产业链发展的政策建议 ……………… (222)
    （一）政府加强顶层设计 ………………………………………… (224)
    （二）建好农村电商平台 ………………………………………… (226)
    （三）搭建园区—综合体—门店网络体系 …………………… (226)
    （四）整合村级物流及流通服务终端 …………………………… (227)
    （五）物流金融融合服务 ………………………………………… (227)
    （六）第三方物流综合服务商整合供应链 …………………… (228)
    （七）建立一个物流公共信息服务平台 ……………………… (229)
    （八）积极参与农村物流深度经营保证农民增收受益 …… (229)
    （九）构建农村现代流通产业链标准体系 …………………… (230)

参考文献 …………………………………………………………… (235)
后记 ………………………………………………………………… (239)

— 4 —

一、供给侧改革下重新审视农村流通产业链

（一）供给侧改革的"流通困局"

我国农业农村发展不断迈上新台阶，已进入新的历史阶段。农业的主要矛盾由总量不足转变为结构性矛盾，突出表现为阶段性供过于求和供给不足并存，矛盾的主要方面在供给侧。推进农业供给侧改革成为农业农村工作主线。

近几年，我国在农业转方式、调结构、促改革等方面进行积极探索，为进一步推进农业转型升级打下一定基础，但农产品供求结构失衡、要素配置不合理、资源环境压力大、农民收入持续增长乏力等问题仍很突出，增加产量与提升品质、成本攀升与价格低迷、库存高企与销售不畅、小生产与大市场、国内外价格倒挂等矛盾亟待破解。农村中原有的"小生产、小流通"格局、地产地销、短距离运输、一买一卖的产销关系已发生很大变化。当前，农村商品流通中产销关系表面上是量的矛盾，实质上是生产和流通主体之间的矛盾，多种因素交错复杂，日用消费品产销能力不匹配，农产品产销主体地位不对等，农资行业利益关系不稳定。表现在：一是日用消费品产能过剩，流通设施落后、配送成本高，"大水量和小管道"矛盾突出。二是农民专业合作社组织化程度低，难以进入现代流通体系，农业生产者在市场中的弱势地位难于改变。三是农资生产者自建销售体系、控制销售渠道，使原有的产销关系变得复杂化，产销共赢共生的局面难于维持。农业农村供给侧改革离不开流通环节的支撑，实现流通产业链的调整才能推进农业供给侧结构性

— 1 —

※ 一、供给侧改革下重新审视农村流通产业链

改革，把农业结构调好、调优、调顺。

改革开放以来，我国农村商品流通产业无论在规模、速度还是经济效益及社会贡献等方面都出现了较好的发展态势，农村居民消费水平不断提高，消费结构不断改善，成为拉动内需、促进经济增长的一个重要因素。但随着农村流通结构调整的深度和广度不断加大，从所有制结构、行业结构、业态结构到组织结构、网点结构都经历了翻天覆地的变化，在"去组织化"的过程中，传统的国有垄断和高度集权的体制机制已不复存在，但这一进程中微观上以资本追求利润最大化的改革又导致了新的问题出现，流通网络现代化程度低、流通成本高、流通渠道混乱，特别是部分农村流通主体还存在盲目布点、盲目扩张的情况，流通网络布局缺乏规划依据，存在较大的主观随意性，流通网络结构不合理，网络经营效率比较低，造成农村流通成本较高、农村消费环境不佳等问题，制约着农民消费水平的提升。随着我国经济的快速发展，人均 GDP 和农村居民人均纯收入有了明显增长，恩格尔系数总体上降低。目前，我国人均 GDP 已达到 8000 美元，农村居民人均纯收入接近 8000 元，农村居民家庭恩格尔系数逐年降低。在这种情况下，农村的消费能力提高，消费规模不断扩大，消费结构变化、消费层次提升，进而对农村商品流通提出了新的要求，表现在消费环境的舒适化、产品的多样化、质量的适中化、价格的合理化、购物的方便化、服务的综合化。这必然要求流通方式、渠道、业态、设施、管理、服务都必须与此相适应。

在工业化、城镇化、同步推进农业现代化的进程中，农业生产总体上还处在"分散生产，适度规模经营"的状况；农村人口逐渐向小城镇和农村社区聚集，农村人口的结构发生了改变；农村消费水平、结构和习惯都有了较大变化，农村社会经济发展的深刻变化给农村流通发展带来深远影响。我国流通体制经过多年改革，对外开放水平逐步加大，商品流通市场基本放开，竞争日益激烈，我国农村商品流通正处在一个"夯实基础、转变方式、重构体系"的新阶段。

农村商品流通涵盖农资、农产品、日用消费品等商品流通，既与农民生产生活成本息息相关，也和农民收入密切联系。改革开放前，我国农村商品流通的主体

是各级供销合作社和国有商业企业。随着市场取向改革的深入，原有的农村商品流通格局被打破，供销合作社在农村商品流通中的主体作用被削弱，逐步形成了多种经济成分和多元市场主体竞相发展的新格局。个体工商户、农产品经纪人、农村合作组织、流通企业等各类市场主体迅速涌现，农村商品流通出现新的格局。

一是多元化市场主体已经形成。私营企业、个体工商户、农产品经纪人数量庞大，供销合作社流通渠道优势明显，部分国有流通企业开始向三线、四线城市渠道下沉，少数外资企业通过投资、参股等方式开始进入农村流通市场，从网点数量、零售额、市场占有率看，农村流通市场基本上形成供销合作社为主导、多种流通渠道相互竞争、共同发展的局面。

二是形成了"县—乡—村"三级网络体系。"以县城为农村商业中心，以中心镇为次商业中心，以中心村（农村社区）为基础网点"的流通布局日现雏形。许多地方形成了县城有骨干流通企业、大型商业网点和配送中心，乡镇有中心超市，村有便利店和便利超市的"县—乡—村"三级网络体系。

三是流通组织、流通业态和产销对接方式创新发展。大部分农资流通企业采取了连锁经营的方式；农村日用消费品流通企业的连锁网点行政村覆盖率接近2/3，出现了超市、便利店、专业店、专业市场百花齐放的局面，网上商店也有了初步发展；农产品流通除了原有的产地批发市场、销地批发市场、农贸市场、社区店等传统渠道外，供销社系统在多年的农产品经营中探索出了农产品展示展销中心、农超对接、专业合作社联合销售、直供社区、电子商务、平价商店、农产品专卖店等多种有效模式。

农村商品流通产业无论在规模、速度还是经济效益及社会贡献等方面都出现了较好的发展态势，农村居民消费水平不断提高，消费结构不断改善，成为拉动内需，促进经济增长的一个重要因素。但随着农村流通结构调整的深度和广度不断加大，从管理体制、所有制结构、行业结构、业态结构到组织结构、网点结构都经历了翻天覆地的变化，在"去组织化"的过程中，传统的高度集权的体制机制已不复存在，但这一进程中微观上以资本追求利润最大化的改革又导致了新的问题出

✱ 一、供给侧改革下重新审视农村流通产业链

现，流通体制不顺、流通网络现代化程度低、流通成本高、流通渠道混乱，网络经营效率比较低，造成农村流通成本较高、农村消费环境不佳等，制约着农民消费水平的提升。目前，城镇化快速推进，电子商务迅速发展，在此背景下，亟待加强农村商品流通体系研究，加大农村商品流通体系整合力度，建设农村现代商品流通体系。

面对新的形势，农村商品流通建设必须与"三化同步"相适应，认真研究农业生产和农村消费需求的变化，科学规划网络布局，系统梳理和分析农村商品流通链条各环节之间的关系，整体上破解发展农村现代商品流通中的难题。

近年来，我国农村物流发展很快，但同城乡一体化发展、农村供给侧改革和产业融合发展的要求相比仍显滞后。特别是农村电子商务迅速崛起，对农村物流网络体系提出了更多更高的要求。农村物流网络顶层设计缺失，物流设施不足，市场主体规模小、实力弱，物流网络组织化程度低。农村物流网络体系滞后造成物流成本居高不下，阻滞了农村供给侧改革，制约了农村六次产业融合发展，从而对农业发展和农民增收造成了不利影响。因此，未来一段时间内，在农村供给侧改革和产业融合的带动下，在农村电子商务、农村现代服务业的引领下，在国家政策和企业竞争的双重作用下，农村现代流通全产业链建设必将迎来新一轮的大发展，在顶层设计、基础设施、组织体系、商业模式等方面不断改革和创新。

（二）农村流通产业链的内涵

商品流通体系是市场机制发挥作用的前提和基础。市场机制主要依赖门类齐全、相互作用的各种商品市场中的供求和价格相互作用来进行资源配置。十八届三中全会指出"建设统一开放、竞争有序的商品流通体系，是使市场在资源配置中起决定性作用的基础"。

农村商品流通体系是整个商品流通体系的重要组成部分，其构成主体是县及县以下镇（乡）、村市场，但与整个城市商品流通体系存在不可分割的联系。特别是在城乡一体化发展和新型城镇化快速推进的情况下，更需要站在城乡一体化的

视角下审视农村现代商品流通体系。

农村商品流通体系包括商品市场和生产要素市场,文化及特殊市场。也可以划分为有形市场和虚拟市场。农村现代商品流通体系仅指农村商品商品流通体系,既包括具有固定组织、场所的有形市场,也包括电子商务等虚拟市场。具体包括:日用消费品市场、农用生产资料市场和农产品市场等。农村现代商品流通体系具备供应链管理、信息化支撑、集聚化效应和现代化治理等特征。因此,农村现代商品流通体系是指在由日用消费品、农业生产资料、农产品等商品市场及其相关联的维修、餐饮等服务行业组成的供应链,通过信息化技术应用、连锁配送和完善的治理机制实现集聚发展和规模效益的流通网络系统。

农村现代流通产业链是围绕农民的生产和生活需要提供相应的产品或服务所形成的产业链条,主要由农业生产资料流通网络、农村日用消费品流通网络、农产品流通网络、再生资源流通网络、烟花爆竹流通网络、药品流通网络、建材流通网络等几大网络组成,流通网络结构见图1-1。

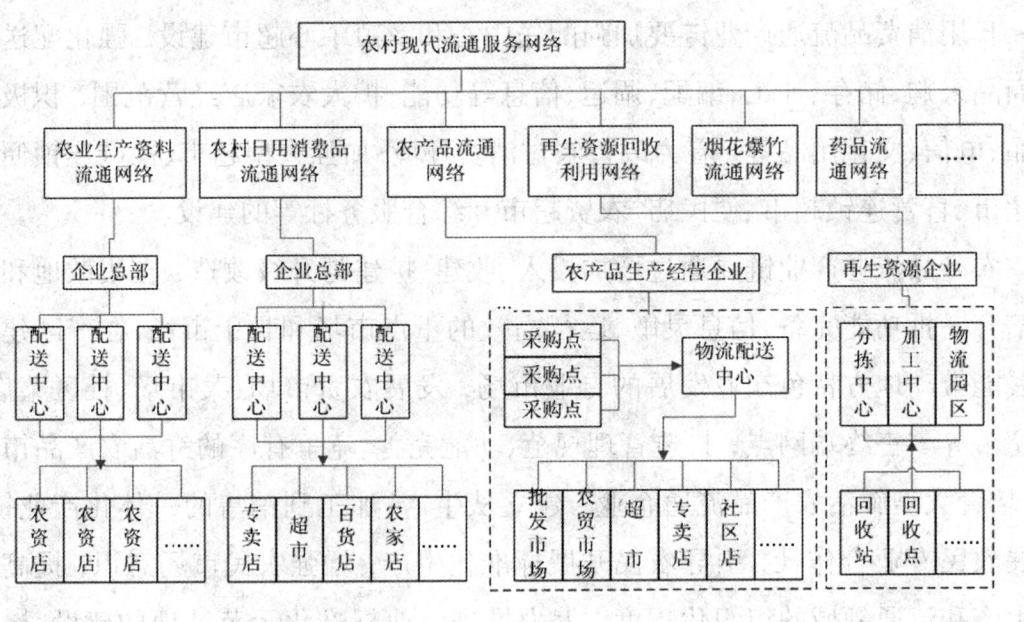

图1-1 农村现代流通网络结构图

农村流通产业链管理包括业生产资料现代经营服务网络、农副产品市场购销

— 5 —

一、供给侧改革下重新审视农村流通产业链

网络、日用消费品现代经营网络、再生资源回收利用网络四大产业链管理，是建设顺应了统筹城乡发展、构建城乡经济社会发展一体化新格局的历史要求，是社会主义新农村建设的重要组成部分；适应了扩大内需、拓展农民消费的客观要求，是便利农民消费、净化农村市场的重大举措；密切了农产品产销衔接，是推动现代农业发展、促进农民增收的重要途径。四大经营服务产业链涵盖农业生产和农民生活的主要领域，在发展的过程中应以规范化建设为重点，不断提高网络的发展水平。

农业生产资料流通产业链以全国性、区域性大型农资经营企业为龙头，以县域配送中心为骨干，以乡、村两级基层经营服务网络为基础，采用"龙头企业+配送中心+中心示范店+加盟店"的建设模式，加强现代物流设施建设，规范连锁配送流程和管理制度，提升信息和科技服务功能，提高网络运营质量和规范化水平。在农业产区加强农资物流配送中心建设和改造，完善配送、信息功能，提高农资统一配送率；建设和改造农资门店，扩大连锁门店覆盖面。

日用消费品流通产业链要加强配送中心和乡镇中心超市建设，强化配送中心的商品采购、储存、加工、编配、调运、信息等功能；扩大农家店经营范围，积极经营药品、电信、文化用品等，着力改善农村消费环境；加强大型超市、社区连锁便利店或超市、直营连锁超市、便民店、农资超市和综合服务社等的建设。

农产品流通产业链要通过增加投入、改建、扩建与升级改造，在集散地和主销区培育一批功能完备、信息灵敏、运行高效的重点市场和骨干市场，在产区建设和发展能带动地方特色产业发展的专业市场，发展农贸市场、菜市场、社区菜店、生鲜超市等零售终端网点，打造管理规范、功能完善、竞争有序的鲜活农产品市场网络；培育大型鲜活农产品流通企业，建立从生产、加工到销售的一体化产业链条；发展农民专业合作社，引导农民开展标准化生产，增强农民市场意识，提高农民在生产和流通领域的组织化程度，大力推进农业标准化示范基地的建设；推进冷链物流系统、质量追溯体系、电子结算、信息处理、检验检测系统等设施建设；积极探索发展新型产销对接模式。

— 6 —

再生资源产业链要以形成村镇和城市社区有回收网点、重要集散地有分拣中心、资源富集区有产业园区的一体化网络体系为目标，重点加强对现有的回收站点进行标准化改造，实施规范化经营，加强资源整合，夯实回收网络的基础，扩大回收网络的覆盖面；发展专业化的废旧商品集散市场或分拣中心，提高废旧商品回收利用的集约化程度；加快建设一批高起点、高标准、高水平的废旧商品回收利用产业园区；培育形成一批回收网络全、产业规模大、经济效益好、研发能力强、技术装备先进的大型龙头企业；加快新技术、新工艺、新设备的研发和应用，提升废旧商品回收利用的现代化水平；发展在线回收、上门回收、集中回收等新型废旧商品回收方式和连锁经营等业态创新；在做好现有经营品种的基础上，积极拓展业务领域，扩大废旧商品的回收品种。

（三）二元结构、供给侧改革与农村流通产业链

1. 我国农村的二元结构

荷兰经济学家和社会学家伯克（1860）最先提出"二元结构"，用来描述当时的印尼社会的二元结构社会——殖民主义输入的现代"飞地经济"与资本主义社会以前的传统社会并存的现象。刘易斯（Lewis,1954）提出了由一个弱小的资本主义部门和一个强大的传统部门组成二元经济结构，二元经济发展的核心问题是传统部门的剩余劳动力向现代部门转移的问题。接着，费—拉尼斯（Fei, Ranis, 1964）在刘易斯模型的基础上提出更加强调农业发展的费—拉尼斯模型，乔根森（Jorgenson,1961）发展了刘—费—拉模型，指出工业发展的来源于农业剩余，中国的学者也在二元经济基础之上提出三元经济（陈吉元，胡必亮，1994；赵勇，1996）、四元经济（朱农，2001），但这些研究都集中在城乡经济部门尤其是城乡工农业部门之间的关系，他们均暗含市场是完全竞争的假设，从而忽略了对市场的研究，也未解释城乡二元结构存在的经济机理，过分强调劳动力转移和资本积累，而忽视了作为二者结合企业的对于追求利润最大化的行为的研究。迈因特（H. Myint, 1985）提出传统部门与现代部门的松散联系大致有四个方面，相应的也

❊一、供给侧改革下重新审视农村流通产业链

就产生了产品市场、资本市场、劳动力市场、政府行政和财政机构四个方面的二元性[1]。对城乡二元结构的研究开始重视市场的作用，许多学者提出在中国的社会主义市场经济建设当中，城乡二元结构是中国完善社会主义市场经济所遇到的第一个障碍（厉以宁，2003；杨承训，2003）。不仅如此，农村发展的各种要素包括资金、劳动力、土地等等以市场为中介不断流向城市，市场力量和行政力量更加深化了二元结构（蓝海涛，2005）。市场的作用在这里得到了一定的认识，然而，这仅仅限于要素市场，依然忽视的是企业的行为。而我国的制度性二元结构日益转化为市场型二元结构（李明宇，金丽馥，2005）。城乡分割日益成为制约着整个国民经济的发展的障碍，由于城乡分割，尤其是城乡在基础设施、教育、医疗等方面的差距使人流、物流、资金流、信息流在城乡之间不能频频流动，而是仅仅单向流动。城乡分割为企业追逐利润最大化的价格歧视行为创造了条件，这又不断加剧了城乡二元结构。新常态下，二元结构是供给侧结构性改革的重要制度环境（2015，厉以宁）。

　　一个完整的经济应该是居民、企业、市场与政府的集合（见图1-2），而以往的研究缺乏对于城乡二元结构下追求利润最大化的厂商行为的考察，缺乏对于市场对城乡二元结构的影响的考察，通过对于城乡二元结构下的厂商行为的考察，尤其是价格歧视行为的考察，从一个新的角度来诠释城乡二元结构。作为一个完整的经济的重要组成部分的厂商与城乡二元结构有什么内在的联系？其中的经济机理又在哪里？

---

　　〔1〕　H. Myint " Organisational Dualism and Economic Development", Asian Development. Review, Vol. 3, No. 1, 1985, p24 - 42.〕

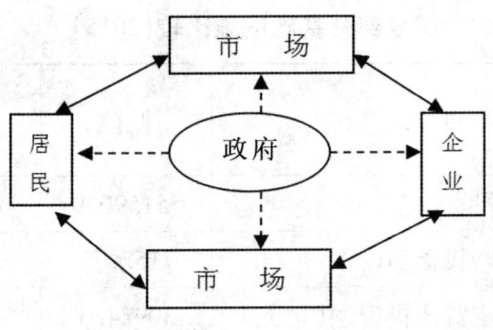

图1-2 国民经济全图[1]

2.城乡二元结构及城乡居民消费行为

二元结构是指发展中国家社会中政治、经济、文化、教育等多方面结构的断层和分化,其实质是现代与传统并存于一个社会之中所产生的现代型结构与传统型结构的分裂[2]。二元结构通过多种对立的方面表现出来,形成强烈反差,其集中体现是城市与乡村的差距。我国在经济、科技、文化、教育等方面普遍存在着二元结构。其中基础设施差异是导致城乡差别也是城乡分割的重要因素,农村与城市的基础设施在投资规模和水平方面存在巨大差别[3](见表1-1),且这一差别在短期内难以改变。一般而言,农村地区道路路况根本无法与城市相比较,电力基础设施陈旧或不足,农村用电不稳定且费用和价格较高,没有自来水设备或供水保证度低,卫生状况较差。此外,农村的教育水平和医疗水平也大大低于城市的水平。这些条件直接限制了农村对城市现代化产品的需求,在新型工业产品需求方面尤其如此。

---

〔1〕 图中虚线表示政府只是间接的影响并不直接的参与

〔2〕 谭崇台等.《发展经济学》[M].上海人民出版社,P168-194

〔3〕 资料来源:中国统计年鉴,中国国家统计局网站:www.statas.gov.com

❋一、供给侧改革下重新审视农村流通产业链

表1-1　　　　　　　　城乡部分基础设施比较(2015)

比 较 项 目	城镇	乡村	城市/乡村
社会固定资产投资(亿元)	551590.0	10409.8	52.99
人均社会固定资产投资额(元)	7152.73	1724.88	4.16
国家财政预算内资金固定资产投资额(亿元)	30924.3	551.72	56
人均预算内资金固定资产投资额(元)	401.01	91.42	4.39

　　杨小凯(1993,2000,2003)、Yang and Rice (1994)等研究也表明,城乡差距起因于城市和乡村产业的劳动分工差别,而这种劳动分工的差别则受制于不同的交易效率。农村人口 居住分散,与城市距离远,所以农村的交易效率低,而城市人口居住集中,相互间距离近,因而交易效率高,这种不同的交易效率差别将导致城乡差距自然出现,但随着交易效率不断提高,这种差别就会自然消失。但目前数据显示,中国的情形似乎有些异常,首先,无论是从人均消费来看, 还是从人均收入来看,城乡差距并没有随着经济发展而逐步缩小,相反却表现出一定的周期性波动,甚至上涨趋势(见表1-2)。在中国长期的城乡二元体制下,尤其是户籍制度的推行,把以农民为主体的一个庞大的人群用户籍固定下来,并使他们事实上受到歧视。农村户籍人口在就业、教育、社会保障,甚至在消费权利等方面,不享有城市居民所拥有的权利。概言之,户籍制度,农村土地制度,农产品流通制度等,使农民身上的锁链日益牢固。这种短视行为的代价是长远发展的停滞以及城乡之间的社会经济冲突(党国英,2003)。由于长期以来的二元体制造成了城乡分割,城乡分割又为厂商的价格歧视提供了条件,在此基础之上形成的二元性市场结构主要是针对现代化的城市和传统落后的乡村的居民在消费水平、消费品质量、消费观念、消费规模、消费结构、消费环境等方面的差别而言的,二元市场结构也包括城乡在要素市场的上的巨大反差[1]。

----

　　〔1〕　肖文涛.《二元结构的市场视角》[J].云南民族大学学报(哲学社会科学版),2004年3月第21卷第2期。

表1-2 农村和城镇居民收入及恩格尔系数比较[1]

指标	单位	2011	2012	2013	2014	2015
城镇居民人均可支配收入	元	21809.8	24564.7	26955.1	28843.9	31194.8
农村居民人均纯收入	元	6977.3	7916.6	8895.9	9892	11421.7
城镇居民家庭恩格尔系数	%	36.3	36.2	35	34.2	34.8
农村居民家庭恩格尔系数	%	40.4	39.3	37.7	37.8	37.1

表1-3 农村和城市的生活消费比较(2015)[2]

地区	生活消费支出合计	食品	衣着	居住	家庭设备及服务	医疗保健	交通和通讯	文教、娱乐用品及服务	其他商品及服务
农村	2184.65	1031.91	120.16	324.25	89.23	130.56	192.63	247.63	48.27
城市	7182.10	2709.60	686.79	733.53	407.37	528.15	843.62	1032.80	240.24

改革开放以来,我国城乡经济获得了巨大发展,但农村的市场消费水平仍然很低,一方面,大量工业品相对城市居民已经过时和过剩,另一方面,广大农民却难以购买到合意的商品或根本买不起(见表1-2、表1-3、表1-4)。需要注意的是,数据虽然说明了城乡消费的一些差距,但并不能全面反映城乡的消费结构,实际上不仅有量上的差别。也应关注质上的差别,如果考虑商品的性价比,农村消费品的价格甚至远远高于同类的城市消费品,2015年农村居民价格指数为100.3,高于城市的100.1。

---

〔1〕 资料来源:国家统计局2015、2016年国民经济和社会发展统计年鉴

〔2〕 资料来源:中国国家统计局网站:www.statas.gov.com

一、供给侧改革下重新审视农村流通产业链

表1-4　　农村、城镇居民家庭平均每百户年底耐用消费品拥有量(2015)[1]

全国	电动车	洗衣机	热水器	电冰箱	空调机	抽油烟机	家用汽车	摩托	移动电话	计算机	彩电	照相机
	(件)	(台)	(台)	(台)	(台)	(台)	(辆)	(辆)	(部)	(台)	(台)	(架)
农村	50.1	78.8	52.5	82.6	38.8	15.3	13.3	67.5	226.1	25.7	116.9	4.1
城市	45.8	92.3	85.6	94	114.6	69.2	30	22.7	223.8	78.5	122.3	33

许多学者都对中国的城乡分割及城乡二元结构做了大量的论述,但往往集中在收入差距、消费差距、要素禀赋差距、社会福利差距等表面现象,却鲜有人以追求利润最大化的厂商行为对城乡二元结构的影响做出解释。为此,在结合我国实际情况的基础上,我们就对城乡二元结构下厂商的价格歧视行为做出理论解释,也从一个新的视角和理论框架来解释城乡二元结构。

3.二元结构与农村消费的理论模型

(1)模型假设:

①城乡分离,城乡二元结构的存在,城乡居民存在着明显的消费行为的差异,显然由以上分析可知,城市居民的消费偏好要高于农村居民。

②城乡在基础设施、公共服务、社会福利等方面存在明显的差异,城市水平大大高于农村水平。

③不完全信息。农村居民缺乏一些基本的商品信息,厂商也缺乏对于农村所需求商品的信息。

④厂商处于垄断或垄断竞争地位。在非完全信息下,垄断厂商通过给城市和农村消费者"量身定做"特定的费用—质量组合(费用—数量组合结果一样)[2],

────────────

〔1〕　资料来源:中国国家统计局网站:www.statas.gov.com

〔2〕　HalR,varian."Price Discrimination and Social Welfare"〔J〕the American economic review,vol.75,No.4(sep,1985)

从而获得更高的利润。

⑤存在城市和农村两类消费者，垄断厂商知道有比例为 λ 的农村消费者属于 θ_1 类，有比例为 $(1-\lambda)$ 的城市消费者属于 θ_2 类，但无法具体分辨某个消费者属于哪一类。显然，消费偏好参数 $\theta_1 < \theta_2$。垄断者为消费者制定费用—质量组合 (Ti, qi)[1][2]。为了让每类消费者购买为其设计的菜单，必须满足参与约束，即任何一个消费者购买所得的净效用非负；其次，为了让每个消费者购买为他的类型所定做的菜单，还必须满足激励相容约束，即城市消费者不会从购买为农村消费者设计的菜单的购买中获得更高的效用，反之亦然。

⑥农村与城市消费者有相同的效用函数和边际效用函数，农村消费者和城市消费者都追求效用最大化。

（2）约束条件：

首先，如果要两类消费者都购买，θ_2 类的城市消费者的参与约束就必须是松弛的，即他们购买所得的净效用大于零。不妨假设城市消费者的净效用大于 0，但为了让农村消费者购买，又必须有农村消费者的净效用大于 0。那么，θ_2 类的城市消费者冒充 θ_1 类的农村消费者的净效用大于农村消费者的净效用大于 0，这样专门为 θ_2 类的城市消费者设计的菜单就是无效的。因此，只要农村消费者的参与约束成立即可。

在价格歧视中，垄断者的目的是通过设计不同的菜单，让高偏好的城市消费者显示出来，或者让 θ_2 类的城市消费者无意冒充 θ_1 类的农村消费者，而不是相反。所以，只有 θ_2 类的城市消费者的自选择约束成立。

---

〔1〕 泰勒尔.《产业经济学》[M].北京:中国人民大学出版社,1997

〔2〕 厂商也可提供不同的数量—费用组合,其模型和结果与质量—费用模型一样,这从另一个侧面更加印证了本文的结果:厂商为城市消费者提供更多数量的商品,为农村消费者提供数量少的商品,从而加剧了城乡二元结构

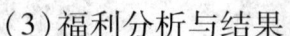

（3）福利分析与结果

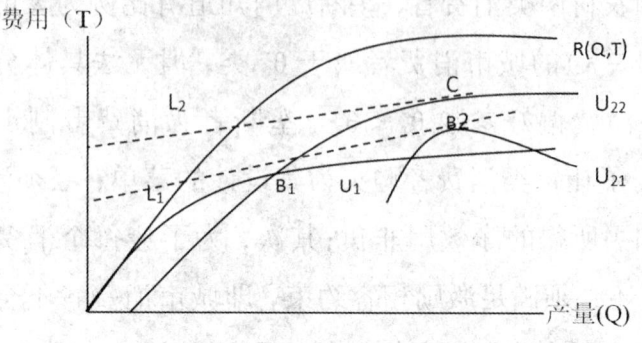

图1-3 厂商价格歧视下的福利

图中 R(Q,T) 为城市消费者的消费保留曲线，U_{22}、U_{21} 为城市消费者的等利润线，U_1 为农村消费者的等利润线，L_1、L_2 为厂商的等利润曲线，B_1 为厂商首先为农村消费者生产的组合，B_2 为厂商为城市消费者和农村消费者生产的总量，C 点为厂商为消费者生产的商品总量。

为了分析方便，假设厂商分两步生产，首先厂商为低消费偏好的农村消费者生产一组商品 B_1，这一组商品满足了农村消费者的消费偏好，B_1 点正好位于农村消费者的消费无差异曲线上，在此点农村消费者的消费者剩余为零，然后，厂商在此基础之上为城市消费者生产增加到 B_2，在 B_1B_2 的一组产品是专门为城市消费者制定的，这一组商品满足了城市消费者的消费偏好，B_2 点正好位于城市消费者的消费无差异曲线上，此时厂商的等利润线 L_1 过 B_2 点，然而，此时 B_2 点位于城市消费者可承受曲线之下，在城市消费者的接受程度之内。由于城乡分割，城乡之间存在着巨大的差异，因此，此时，厂商为了提高利润，可以按照城市消费者的偏好生产 B_1C，厂商的产量达到 C 点，此时厂商的等利润曲线 L_2 过 C 点。显然，等利润曲线 L_2 大于 L_1，通过对于城乡消费者之间的价格歧视，厂商大大提高了其利润。

因此，农村消费者的净剩余为零，故其保留曲线 R_1（与其消费无差异曲线重合）的切点 B_1 表示其购买选择，而此时城市消费者的购买选择则由 B_2 点所指示。B_2 位于农村消费者的保留效用曲线 R_1 之上，而 B_1 位于城市消费者的保留效用曲

线 R_2 之上，故自选择约束成立。B_2 位于城市消费者的保留效用曲线 R_2 之下，因此，得到正的净剩余。显然，C 点位于 R_1 上方，从而城市消费者无意冒充农村消费者。同时，由于 B_1 和 C 都在城市消费者的同一条无差异曲线上，故他们对 C 点弱偏好于 B_1 点。而且，在 C 点，边际效用（价格 p_2）等于边际成本 c，从而城市消费者购买的产量也是社会最优的。在 B_1 点，农村消费者的保留曲线 R_1 在该处 $p* > c$。这样，农村消费者的价格大于厂商的边际成本，从而其购买数量低于社会最优数量。因此，可得：

命题1：城乡二元结构为厂商的逐利行为提供了条件，通过对于城乡不同的消费者进行价格歧视可以提高厂商的利润，而厂商的行为又加剧了城乡二元结构。

命题2：高类型城市消费者的价格等与边际成本，因此消费量是社会最优的。有一定的消费者剩余。

命题3：高类型的城市消费者的数量选择和低类型农村消费者无关，城乡消费结构存在巨大差异甚至是断层。

命题4：低类型的农村消费者的价格高于边际成本，因此消费量低于社会最优（这里的农村消费价格相对价格，即绝对价格较低而相对价格较高）。[1] 农村消费者剩余为0。尽管农村消费市场商品琳琅满目、品种较多，但适合农民消费层次、农民文化水平的商品仍显不足。更有甚者，少数商贩把农村当作倾销滞销商品和假冒伪劣商品的场所，出现了向农村销"废品"的现象，严重损害了农民的利益，也间接地抑制了农民的消费需求。此外，售后服务跟不上，维修困难，从而造成不少农民有钱无处花，有钱不愿花的情况。中消协的调查显示，31.3% 的农民认为购买生活资料不方便，37.2% 的农民认为购买生产资料不方便。2002 年以来农村消费者曾被假冒伪劣商品侵权的占54.9%。烟、酒、饮料、儿童小食品这 4 种食品与生活息息相关的食品遭遇假货的比率都超过了 10%。当前我国农村市

----

〔1〕 相对价格主要是指其质量与价格的性价比，在农村市场上的生活用品尤其是衣物等，质量低劣，虽然其绝对价格低但相对价格是高的。

场远未成熟,城乡市场分割严重。由于大量商业企业尚未把触角伸向农村,在农村销售的商品种类和数量都非常有限。农村消费市场供给渠道单一,竞争不够充分,因此在没有严格的管制和有效的打假措施下,生产、销售假冒伪劣产品比正品更能获得超额利润。一些不法商贩于是对假货趋之若鹜,农村成了倾销假冒伪劣商品的"温床"。

4.结论及建议

城乡二元结构为厂商进行价格歧视的天然条件,把消费者分为城市、乡村两种类型的消费者可以提高其利润[1][2],城乡二元结构为厂商的逐利行为提供了条件,而厂商的行为又加剧了城乡二元结构。由此可见,城乡二元结构的形成不仅是政府、社会的责任,其本身也有经济机理:城乡分离是历史存在的,然而改革开放以来,国家逐步退出经济领域,国有企业的自主权越来越大,民营企业、合资企业、跨国公司等成为了经济的中心,这些企业追求利润最大化的价格歧视行为造成城乡差距不断加大,城乡差距不断加大的根本原因在于企业的逐利行为。因此在统筹城乡发展,消除城乡差距的过程中应该关注厂商的行为,首先要逐步消除城乡之间存在套利行为的条件,比如乡村交通不便、流通不畅、信息闭塞等;其次,鼓励他们向企业向农村倾斜发展,开发适合农民消费的产品。

(1)农村基础设施好坏,直接影响到农村消费市场的发展,因此破解城乡二元结构首先要加强农村基础设施建设,着重解决农村水、电、路、通讯等方面的问题,改造农村电网、邮政通讯网、信息网、医疗卫生网、广播电视网等设施,降低电价,使农民用上自来水,为更多的现代消费品进入家庭创造条件。这样既可提高农村的投资回报率,也可以为城乡互动创造条件。

(2)大力加强城乡统一物流体系的建立,减少城乡之间的运输成本,这就增加了城乡之间套利的出现,减少价格歧视行为的收益。一方面鼓励有实力的零售

---

〔1〕 平狄克、鲁宾费尔德.《微观经济学》[M].中国人民大学出版社,2000 年 p321 – 327

〔2〕 垄断厂商进行价格歧视的利润远高于不进行价格歧视的利润,首先假设价格歧视没有利润,厂商就不会采用,从严格的理论来说,也是这样的,见平狄克、鲁宾费尔德.《微观经济学》.中国人民大学出版社,2000 年 p321 – 327

企业进驻乡镇；另一方面，把乡镇级"农家店"改造成以批零结合的综合性服务为主的连锁店，鼓励其从事农资、日用小商品的批发与零售经营，以及政策允许的农副产品购销业务等；鼓励村级"农家店"以零售服务为主。形成以城区店为龙头、乡镇店为骨干、村级店为基础的农村消费经营网络，促进工业品下乡。

（3）加大对适合农民消费习惯的产品研发的支持力度，鼓励厂商开发针对农民的产品，优化产品结构和质量，对企业的开发行为予以补贴。针对农民的消费需求，开发适合农村消费的商品，虽然农民消费需求的增长潜力巨大，但也并不是什么商品在农村都有市场，这就要求生产企业应该认真分析农村市场的特点、农民的消费水平、消费习惯、消费需求特点等问题，调整优化产品结构，有针对性地开发、生产能够满足不同地区农村需要的功能简单、使用方便、容易操作、价格便宜的产品，真正实现产品的物美价廉，提高对农村市场的有效供给。另外，支持和引导企业进入农村市场，增强企业的活力，为企业开设商业网点创造良好的经营环境。

（四）农村现代商品流通产业链的特征

近几年来，我国大力推进农村现代流通网络建设，并将其纳入新农村建设的重要内容。目前，多层次、多类型、多渠道、多主体的农村流通网络格局初步建立，但从整体上看，目前我国农村流通网络不健全、流通方式落后、基础薄弱等问题依然存在，在根本上还不能完全满足扩大农村消费、发展现代农业和建设社会主义新农村的需要。

1. 流通环境逐步改善，但假冒伪劣商品和低层次竞争依然存在。近几年，国家在农村商品流通领域出台了一系列的扶持政策，在资金支持、税收优惠、用水用电支持等方面加大了扶持力度，工商、农业、卫生、物价、供销等相关部门也积极参与流通市场建设和管理，有效推动农村商品流通的发展。

但与城市流通相比，农村流通网络运营管理不规范，流通领域法规和标准滞后，标准数量少，针对性不强的问题依然存在。如我国农产品的标准化程度比较低，农产品在质量等级化、重量标准化、包装规范化方面远远落后于发达国家，农产品包装、贮存、保鲜技术相对落后。在农村日用消费品和农资流通领域，由于农村居民"买东西不看品牌和保质期，只要能买得起、吃着香就行"的消费习惯，使得国家禁止销售的假劣食品，虽已在城市难觅踪迹，却在农村不断出现，假化肥、假种子、假农药等也一直没有得到完全控制。

2.地区流通网络发展差异大，城乡网络资源分布不均衡。近几年来，在政府及有关部门的合力推动下，我国农村流通网络发展取得了可喜的成绩，但整体来看，农村流通东大西小、东强西弱的态势依然存在。具体表现为以连锁经营、物流配送、电子商务为代表的新型业态和交易方式在东部地区发展迅速，中西部地区比较缓慢；中、西部地区的农村流通体系发展程度明显低于东部地区。

从城乡网络分布看，受城市整体规划等方面的影响，长期以来在基础设施建设中重城市、轻农村，在工作中重生产、轻流通，农村市场建设的投入严重不足，导致商业网点布局不够合理，大型商场主要集中在城市中心，而农村流通网络建设长期处于停滞不前的状态，表现为市场规模小，销售网点少。例如，大中城市等农产品集中消费地区，批发市场设施条件较好，农产品配送、零售网络比较健全；而农产品产地市场基础设施条件、经济效益比较差，特别是中部粮食、果蔬主产区以及西部特色农业地区的产地批发市场，交通、通讯和市场交易条件差，发展明显滞后。

3.现代交易方式和流通业态逐步提升，现代流通技术发展滞后。目前我国农村既有传统的集贸市场，也有各种综合市场、超市、专业市场、批发市场。连锁经营、物流配送、电子商务等现代流通方式和小型超市、便利店等新型流通业态在农村也得到了快速发展。例如，农产品交易由过去的传统集市贸易扩展到专业批发、"订单"购销等现代方式，农产品综合市场、专业市场、电子商务等发展迅速。农资连锁配送发展势头较好，分销、直销、超市、总代理、总经销等多种经营模式蓬勃发展。

但由于农村商品流通的信息化建设处于起步阶段，电子商务等新型交易技术采用率较低。如目前我国仅 9.2% 的农村批发市场采用电子商务交易技术，73.2% 的农产品批发市场仍采用传统对手交易方式，只有 2% 的拥有电子结算设备。与此同时，由于流通技术的滞后，我国水果蔬菜等农副产品在采摘、运输、储存等环节上的损失率达 25%～30%，远远高于发达国家果蔬损失率 5% 的水平。

4. 农村流通网络功能逐步完善，但基础设施薄弱的状况依然存在。在各级政府的大力支持下，商务、供销等部门加大了农村流通网络的建设力度，积极扩展服务功能，在农村日用消费品、农资、再生资源和农产品网络的基础上，逐步拓展了医药、图书、家电、建材和烟花爆竹等经营品种，许多地方还在日用品和农资门店的基础上建起了农村综合服务社，向农村居民提供各种服务，满足其生产生活需要。农资和日用消费品配送中心建设的规模和信息化水平不断提高，商品采购、储存、加工、编配、调运、信息等功能日益完善。

但是，我国相当一部分农村地区的基础设施特别是交通、电力、通讯和设施总量和规模较小、水平较低，物流中心、配送中心和仓储建设等基础设施及配套设施功能陈旧、老化、落后甚至失效的问题比较明显。如果蔬、肉类、水产品等鲜活农产品流通领域，冷链流通率分别只有 5%、15%、23%，欧美发达国家鲜活农产品冷链流通率在 95% 以上。我国的冷库总容量仅为 880 万吨，且只限于肉类、鱼类的冷冻贮藏，80%～90% 的农产品采用普通卡车运输，冷藏运输率仅 10%～20%。现代化的流通手段和管理方式无法应用，特别是信息化技术水平、设施和信息资源落后，农村大部分流通企业自身的信息化建设仍然停留在非常原始的阶段，农村现代流通业的发展缺乏相适应的信息化的平台支撑。

5. 网点数量逐步增加，但网络运营质量不高。近几年来，在商务部"万村千乡市场工程"和供销总社"新网工程"的推动下，农村现代流通网络得到了很大的改善，网点数量大量增加。供销合作社统计数据显示，全系统 2016 年底发展连锁、配送网点 98.2 万个，比 2011 年增长 29.2%，年均增长 6%。其中，农业生产资料网点 34.4 万个，比 2011 年增长 30.8%，年均增长 6.2%；日用消费品网点 34.1 万个，比 2011 年增长 24.4%，年均增长 5%；烟花爆竹网点 16.9 万个和医药

※ 一、供给侧改革下重新审视农村流通产业链

网点 6168 个，分别比 2011 年增长 62.89% 和 23.3%，年均分别增长 12.6 和 5%。

但从网络运营质量来看，传统流通方式仍然居于主导地位，现代化的信息、物流技术没有普遍应用。目前我国农村市场实行连锁经营的交易额占农村总交易额的比重不足 10%，终端仍然以单店经营、夫妻店、食杂店等传统方式为主，农村超市等新型业态发展滞后。目前发达国家农产品超市销售比例在 70% 以上，其中美国、德国达到 95%，而我国平均只有 6%。

6. 农业生产资料和农村日用品流通网络实现较快发展，农产品、再生资源和医药等网络发展相对滞后。农资和日用品流通企业投入大量的财力、物力，制订并完善了网络发展规划，加大了基础设施投入力度，通过建立配送中心，改造、新建网点，推动了网络的快速发展。同时，连锁配送成为这两个领域的主要方式，超市、专卖店等新型业态也广泛应用。从供销合作社 2016 年公布的数据来看，日用消费品连锁经营企业 1531 家，销售额 8887.6 亿元，农业生产资料类连锁经营企业 2354 家，销售额 7986.7 亿元。

农产品流通网络仍然以批发市场、农贸市场为主，虽然政府加大了新型流通模式的扶持力度，但"农超对接"、网上销售等所占的比例仍然较小，缺少成熟的购销模式。由于政策引导、资金投入和从业人员培训等方面相对不足，再生资源回收企业普遍规模较小，市场集中度低，经营管理粗放现象较突出，缺乏行业发展规划，网点布局不合理，没有形成完善的体系。医药零售网点在农村较少，网点之间的联结不紧密，统一配送率低，难以满足农民的需求。根据供销合作社的统计数据，医药连锁经营企业 91 家，配送中心 75 个，连锁、配送网点 6168 个，分别占全系统的 1.37%，0.69% 和 0.62%。

改革开放 30 多年来，我国农村流通体制发生了深刻的变革：农村商品流通体系框架逐步健全和完善，农村市场数量增加，平均市场规格扩大，批发市场、期货市场、专业市场从无到有，逐渐发展；农村日用消费品、农产品、农资的价格逐步放开，市场化程度逐步提高；农村流通渠道从单一化、多环节向多元化、少环节方向发展；原来供销社和国营商业部门独家经营的局面被打破，农民个体运销户、经纪

人、各类农民合作组织、农业产业化龙头企业等组成了多元化的农村流通主体;农村流通管理逐步规范化,农村流通法律法规不断健全和完善;国家对农村流通的管理从单纯依靠行政手段向经济、法律手段综合运用转变,并逐步建立起服务型流通管理体制。农村现代商品流通体系与传统的农村商品流通体系有一定区别,其特点包括供应链管理、信息化支撑、集聚化效应和现代化治理等方面。

第一,供应链管理是指以农户需求为核心,协调生产商、批发商、储运商和零售商各个利益主体,整合采购、仓储、配送、零售等各个环节,将农村市场上供应商、零售商、农户等有机地联系起来,为农户提供质优价廉的工业品,为城市居民提供安全优质的农产品。形成城乡一体化发展下的双向流通的互动供应链。通过供应链管理提高市场效率,增加农民收益,实现城乡互动,使农民从市场中分享更多的现代化成果。

第二,信息化支撑是指以互联网、电子商务为基础,构建物流信息平台建设和创新运营模式,以建设农村地区电子商务体系为核心,以乡镇综合性服务中心为具体经营者,以乡镇物流配送中心为依托建设全国范围的电子商务平台,加强行业和企业信息化管理,并在各自系统内部形成了有特色的信息服务体系。为发展我国农业、农村地区电子商务创造良好环境、夯实基础。

第三,集聚化效应是指随着人口向城市转移、交通运输条件变化、产业组织演变、交易规模的扩大以及标准化技术、信息化技术的革新,农村商业网点的集中化趋势不可避免,农村现代商品流通体系建设应以城镇为中心,通过合作社、连锁经营等方式提升组织化水平,促进商品市场、零售企业集群式发展。

第四,现代化治理是指依据农村市场的公益性特征,突出现代农村商品流通体系的公益性,注重发挥农村市场在促进就业、增加农民福利、促进农村社区发展等方面的作用。继续加强法制建设和标准体系建设;深入推进农村市场信用体系建设[1]。要完善农村市场法律法规、标准化体系,更加注重诚信,更加注重规范,

---

〔1〕 张育林.市场管理需要"大部门"体制——现代市场体系建设新理念与新思路,《中国商贸》,-2008-05-01

❋二、农村流通产业链文献综述

更加注重安全。

完善的商品流通体系是市场经济运转的基础。改革开放以来，我国农村商品流通体系逐步完善。农村商品流通体系经营主体多元，既有供销合作社、邮政、流通连锁企业等大型经营主体，也有数以万计的食杂店、夫妻店、经纪人、经销商等；品类繁多，既有工业品下乡，也有农产品进城，既有农资、饲料等生产资料，也有药品、烟花爆竹等特殊产品；渠道多元，既有厂家直供，也有区域批发、代理等；业态多样，既有超市，也有专卖店、还有电子商务等。我国农村商品流通体系已经初步形成，但功能还不十分完善，效率也有待提高，还没有能够适应城乡一体化发展的新要求。乡村社会经济结构转型的迟滞，小农生产的低效率以及乡村社会发展的滞后性，都在一定程度上与农村现代商品流通体系发育不全及市场力量的薄弱相关。在很大程度上阻碍了农村市场经济健康顺利的发展[1]。

农村现代商品流通体系的完善，不仅需要有制度和政策的创新，而且还需要有外部的资金、技术和信息的大力推动。完全靠村庄内部的力量，难以推动农村市场结构的转型与发展。农村市场化建设的关键在于如何通过制度、政策和资金的支持，尽快建立起具有本地特色和优势的现代商品流通体系。比如建设现代化的农产品市场，如粮食、蔬菜、花卉苗木、牛奶等物流配送基地或交易中心。随着这些农产品交易市场的成长，必将带动周围农村家庭农业朝着现代产业化方向转型和发展。让居民消费上质优、安全的农产品。让农民受益于改革开放和现代化发展的成果。

---

［1］ 陆益龙.从乡村集市变迁透视农村市场发展——以河北定州庙会为例.《江海学刊》，–2012–05–10。

二、农村流通产业链文献综述

（一）农村流通产业链的研究综述

习近平（2001）认为中国农业现代化发展中存在的"货往哪卖，钱从哪来，人往哪去"这三大历史性难题，根本原因都与市场问题紧密相关，从而提出了农村市场化的重要命题，并进一步指出，农村市场化是突破农村改革和发展瓶颈制约，加速农业现代化进程的重大举措，只有紧紧抓住农村市场化这一关键环节，才能在新世纪中开创农村改革和发展的新局面[1]程国强（2010）认为经过近三十年的改革开放和发展，我国农村正在从自然经济向现代经济过渡，基本实现了从计划经济体制向社会主义市场经济体制的转轨，市场机制逐步成为农村资源配置的决定性因素，形成多层次、多类型、多渠道、多主体的农村流通体系新格局，农村商品流通体系建设取得重要进展。从整体上看，目前我国农村流通体系不健全、流通方式落后、农村现代流通体系基础薄弱，在根本上不适应扩大农村消费、发展现代农业和建设社会主义新农村的需要。必须强化农村流通基础设施建设，发展现代流通方式和新型流通业态，培育多元化、多层次的市场流通主体，构建开放统一、竞争有序的商品流通体系[2]。张喜才，张利庠（2007，2010）提出中国城乡二元结构

---

〔1〕 习近平，中国农村市场化研究，博士论文，2001 年
〔2〕 。程国强. 中国农村市场改革：经验、挑战与思路[J]. 改革,2010(9):151-153

❋ 二、农村流通产业链文献综述

下的农村市场结构状况导致农村地区消费层次不高，食品安全问题突出。我国农村流通体系建设取得了长足进步，但城乡流通差异依然显著[1]。改革开放前，我国农村商贸流通的主体是各级供销社和国有农产品收购企业。随着市场取向改革的深入，我国原有的农村商品流通格局被打破，供销社在农村商贸流通中的作用被削弱，逐步形成了多种经济成分和多元市场主体竞相发展的新格局。个体工商户、农产品经纪人、农村合作组织、流通企业等各类市场主体迅速涌现（马龙龙，2010）[2]。张如意，张鸿（2011）认为我国农村流通主体缺失，使得我国在农业生产上的"小农业"和全国市场销售的"大流通"之间缺乏中间组织。转型时期，中国农村流通体系发展滞后情况依然严重，不仅制约了农村经济的发展，而且阻碍了城乡经济良性互动循环机制的实现。但我国农村流通组织不发达，一是流通中介组织不发达，许多农村的农产品流通仅仅依赖于少数经纪人的贩卖活动，使农民在价格谈判中处于不利地位，恶意压价现象严重；二是服务于农村的批发、零售及物流企业少，规模小，流通产业组织不发达（刘根荣，2012）[3]。根据我国的实际情况，纪良纲（2001）、陈阿兴（2003）、单丹（2007）均认为发展农村商业网点必须以小城镇为依托，突出和加强小城镇的节点作用，即要把农村商业网点的建设与小城镇的发展结合起来，以农村零售业网络建设为依托构建农村现代流通体系，并积极发挥供销合作社的作用，促进城乡协调发展。洪涛（2003）认为，应以县为整体，从县城到集镇、乡村进行合理规划和布局，要集中分布固定网点，并以流动网点作为补充，以中小型网点、中低档商品为主，形成以县城商业网为中心、集镇网络为骨干、联系乡村分散网点的一整套销售网络，并使之与农副产品采购网络结合起来，逐步形成县城、集镇、乡村一体化的农村日用消费品流通网络。商务部国际贸易经济合作研究院课题组（2009）对农村现代流通体系建设进行了专项研究，提出了农村现代流通体系建设的五大重点，即建立高效的农村现代管理

---

〔1〕 张利庠、张喜才.二元结构下城乡消费差异研究,中国软科学,2007年
〔2〕 马龙龙.以流通为突破口破解"三农"问题,人民日报,2010年
〔3〕 刘根荣.转型时期农村现代流通体系建设,中国流通经济,2012(8),p25-29

协调机制、农民以组织化方式进入流通领域、在全国范围内构建公益性农产品批发体系、构建公益性农业生产资料批发体系、构建现代化农业物流体系，最后还提出了支持农村现代流通体系建设的财税金融政策。张如意，张鸿(2011)提出培育农业合作社、新型供销社等新型流通主体[1]。黄国雄(2013)提出农村市场要以农民为主体，实现农民自主经营、自我服务，组织多种农合组织、专业公司，引导小生产与大市场的连接[2]。

W. Bruce Allen(1997)对物流(Logistics)所做的定义是："以适合于顾客的要求为目的，对原材料、在制品、制成品与其关联的信息，从产业地点到消费地点之间的流通与保管，为求有效率且最大的'对费用的相对效果'而进行计划、执行、控制"。Gereffi 等(2005)将农村物流网络的研究拓展至全球农业价值链。Jaffee 和 Masakure (2005)强调全球农业价值链的构建是通过全球和国家农业价值链的互动实现的，包括农业商务物流巨头、多元化食品生产商、快餐特许经营商以及全球零售商在内的跨国公司驱动。Gereffi 等 (2008)、Maertens 和 Swinnen (2009)通过剖析全球鸡肉、果蔬价值链指出由寡头厂商控制了发展中国家的小农户和食品零售商，物流网络是其构建价值链平台的重要控制工具。伴随着农村人口转移、消费者习惯改变等因素，农村零售业面临着前所未有的挑战，英美等发达国家的农村零售业都面临着萎缩(Vanessa P. Jackson and Leslie Stoel,2011)。电商成为农村零售业发展一个重要的战略工具。非正式的辅助客运经营者使用一系列车型（包括卡车、小型客车、摩托车）是在发展中国家的农村地区流动性的主要提供者。农村物流设施影响物流服务质量和收费。政府除了加强基础设施之外，还需要鼓励各类物流服务商相互协调，形成差异化的服务体系(Venter, Christoffel J. Molomo, Mashiri, Mac, 2014)。WORLD BANK(2004)报告由于发展中国家在农村地区基础设施、流通体制和政策较为落后导致食品等农村物流成本较高，因此，政

---

〔1〕 张如意，张鸿.城乡统筹视角下农村商贸流通主体的培育.商业经济与管理,2011(10)，p27－32
〔2〕 黄国雄.转变观念构建多元化的农村市场结构.商业时代,2013 年 4 期

✽二、农村流通产业链文献综述

府在农村物流网络建设方面需要发挥重要作用。信息技术特别是电子商务促进了发展中国家农村地区的生产、服务和贸易的发展，但同时也对基础设施、人力资本和物流网络提出了更高的要求（Mario Zappacost，2001）。电子商务可以提高农村市场中的便捷性，增强影响能力，进而提高竞争力（Shakil M. Rahman，Ahmad Tootoonchi and Michael L. Monahan，2011）。相对于城市而言，农村电商发展速度相对较慢，其中物流网络是一个重要的约束因素，需要形成能和城市和大企业对接的物流网络（Huggins and Izushi，2002，Thomas et al. 2002）。移动电商是电子商务的一种延伸，但具有位置锁定、背景感知和大规模推送的功能（Kourouthanassis and Giaglis，2012）。广大农民成为移动电商潜在用户，但利润薄、可持续性不高，这就对物流也提出了更高的要求（Hung et al.，2007，2012；Kim et al，2008）。农村物流是指为农村居民的生产、生活以及其他经济活动提供运输、搬运、装卸、包装、加工、仓储及其相关的一切活动的总称。它是包括了农业生产资料物流、农产品物流、农村日用品物流及逆向物流的综合概念（张喜才，2015）。近年来，伴随着农业生产的连续增长和农村消费的不断增加，我国农村现有的物流条件满足不了农民对于商品物流量和质的需求。目前在我国农村几乎没有一个完整的、畅通的物流渠道。落后低效的农村物流体系一直是困扰我国农村地区经济发展的瓶颈之一，存在基础设施落后、逆向物流落后、专业化程度低等问题（文龙光，潘立军，2013）。因此要发展农村电子商务，建立和完善农产品流通服务体系（蒋耀平，2010）。李玲芳等（2013）也发现我国农村电子商务发展仍然面临着人才匮乏、基础建设薄弱、电子商务平台服务水平较低等问题。当前农产品电子商务物流发展水平还有较大的空间可以提升，而物流信息技术是提升过程中迫待解决的最关键问题（赵志田等，2014）。也有学者认为传统零售电子商务不适合在农村发展的基础上，提出了一种与零售实体相结合的县域范围电子商务模式，以最大限度地促进农村电子商务发展（刘雪芹等，2013）。

近年来，在阿里巴巴、京东、苏宁等企业加速农村电商布局，其所面临的首要问题就是农村物流成本较高，农村物流成为农村电子商务发展的一个重要瓶颈

（张喜才，2015）。姚记标、罗斌（2007）提出实施村邮工程，建好农村物流平台必须扩网和组网，变乡邮为村邮，实施村邮工程，打造一个"三级一线"物流配送网。树立四位一体的特色品牌，增加农民信任感。邮政系统可以依托遍布城乡的邮政服务网点和配送体系，从已经探索成功的种子、农资配送入手。逐步向农村地区适销对路的日用百货配送服务延伸，在原有网络上增加生产生活产品配送、农业信息发布、代订送火车票、代送单证照等服务项目，让农民真正得到实惠，开拓农村邮政业务。上官绪明（2007）结合我国农村的现状和未来经济发展的趋势给出了三种新农村现代物流运营模式：基于网络的农村现代直销型物流模式、契约型农村现代物流模式、第三方农村现代物流模式。高波（2010）认为供销社在当前以网络为核心优势的形势下，要使我国农村物流体系发挥整体作用，就必须扮演好"服务"的角色，按一网多用的思想，从纵向基础网、区域网、省级网的三级网度来立体化改造农副产品、农资产品、农村日用消费品的网络。以现代化的物资配送和科学的管理为支撑，统一规划、协调联动，有效推进农村现代物流网络建设。姜大立等（2004）从农业行业物流管理的角度，提出农业行业物流管理应通过农资连锁经营配送管理、农业产业化经营管理和农产品物流管理来开展，提出农资企业的连锁经营模式、订单农业模式、产业化生产模式、农产品批发模式农业物流运作模式。刘俊华等（2012）基于农村物流的管理者和研究者的角度，从目标、主体、客体、载体、功能五个层次系统梳理出了管理和研究农村物流的体系框架。刘云龙等（2013）提出线上线下交易的农村物流发展模式，通过政府扶持、企业带动和发展第三方物流等促进线上线下融合发展。丁丽芳（2014）提出完善交通网络、培育市场主体、打造电子商务平台、规范农村物流服务环节等政策建议。

（二）农村流通网络不断优化升级研究综述

李刚、汪晓晖（2010）认为商贸流通企业在农村市场发展必须要有创新性的思維，而這種創新應是一種破壞性的創新[1]。劉導波、吳杰（2006）認為，通過以連鎖經營方式整合縣以下經營網點，在小城鎮開設連鎖店或特許加盟店，逐步建成以縣城為重點、農村小城鎮為依托、村為基礎的農村日用消費品零售網絡。程國強、胡愈、土新利等（2007）從體制改革的角度對農村日用消費品流通問題進行了研究，提出了把現代流通方式引入農村流通領域，大力發展農村連鎖經營，積極推進農村物流體系創新和發展農村逆向物流，大力發展農村 B2F（Business to Farmer）電子商務模式，推動交易方式、服務功能、管理制度、經營技術的創新，以此來全面推進農村日用消費品流通網絡建設[2]。張滿林、付鐵山（2001）認為，農村日用消費品經營企業要採取資本管理輸出等辦法，通過辦連鎖超市、倉儲商店、專賣店，專業店和便民店向農村進軍，實施名店延伸、品牌延伸、服務延伸[3]。黃先軍（2003）則指出，經營企業應採取多樣化經營業態，從傳統的、單一的"夫妻店"經營形式中解脫出來，發展以小超市、連鎖店、專賣店、倉儲店、折扣店、家居中心等全方位、多元化的多業態的綜合發展模式[4]。李定珍（2007）根據我國農村零售業的發展實際，認為農村零售組織要選擇零售企業集團化模式、流動零售店模式、零售企業連鎖化模式、無店鋪零售組織模式等多種創新模式[5]。

（三）電商對農村流通影響綜述

信息技術作為一種科學技術，對於人類經濟社會發展產生了重要影響（Morales – Gomez and Melesse,1998）。特別是電子商務的出現大大增加了市場的組織化過程，提升了生產貿易水平（Dedrick，J. et al,2003）。信息技術通過增加農村市場活動來提升農村經濟社會由生存型經濟到活力型經濟轉變（World Bank Group,2001）。信息技術越來越作為農村地區一項重要發展戰略取向（World

---

〔1〕 李剛、汪旭暉.農村商貿流通服務業破壞性創新戰略的影響因素及實施效果.蘭州學刊,2010(7)，p98 – 101
〔2〕 程國強.我國農村流通體系建設：現狀、問題與政策建議[J].農業經濟問題,2007,(4):59 – 62
〔3〕 張滿林.以連鎖方式開拓農村市場[J].商業經濟文薈,2001,(3):45 – 46
〔4〕 黃先軍.農村零售業發展的幾點思考.首都經貿大學學報,2003(6)p66 – 68
〔5〕 李定珍.關於我國農村零售組織創新的思考[J].湖南社會科學,2007 年 06 期

Bank Group 2004，Krishna and Walsham 2005）。信息技术作为一种科学技术对于人类经济社会发展产生了重要影响（Morales – Gomez and Melesse 1998）。特别是电子商务的出现大大增加了市场的组织化过程，提升了生产贸易水平（（Dedrick，Gurbaxani，and Kraemer 2003）。信息技术通过增加农村市场活动来提升农村经济社会由生存型经济到活力型经济转变（World Bank Group，2000）。信息技术越来越作为农村地区一项重要发展战略取向（World Bank Group 2004，Krishna and Walsham 2005）。信息技术在农村地区的应用和实施上面临着很多挑战，网络基础设施是一个主要障碍。缺乏低成本、快捷的数字通信网络使得偏远农村地区难以获得电子商务等，农村通信技术项目在设计和实施上面临着许多挑战。虽然许多因素阻碍了农村地区的信息和通信技术项目的实施，但技术基础设施是一个主要的障碍（Huggins and Izushi，2002；Friedlander，2002；Galloway and Mochrie，2005）。smallbone（2002）确定农村基础设施不足的地方作为使用信息和通信技术的一个主要障碍。此外，没有获得高速度，低成本的数字通信网络使得偏远的农村地区将无法实现信息和通信技术的好处（Anderson，2001；Deakins et al.，2003）。Friedlander（2002）强调政府需要在这些偏远地区的电力基础设施工作。除此之外，选择技术各方面的不同。对于偏远地区，是否适合技术的商业可行性和技术能力是必需的（Galloway，2004）。农村信息技术没有政府干预的市场已经对农村的不利影响（smallbone et al.，2002）。因此，政府应当提高对信息和通信技术的认识，为信息和通信技术的使用提供咨询和支持，并支持基础设施建设发展（Laura Galloway Robbie Mochrie，2005）。发展农业、农村和农民与 ICT 意识和技能，以增加需求，实现经济利益的坚定水平（Grant，2003；Lawson et al.，2003）。

李煊基于现有农村电商中自上而下、自下而上、借助知名平台和自建平台模式，提出了农村电商的双边市场模式，认为双边市场的核心除了构建平台本身，更关键还在于形成有效的平台机制，吸引更多的最终用户使用且依赖平台。贺国杰基于现阶段农村电商的物流发展，提出了农村物流运力不足、信息体系不健全、物流技术落后和消费者自身制约因素严重抑制了农村电商物流的发展，相应提出

✱二、农村流通产业链文献综述

了增强物流基础设施、构建 F 2O 模式、发展物流组织共同配送＋乡镇配送点模式和与中国邮政进行合作配送的农村电商物流解决对策。通过对农村电商的文献研究发现，目前学者主要聚焦在农村电商发展中存在的问题分析，主要是研究农村电商的现状和问题，而对于农村电商的理论体系构建和盈利模式的研究欠缺。薛全唐提出通过构建农村电商六个开放平台（开放的农村云仓储平台、开放的农村配送平台、开放的农特产品返城平台、开放的线下体验平台、开放的线下退换货平台、开放的线下代购平台）和提供多种增值服务（深度开发服务、诚信金融服务、大数据服务、政府服务）实现"4W"（政府赢、电商赢、农民赢、邮政赢）的格局。魏延安提出了农村电商目前亟须处理的七个问题：对电商的认识、人才、物流、品牌、政策、标准与安全和模式。陈佳华提出了农村电商发展的瓶颈，主要包括农民整体电商认同感不强，农村的电商和物流条件落后，农村电商和物流人才缺失，农村主体地位难保。通过对农村电商的文献研究发现，目前学者主要聚焦在农村电商发展中存在的问题分析，主要是研究农村电商的现状和问题，而对于农村电商的理论体系构建和盈利模式的研究欠缺。

James F. Moore（1986）首次提出商业生态系统概念，为企业发展战略与市场运作提供了新的理念与思路，Moore（1996）在《The Death of Competition》一书提出了商业生态系统协演化理论，认为在世界经济日益互融以及环境变化日益加剧的当代，企业应该超越本企业的视角，而从一个企业生态系统角度来制定自己的演化战略（郭旭文，2015）。贾玉福通过分析林业地区电商生态体系，提出了政府应做好产业规划、建设电商的诚信体系、加强市场培训与教育、引进和培养人才和建设大品牌，借助于现有电子商务平台开展交易，提出了目前林业适合开展的生态模式，如"聚土地"。王胜以生态系统理论、协同理论、交易费用理论为基础提出了农产品电商生态系统的概念，同时构建了农产品电商生态系统的理论分析框架，通过市场扫描，考察外部环境对农产品电子商务的影响，要求建立规范的市场秩序和政策环境，在系统中分析结构的主导种群、关键种群、支持种群和寄生种群，了解系统的功能，是否实现了供应链的优化和信息的有效传递，同时分析系统处于兴起、发展、成熟和退化的生命周期的阶段，提出了构建农产品电商生态系统存在的障碍和应对对策。目前关于农村电商生态体系研究较少，主要建立了农村电商生态体系的理论分析框架，而对于农村电商生态体系如何运作以及如何实践缺乏研究。

（四）简要评论

农村商品流通是活跃农村经济，促进农民消费，增加农民收入的重要内容，也一直是学术研究的热点，形成了很多的研究成果。但目前主要集中城乡二元结构下的城乡市场差距、农村市场的现状分析等方面，对于农村商品流通不同流通主体、网点布局的研究还比较少，本书主要是从农村商品流通的主体及其网点分布出发，提出了农村商品流通的发展模式和对策建议。由于中国的二元结构的特殊性，农村电商的快速发展受到了来自各方面的关注，取得了丰富的研究成果，目前农村电商生态体系整合发展的理论和实践研究仍有进一步研究的潜力，有待于进一步系统化。目前农村电商生态体系建设研究主要集中在农村市场体系的概念、性质及网络体系建设方面，定性研究较多。农村市场体系包括农业生产资料下乡，鲜活农产品流通体系，农村日用品、农村废旧物品回收利用等都难以适应扩大内需、建设现代农业和城乡一体化发展的格局，本书从产业链理论的角度深化了农村流通全产业链体系研究。

三、我国农村商品流通产业链主体及网点现状

近年来,我国大力推进农村现代流通网络建设,并将其纳入新农村建设的重要内容。日前,多形式、多渠道的农村商品流通网络体系初步建立。在工业化、城镇化、同步推进农业现代化的进程中,农村人口逐渐向小城镇和农村社区聚集,农村人口的结构发生了改变;农村消费水平、结构和习惯都有了较大变化,农村社会经济发展的深刻变化给农村流通发展带来深远影响,我国农村商品流通正处在一个"整合资源、转变方式、重构体系"的"再组织化"的新阶段。

农村商品流通多元化市场主体已经形成。私营企业、个体工商户、农产品经纪人数量庞大,供销合作社流通渠道优势明显,部分国有流通企业开始向三线、四线城市渠道下沉,少数外资企业通过投资、参股等方式开始进入农村流通市场,从网点数量、零售额、市场占有率看,农村流通市场基本上形成多种流通渠道相互竞争、共同发展的局面。然而由粮食、物资、供销、邮政等演变而来的协会、企业、科研院所等仍然没有得到有效的整合,各个部门、各种所有制、各种形式的流通组织数量众多。据商务部估计,2015 年连锁化农家店将达 52 万家,覆盖全国 80% 乡镇和 65% 行政村;而农业系统的基层农技、畜牧、水产、农机、经管等约近 20 万个组织;林业系统的基层林技推广、种苗、林产品购销等服务组织 3.8 万多个;水利系统的设计施工、物资供应等服务组织 4.8 万个;供销合作社系统的数据则显示其拥有 100 多万个农村商品流通网点,其中县及县以下达到 61 万个;邮政系统则称其拥有大约 24 万个为农服务网点。另外,有近 12 万家的农业产业化龙头企业,大

约有4500个农产品批发市场和2.5万个农贸市场和将近2万家第三方物流商。

（一）供销合作社主导型

供销合作社是一个覆盖全国的系统组织，有省（区、市）供销合作社32个，省辖市（地、盟、州）供销合作社335个，县（区、市、旗）供销合作社2385个。每一层级都有自己的企业和经营网络。近年来，供销合作社大力推进农业生产资料、农副产品、日用消费品、再生资源回收利用四大网络建设，已累计建设农资、日用消费品、农产品、再生资源等各类配送中心10548个，发展连锁网点91.3万个，其中县及县以下网点61万个，初步建成了覆盖县乡村三级的经营服务网络。

（二）邮政系统主导型

近年来，国家和地方都表现出对邮政服务"三农"工作的高度关注与大力支持。邮政系统借助"三农"这个大课题，发挥品牌、网络等方面的优势，积极开展农村物流服务。多年来，随着邮政体制改革不断深化，邮政企业加快推进速递物流专业化经营，大力开发农村市场，以服务"三农"为重点的连锁配送业务快速发展起来。有资料显示，目前全国共有邮政服务网点5.9万处，其中4.2万处在农村；邮政行业从业人员78.8万人，其中农村营业投递人员近14万人。邮政物流依托县邮政局、乡镇邮政支局、村邮政所，建立了以乡镇自营店为经营管理中心、村加盟点为扩展服务区域终端的连锁经营网络。目前，已在农村地区设立了以经营农资为主的1.8万个自营店和20多万个连锁加盟店。服务"三农"网点达到24万多处，覆盖了全国86%的县市和超过1/3的行政村，逐步形成了包括总部、省、市、县、乡村的5级经营服务体系。形成了一条连接工业企业、商贸企业、零售店和农户的市场链条，开辟了一条工业品下乡、农产品进城的新流通渠道。近几年，邮政物流还在山东、新疆、江苏、江西、陕西等省（区）拓展了农产品进城业务，积极探索"双向物流"经营模式。

— 33 —

✿ 三、我国农村商品流通产业链主体及网点现状

(三)批发市场主导型

我国农产品批发市场是随着农产品流通体制改革而出现和发展起来的。经过三十多年的发展,已形成有形市场和无形市场,综合市场和专业市场,产地市场、销地市场和集散地市场相结合的批发商品流通体系。截至 2015 年,我国约有农产品批发市场 4500 家,共有 90 多万个批发商。其中,亿元以上农产品批发市场 1722 家,成交额 1.65 万亿元。尽管随着超市的兴起发展,经由超市的农产品流通份额逐年扩大,但批发市场仍是农产品流通的主要渠道和中心环节。据统计,目前多数城市消费的鲜活农产品 80% ~90% 仍由批发市场提供。即使在消费水平相对较高的特大城市,如北京,70% 以上的农产品也经由批发市场流通。

(四)农业产业化龙头企业主导型

农业产业化是农村改革的产物,是农民群众的创造。农业产业化是以市场为导向,以家庭经营为基础,依靠龙头企业的带动,将农产品生产、加工、销售有机结合,实现一体化经营的生产经营组织方式。自上世纪 80 年代中后期产生以来,迅速发展,显示出旺盛的生命力和广泛的适应性。实践表明,这种组织方式符合我国农业发展的客观实际,很好地使小规模农户经营与国内外大市场有效对接了起来,有利于提高农业经济效益,扩大农业经营规模,提高农业组织化程度,促进农民就业致富增收。目前,全国农业产业化组织达到 28 万个,带动农户 1.1 亿户,农户年户均增收 2400 多元;龙头企业 12 万家,销售收入突破 5.7 万亿元,提供的农产品及加工制品占农产品市场供应量的 1/3,占主要城市"菜篮子"产品供给的 2/3 以上。目前,龙头企业已经形成了以 1253 家国家重点龙头企业为核心,1 万多家省级龙头企业为骨干,10 万多家中小龙头企业为基础的发展格局,产品涵盖了种植、畜牧、水产等多领域,经营涉及了生产、加工、流通等多环节。

— 34 —

（五）大型零售企业主导型

连锁经营是通过对若干零售企业实行集中采购、分散销售、规范化经营实现规模经济效益的一种现代商品流通方式，主要有直营连锁、特许连锁、自由连锁等类型。在发展连锁经营中，充分采用新的经营理念、营销方式、管理手段和管理技术，应用销售点终端（POS 系统）、电子订货系统、配送平台等信息技术、物流技术是连锁经营发展的必要条件和手段。通过这些手段发展连锁经营，可以提高中小企业的组织化程度，不仅能使企业系统迅速扩张，还可以将分散的商品流通主体整合为有机的统一体，提高流通的组织化程度，改变企业分散经营、无序竞争的状况。截至 2015 年，苏果网点总数 2086 家，年销售规模 308 亿元，60% 的网点开设在县及县以下农村，50% 的销售来自农村市场。在经营品种方面，70% 为农副产品及其加工产品。目前，连锁网点不断向镇村延伸，推进网络下沉，将商品供应服务做到了农民家门口。大润发目前是中国市场上规模最大和盈利最高的单一业态的大型超市公司，2015 年有 76% 的门店处在三、四线城市，在珠三角和长三角地区还在农村的乡镇（一村一品的世界工厂所在地）开店（见表 3-1）。

✱三、我国农村商品流通产业链主体及网点现状

表 3-1 　　　全国较大规模农村日用消费品超市网络情况

名称	成立时间	主要区域	网点	营业面积(万平方米)	销售收入(亿元)	主要品类	注释
新合作商贸连锁集团	2003	苏、鄂、豫、鲁、内蒙古、吉、冀等(16个省，800多个县)	网点10万个；直营1283个	146	450	日用百货、生鲜食品	含控股、参股企业
苏果集团	1996	苏、皖、鄂、鲁、豫、冀等(23个地市、70多个县级市)	网点2098家；直营1400家		425.6	日用百货、生鲜食品	2004年华润集团控股
浙江供销超市	1997	绍兴周边地市	网点1700个；直营店92家	15	12	日用百货	物美集团收购
广东新供销商贸连锁公司	2009	广州、东莞6个地市	配送中心9个，直营店30个		3.56	农副产品、日用百货	
湖北新合作商贸连锁公司	2006	武汉城市为重点	加盟1500个，直营100多个		10		
南昌华美百货连锁超市	2000	南昌附近地区	8家直营店				

续表

山东宝福邻购物中心股份有限公司	2002	山东	6家直营店	12			
湖南新供销商贸公司	2010	湖南	26家直营店		0.43	家电为主的百货	与万利达合作
陕西糖酒果品副食总公司	1958	陕西	300个网点			农产品为主的百货	
重庆绿优鲜农产品超市	2011	重庆	150个直营店	4.3	4	农产品为主的百货	
老邻居商贸连锁公司	2004	四川	2000个，200个直营店				
新疆新合作家佳乐连锁超市有限公司	2003	新疆	配送中心23个，4589个，500个直营店	2.9	50	日用百货	与新合作集团合作

(六)第三方物流主导型

第三方物流作为企业作业管理的协作者、物流服务的整合者以及物流外包的

✳三、我国农村商品流通产业链主体及网点现状

契约人，日趋成为现代物流主流服务模式。自上世纪90年代中期，第三方物流伴随现代物流理念传入我国以来，已经有了长足发展，并呈现出较为明显的特征。我国农村第三方物流总体规模偏小，网点覆盖面不高，设备技术比较落后，服务项目难以满足农村商品，特别是农产品流通需要。根据咨询机构的分析，2016年中国第三方物流市场大约有70万多个服务商和终端，排名前十位的服务商占市场总额仅13%（这可能是很粗略的估计），没有一家物流企业的市场份额超过2%，说明我国物流行业尚未实现充分的整合。

（七）农民专业合作社主导型

2007年7月1日已正式实施《中华人民共和国农民专业合作社法》（国家主席57号令）、《农民专业合作社登记管理条例》（国务院第498号令）。五年来，我国农民专业合作社数量迅速增长，规模不断扩大，对促进农村经济发展、农民增收起到了积极作用。截至2016年底，全国在工商部门登记注册的农民专业合作社174.9万户，入社农户占全国农户总数的44.4%。农民专业合作社迅速发展，在农产品销售、农资销售等方面不断发展自身的物流体系。

我国农村地广人稀，共有2856个县，33981个乡镇，68.3万个行政村，大约2.2亿个农户。农村商品流通网络是农村市场体系的重要组成部分，对农村经济社会发展具有重要的作用和影响。我国农村消费品流通体制改革经历了疾风骤雨般的过程，从自由购销体制到计划经济时期的统购统销体制到改革开放初期的农村消费品流通统购统销体制的放开、再到计划商品经济向市场经济转变阶段的农村消费品流通市场经济体制的过渡以及完善农村消费品流通的市场体系，在短短的60多年时间内经历了五次大的变革。而西方发达国家1852年百货商店的诞生，那个时候被称为第一次零售革命，1852年到今天160多年时间，西方国家爆发渠道革命一共才有八次，大概20年左右时间爆发一次渠道革命。但是中国的渠道变革却很特殊，1990年成立第一家百货商店，一直到20世纪90年代末期没有发生大的变化，其他零售革命都没有爆发，然而到90年代末期和21世纪初期

— 38 —

爆发了一场综合性渠道革命。西方国家 160 年左右时间出现的东西，我国十来年全部出现了。既有传统的店铺销售，也有零售终端开始拉动，或者连锁体系开始拉动，当然也有与信息网络密切结合的电子商务渠道。因此，旧的农村流通体系已经完全打破，新的现代化流通体系尚未建立。计划经济时代供销合作社主导农村流通的体系在改革开放以来迅速土崩瓦解，批发市场、农贸市场迅速崛起，但瓦解的是体系，崛起的仅仅是节点，新的农村现代化流通体系尚未建立。改革开放以来，我国农村商品流通出现了多种所有制、多种渠道、多种业态交相辉映的局面，为繁荣农村市场、促进农村经济发展做出了巨大贡献，但流通主体多元化也带来了一些问题，主要是一些市场主体规模小、实力弱、经营方式落后，给农村流通秩序带来了冲击。但这些参与者的规模小、社会组织化程度低，都无法成为新的农村商贸流通主体，承担起农村商贸流通的职能。在流通主体缺失的情况下，我国农村商贸流通的主要方式是单个农户面向市场销售农产品，农产品贩运商负责收购，农家店作为农用物资和日用品的主要供给者。这给农村商贸流通造成了高成本、低品质和高风险的结果，降低了农业经营的预期收益，增加了农民在农村生活的成本，造成了我国农村商贸流通的混乱局面。

随着我国经济的快速发展，人均 GDP 和农村居民人均纯收入有了明显增长，恩格尔系数总体上降低。2016 年，我国人均 GDP 达到 8866 美元，接近中等发达国家水平，农村居民人均纯收入接近 7000 元，比上年名义增长 17.9%，农村居民家庭恩格尔系数逐年降低，2012 年首次降低到 40% 以下，只有 39.3%。在这种情况下，农村的消费能力提高、消费结构变化、消费层次提升，进而对农村商品流通提出了新的要求，表现在消费环境的舒适化、产品的多样化、质量的适中化、价格的合理化、购物的方便化、服务的综合化。这必然要求流通方式、渠道、业态、设施、管理、服务都必须与此相适应。面对新的形势，农村商品流通建设必须与"四化同步"相适应，认真研究农村消费需求的变化，科学规划网络布局，系统梳理和分析农村商品流通链条各环节之间的关系，整体上破解发展农村现代商品流通中的难题。

❋ 三、我国农村商品流通产业链主体及网点现状

农村中原有的"小生产、小流通"格局、地产地销、短距离运输、一买一卖的产销关系已发生很大变化。当前，农村商品流通中产销关系表面上是量的矛盾，实质上是生产和流通主体之间的矛盾，多种因素交错复杂，表现在日用消费品产销能力不匹配，农产品产销主体地位不对等，农资行业利益格局不稳定。表现在：一是日用消费品的产业集中、产能过剩和品种丰富并存，农村日用消费品流通网络由于其设施落后、配送成本高、销售配送能力有限，工业品下乡变成"大水量和小管道"的矛盾。二是农产品的分散经营局面短期内无法改变，农民专业合作社组织化程度低，无论是产量、质量、物流组织都无法根本上适应农产品大流通的要求，农业生产的弱势地位难于改变，农产品产销关系地位的不平等难于消弭。三是农资商品的资源约束性和消费的显著季节性，销售旺季和价格高企时，农资生产者往往自建销售体系、控制销售渠道，农资流通企业为了掌握资源只好向上游延伸，农资的产销关系变得复杂化，产销共赢共生的局面难于维持。

在当前农产品市场由卖方市场向买方市场过渡、消费结构决定生产结构的情况下，市场控制权已经由生产领域转向流通领域，流通在引导消费和延伸生产增值方面的作用日益强化，进一步创新农产品流通机制，构建有效的流通主体，将流通增值的隐性地位"显性化"，流通增值的分配对象"农民化"，应成为解决农民增收问题的关键着力点。

国有资本参股控股的股份制大型流通商业为主导，民营商业为主体，引进外资商业做示范，保持个体、小型商业为补充。在具有市场导向作用的大型流通企业当中，必须保证国有资本的适量存在。这不仅涉及到市场的稳定和繁荣，而且涉及到新兴工业化道路的有序推进和国家的经济安全。供销合作社一直在农村商品流通中发挥着重要作用，2016 年销售额占到县及县以下社会消费品零售总额的33.19%。因此，发挥供销合作社在农村商品流通中的主导作用，有利于市场的稳定和繁荣，有利于新型城镇化道路的有序推进和国家的经济安全。广大中小流通企业和农民专业合作社更适应农村商品流通点多、面广、变化大的特点，所以应以其作为商业体系主体和基础。引进外资只是为起到示范性、引导性的作用，决

不能由其占据主体性、支柱性、主导性的市场地位。另外，我国人均收入水平低下、收入分配不平衡、东西部和城乡差距较大、低收入群体庞大的国情决定了个体商贩、集市、小商品市场，必须长期存在。因此，在四化同步尤其是城镇化快速推进的过程中需要加大农村商品流通网络的整合力度，形成以供销合作社为主要渠道，中小流通企业、农民专业合作社为主体，引进外资商业做示范，保持个体户、农家店为补充的农村商品流通网络。以供销合作社为主的多元化组织建构由于既能发挥统一主体的综合协调作用，又可发挥多元组织主体的广泛性，所以这样不但能及时掌握情况和反馈信息，而且能有效实现各种农村流通组织主体间的互补。民营商业资本比国有商业资本更适应商品流通点多、面广、变化大的特点，所以应以其作为商业体系主体和基础。另外，我国人均收入水平低下、收入分配不平衡、东西部和城乡差距较大、低收入群体庞大的国情决定了个体商贩、集市、小商品市场，必须长期存在。现阶段就采取"取代""限制""改造"等过激政策是错误的，它们的市场补充作用还需要进一步挖掘。

农村零售商业业态结构应当以百货店为主导、以各种超市为主体、以专业店和专营店群为辅助，有条件的地区适当地发展购物中心，许多地区特别是欠发达地区则应长期保留夫妻店、小商贩、小生产商等传统形式。

四、农村商品流通四大产业链

（一）农村流通产业链的总体规模

2015 年全年，我国城镇消费品零售额 258999 亿元，比上年增长 10.5%；乡村消费品零售额 41932 亿元，增长 11.8%。2015 年我国乡村消费品零售额占全国比重增长至 13.93%。我国是农产品的生产、流通、消费大国，据统计，2015 年我国农产品产量达到 22 亿吨，仍然是全球最大的农产品生产大国。我国也是农产品最大的贸易国，2015 年我国粮食进出口贸易超过 1 亿吨（见表 4 - 1）。

表 4 - 1　　　2010 - 2015 年我国乡村社会消费品零售额统计表（亿元）

年份	城市	乡村
2010 年	136123	20875
2011 年	156908.3	24317.5
2012 年	179318	27849
2013 年	202462	31918
2014 年	226368	36027
2015 年	258999	41932

1. 农村社会消费品总额增长快

近年来，农民增收、负担减轻、保障改善、消费环境改善等多因素叠加正在促使农村消费市场加速升温。2013 年乡村消费品零售额 31952 亿元，增长 14.6%，

— 42 —

2015 年达到 41932 亿元，增长 10.7%（见图 4 - 1）。2002 - 2015 年城市（城镇）的社会消费品零售总额的增长率均大于农村（乡村），2012 年以来，农村（乡村）的社会消费品零售总额增长率开始大于城市（城镇）（见图 4 - 2、图 4 - 3）。农村市场的扩大对促进国民经济快速增长发挥了积极作用，但城乡差距依然较大[1]。2013 年县及县以下社会消费品零售总额达到 71639 亿元[2]，相比 2005 年增长了 1.46 倍，年均增长达到 18.25%，农村消费品零售总额占社会消费品零售总额的比重提升至 26.27%（见图 4 - 4）。据估计，仅"万村千乡"市场工程就扩大农村消费近 2500 亿元，吸纳农村富余劳动力 230 万人，数以亿计的农民受益[3]。快速发展的农村市场也孕育了一批农村商贸流通企业，促进了农民就业，发展了农村经济。这些企业发展壮大后，社会责任感不断增强，成为各级政府部门应急供应的重要力量，对维护农村社会稳定和商业网点重建做出了重大贡献[4]。

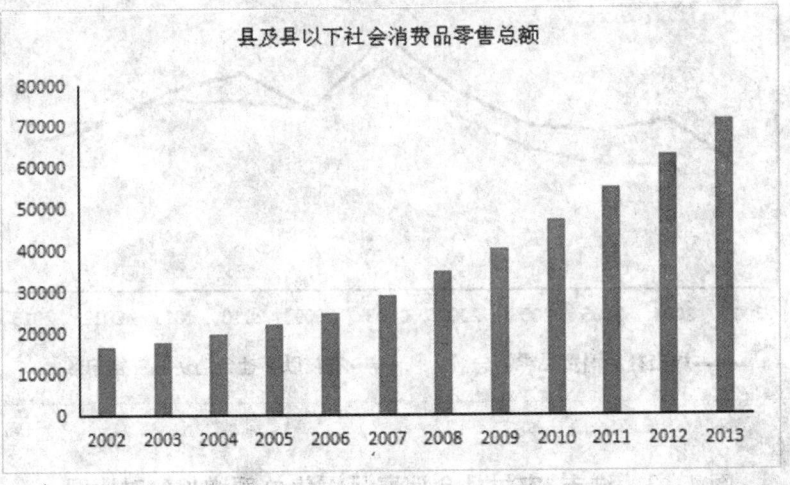

图 4 - 1　县及县以下社会消费品零售总额

---

〔1〕　农村消费品零售额在 2009 年以前一般通过县及县以下来表示，2010 年以后则用乡村消费品零售额表示

〔2〕　限于 2010 年以后，我国关于社会消费总额统计口径的变更，国家按地区并没有给出城市、县及县以下的具体数字，而是分成了城镇和乡村两级，因此，2010、2011、2012 年的数据为根据上年和增长速度进行估计的结果。但是作为统计需要，还是反映了我国农村具体的增长情况以及总额比重的变化

〔3〕　杨静."万村千乡"市场工程发展现状与模式.商业经济，2013 年第 2 期

〔4〕　常晓村.万村千乡市场工程"：扩大内需的重要支撑.求是，2012 - 07 - 01

❈四、农村商品流通四大产业链

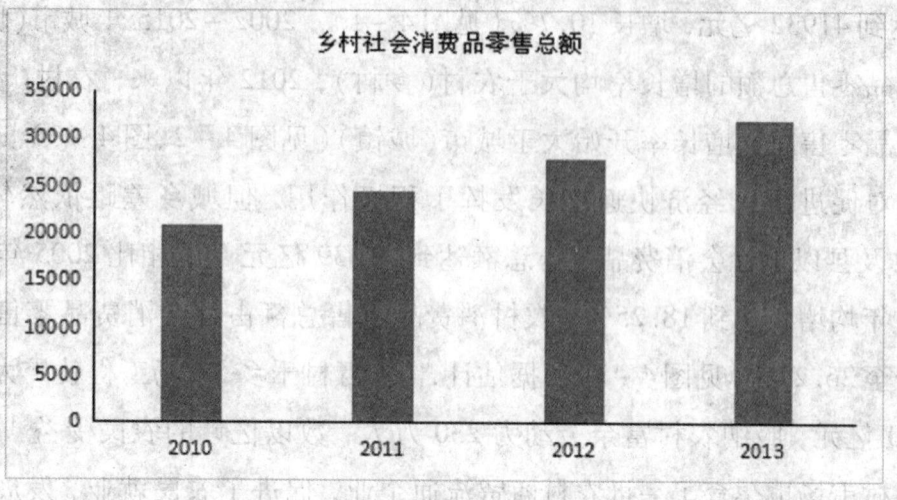

图4－2　乡村社会消费品零售总额

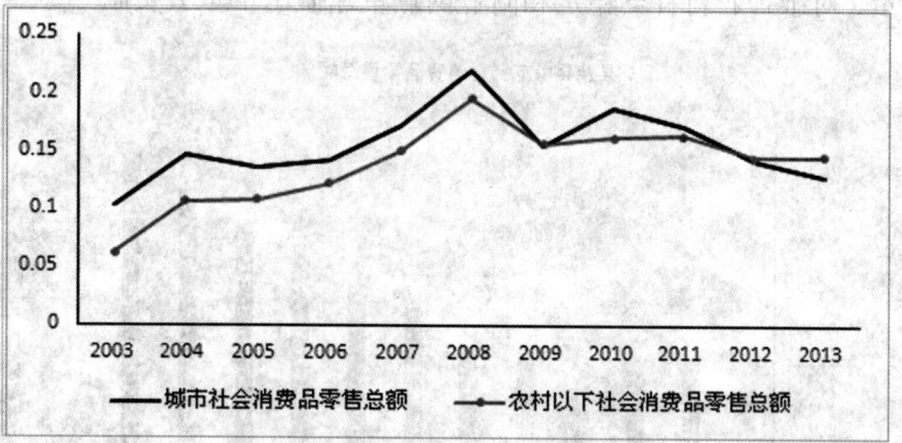

图4－3　城市、农村社会消费品零售总额增长率对比图

— 44 —

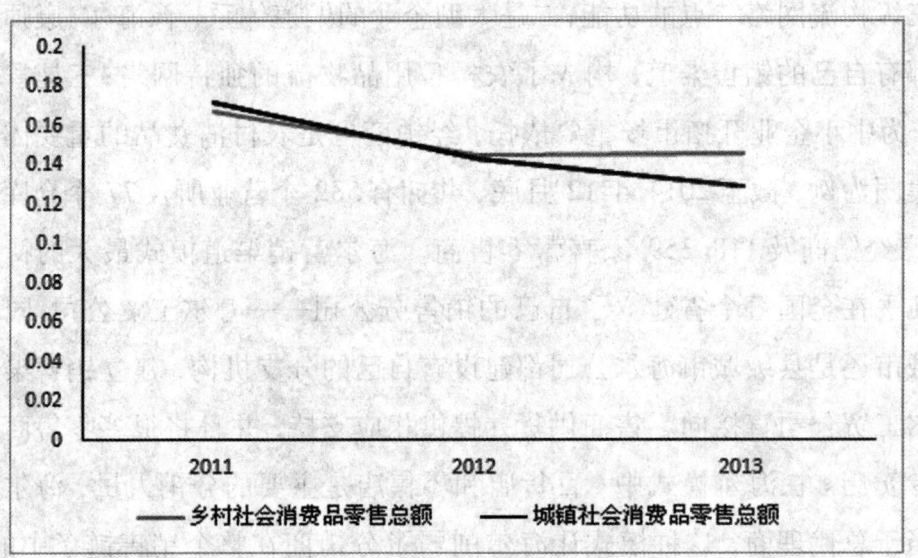

图4-4 城镇、乡村会消费品零售总额增长率对比图

农村消费的增加,既有农民消费预期增强的原因,也有各种扶持政策叠加的因素;既有城乡二元结构下农村消费潜力释放的因素,也有农民工回乡消费的原因。

2.农村社会消费品的供求格局新变革

近年来,农村消费集中化的趋势也更加明显,镇级社会消费品零售总额占比接近一半。人口规模是影响一个地区消费总量的重要因素之一,而城镇化本身就产生了人口集聚效应,有利于在一定区域内形成人口规模。而这也成为农村消费集中化的一个重要推动因素。另外,伴随着农村交通状况改善和机动车拥有量的增加也推动了消费的集中,传统的"油盐酱醋在村里,日常用品赶大集,大件商品进城里"的消费模式正在改变,镇级正在成为商业聚集区。根据估算,2010年以来,镇级的消费品零售总额已经占到农村社会消费品零售总额的45%左右,这种趋势可能还会持续扩大。

社会消费品的供给主要来自于三个渠道:一是批发市场,根据统计全国共有亿元以上商品交易市场数量5023个,在农村消费品商品流通体系中,批发市场承

✤ 四、农村商品流通四大产业链

担着二三级物流网络节点的功能;二是大型企业的渠道体系,像海尔、康师傅等大型企业都有自己的销售渠道,构成了农村日用品物流的独特网络;三是省市级经销商,作为中小企业开拓市场重要依托,经销商也是农村消费品的重要体系。以康师傅集团为例,截至2014年12月底,共拥有582个营业所及77个仓库以服务36,837家经销商及118,359家直营零售商。海尔营销渠道模式最大的特点就在于海尔几乎在全国每个省建立了自己的销售分公司——海尔工贸公司;同时不论在省会城市还是县级城市海尔公司都建设有自己的分支机构,建立销售渠道与网络。海尔工贸公司直接向零售商供货并提供相应支持,并且将很多零售商改造成了海尔专卖店。在海尔模式中,百货店和零售店是主要的分销力量,海尔工贸公司就相当于总代理商,这种模式让海尔削弱了分销商在整个销售链条中的地位,确定了海尔公司在销售链条中的掌控者地位,实际控制了销售,掌控了利润分配,分配给最终经销商较多的利润,提高海尔在众多经销商心中高利润品牌形象,有利于海尔发展经销商,进而占领市场。

近年来,电商快速发展,正在成为一个重要渠道。据 CNNIC 数据显示,截至2015年农村网民规模达1.95亿,较2014年底增加1694万人,增幅9.5%。网络购物成为了农村发展速度最快的购物方式,电子商务的发展也带动着农村地区的消费需求升级。

尽管我国城镇人口已经超过总人口的半数,但是仍有6.2亿农村人口,这是个庞大的消费群体,也是个有待开发的消费市场。在推进新型城镇化建设的进程中,农民的生产、生活中有不少需要改善的地方,而相关基础设施的建设以及商品生产、配送、售后服务等,都是潜在增长点。当下在稳增长、扩消费的时候,农村市场的潜力和空间不容忽视,只有深耕农村市场才会大有可为。随着国家对农村地区政策倾斜力度的加大,"万村千乡"工程推动农村消费基础设施逐步完善,特别是在收入增长和农村消费环境不断改善的共同作用下,消费水平逐步提高,农村消费呈现快速增长态势。按经营地统计,从总体上判断,2016年上半年,城镇消费品零售额121850亿元,比上年同期增长10.2%,乡村消费品零售额19727

亿元，增长 11.6%。乡村零售额增速比城镇快 1.4 个百分点，乡村零售额所占比重比上年有所提高。

随着消费水平的提高，农民消费内部结构也发生了较大的变化。生活消费中医疗保健、居住、家庭设备、交通和通讯及其他商品和服务类消费增速加快，食品、文化教育类消费增速趋缓。农民的消费层次不断提高，消费领域不断扩大，食品支出和衣着支出在生活消费支出中所占的比重有所下降，居住支出、交通和通讯支出比重上升。

一是食品类消费比重进一步减少，质量提高。随着农村居民生活水平的提高，单纯的"吃饱"已经不能满足人们对食品消费的要求，既要色香味俱全还要讲究食品的营养，肉、禽、蛋、瓜果等副食消费比重逐年提高，餐桌上的食物逐渐丰富起来，反季蔬菜、南方蔬菜、水果、鲜奶、水产品等已进入寻常百姓家。2014 年农村居民人均消费支出中，食品支出 2814 元，比上年增长 10.2%；所占比重由上年的 39.3% 下降为 33.6%。

二是家庭耐用品向中高档品质发展。随着家用电器更新换代步伐加快，功能齐全，样式美观的各类家用电器的消费支出已经成为家庭设备、用品及服务支出快速增长的主要动力，农户中高档生活用品拥有量稳步增加。2014 年农村居民人均生活用品及服务支出 506.5 元，比上年增长 11.3%，在消费支出中所占比重为 6%。2012 年每百户农村家庭拥有家用计算机达到 21.4 台，比上年增加 3.4 台。等离子或液晶电视、大容量冰箱、变频空调在农村居民家庭消费中增长最快。

三是交通、通讯电子类产品成为新的消费热点。2014 年，农村居民人均交通和通讯消费支出 1012.6 元，同比增长 15.9%，所占比重由上年的 11% 提高到 12.1%。随着农村交通、通信基础设施的逐步完善，农民购买交通工具和通讯工具支出大幅增长，汽车、摩托车、电动车以及通讯类产品逐渐从城市走入到农村，改善了农村居民的生活质量，提高了农村居民的消费层次。2012 年农村居民每百户拥有摩托车 62.2 辆，比上年增加 1.4 辆。

四是居住消费层次升级，装饰装潢成为农民的所求。随着农民收入的增加和

✽ 四、农村商品流通四大产业链

消费环境的逐步改善，农民注重改善居住内外环境，装饰装潢住房消费支出增长较快。2014年农民人均居住支出1762.7元，比上年增加了182.9元，增长11.6%。

统计数据显示，城镇化率每年提高1个百分点，就可以吸收1000多万农民入城，进而带动约1500多亿元消费需求。2013年虽然我国城镇化率已达53.7%，但仍低于发展中新兴国家城市化率60%，离发达国家城市化率80%的水平差距更大，城镇化仍滞后于工业化。

因此，根据预测到2020年农村消费品将达到8万亿元，比2016年增长一倍。农村网购规模到2020年也将达到1.5万亿元（表4-3）。

表4-2　　　　　2016-2020年农村社会消费品总额预测（亿元）

2016	2017	2018	2019	2020
48221.8	55455.07	63773.33	73339.33	84340.23

表4-3　　　　　2016-2020年农村网购总额预测（亿元）

2016	2017	2018	2019	2020
845.1304	971.9	1117.685	1285.338	1478.138

根据对农产品、日用消费品的预测，2020年农村物流总量将达到30万亿元的规模，电子商务的规模将达到10万亿元的规模（表4-3）。农村物流网络的潜力巨大。

3. 农产品总量持续增加

近年来，我国粮棉油糖、肉蛋奶、果菜茶、水产品等主要农产品生产全面发展，供给充裕、品种不断改善、品质不断提升。2013年粮食产量60194万吨，棉花产量631万吨，油料产量3531万吨，糖料产量13759万吨，茶叶产量193万吨，肉类总产量8536万吨，牛奶产量3531万吨，水产品产量6172万吨，蔬菜产量73511万吨，水果产量25093万吨（见表4-4）。2013年农产品总产量约19.52亿吨，比2010年增长10%。2014年农产品总量约20亿吨，2015年则达到22亿吨。

— 48 —

互联网时代农村流通全产业链整合发展

表4-4　　　　　　2000-2015年主要农产品产量(单位:万吨)

	粮食	棉花	茶叶	水果	蔬菜	肉类	水产品	奶类
2000	46217.5	441.7	68.3	6225.1	42397.9	6013.9	3706.2	919.1
2001	45263.7	532.4	70.2	6658.0	48337.4	6105.8	3795.9	1122.9
2002	45705.8	491.6	74.5	6952.0	52908.9	6234.3	3954.9	1400.4
2003	43069.5	486.0	76.8	14517.4	54032.3	6443.3	4077	1848.6
2004	46946.9	632.4	83.5	15340.9	55064.4	6608.7	4246.6	2368.4
2005	48402.2	571.4	93.5	16120.1	56451.5	6938.9	4419.9	2864.8
2006	49804.2	753.3	102.8	17102.0	58325.5	7089	4583.6	3302.5
2007	50160.3	762.4	116.5	18136.3	56452	6865.7	4747.5	3633.4
2008	52870.9	749.2	125.8	19220.2	59240.6	7278.7	4895.6	3781.5
2009	53082.1	637.7	135.9	20395.5	61823.8	7649.7	5116.4	3677.7
2010	54647.7	596.1	147.5	21401.4	65099	7925.8	5373	3748.0
2011	57120.8	658.9	162.3	22768.2	67700	7957	5600	3810.7
2012	58957	684	180	24056	70883	8384	5906	3744
2013	60194	631	193	25093	73611	8536	6172	3531
2014	60710	616	209	26142.24	76005.48	8707	6450	3725
2015	62144	561	224	27600	76900	8625	6690	3755

农产品商品量快速增长。2013年农产品商品量约18亿吨,较2010年增长12.5%。优势农产品区域化生产格局已基本形成,其中小麦、棉花、花生、油菜籽、甘蔗、苹果、柑橘等品种区域产量前十位占比合计均超过80%(见表4-5)。随着城镇化率的不断提高,农产品消费需求快速增长,进出口量大幅增加,大范围、远距离运输增加,流通总量越来越大。"北粮南运""南菜北运""西果东送"等运销格局逐步形成(见表4-6)。

— 49 —

❈ 四、农村商品流通四大产业链

表4-5　　　　　　　　　主要农产品商品化率(单位:%)

品种 商品化率	粮食	棉花	油料	水果(苹果)	蔬菜
2013	86.10	99.67	85.88	99.01	99.58
2010	77.94	99.26	78.66	98.41	97.66

由以上分析可知,农产品生产量快速增加,商品化率增加也很快,果蔬的商品化率接近100%。也就是说未来农产品供给总量的增加会更加以依赖生产方式和技术的提升,而改善流通则会在可以在短期内调控农产品供给。

表4-6　　　　　　　　　主要农产品批发市场数量

农产品市场数量	999	1019	1044	1020	981
粮油市场数量	105	103	111	111	109
肉禽蛋市场数量	126	134	121	114	124
水产品市场数量	145	150	160	157	150
蔬菜市场数量	304	312	312	313	295
干鲜果品市场数量	136	137	147	147	147
棉麻土畜、烟叶市场数量	21	22	24	34	23
其他农产品市场数量	162	161	169	144	133

4.农产品供给布局深度调整

依据粮食生产与消费量的特征,国家划分了粮食主产区、产销平衡区和主销区三大功能区[1]。当前,粮食生产不断向主产区特别是北方主产区集中的势头明显。据统计,全国75%的粮食产量、80%以上的商品粮、90%以上的调出量来自13个主产省,特别是黑龙江、吉林、辽宁、内蒙古、河北、山东、河南7个北方的主产省份占全国粮食总产量的差不多五成;13个主产区的库存占全国的71%,销区占

〔1〕 13个粮食主产区:黑龙江、吉林、辽宁、内蒙古、河北、河南、山东、江苏、安徽、江西、湖北、湖南、四川;7个粮食主销区:北京、天津、上海、浙江、福建、广东、海南;11个粮食产销平衡区:山西、宁夏、青海、甘肃、西藏、云南、贵州、重庆、广西、陕西、新疆

到9%；主产区的消费量占到62%，主销区占17%。

同时，主销区和产销平衡区粮食生产的比重进一步下滑。东南沿海地区粮食播种面积不断减少。我国7个主销区目前年粮食缺口在7000万吨以上。在全国粮食增产的大背景下，粮食生产地域重心由南向北逐渐转移，"北粮南运"的粮食流通格局进一步凸显，带来了流通当中的矛盾和保持供求平衡的矛盾。

华北、东北、西北等地区人口在100万以上的大城市（含济南、青岛、淄博、郑州、洛阳等）是果蔬的主要需求地，比如北京的果蔬大约80%～90%需要从外地调入。全国蔬菜产区则划分为华南与西南热区冬春蔬菜、长江流域冬春蔬菜、黄土高原夏秋蔬菜、云贵高原夏秋蔬菜、北部高纬度夏秋蔬菜、黄淮海与环渤海设施蔬菜六个优势区域。其中，华南区、长江区是保障元旦、春节期间全国蔬菜供应的重点区域；西南区、西北区、东北区是保障夏季和中秋、国庆期间全国蔬菜供应的重点区域；黄淮海与环渤海区是均衡全国全年蔬菜供应的重点区域。果蔬产地的集中化给仓储冷链等造成了较大的压力。

整体而言，北粮南运趋势会进一步增强，而果蔬则呈现出以大中城市为中心的伞状格局，这其中夹杂季节、品类、天气等因素，还没有形成较为完善的流通体系。而且果蔬等生鲜产品的流通在整个农产品流通的比重不断上升。

未来5年，我国主要农产品消费和农业生产发展仍将处于增长阶段。目前我国农产品供求平衡关系从"基本平衡、丰年有余"进入"基本平衡、结构波动"阶段。总体上看，未来农产品消费仍有很大增长空间，主要农产品消费保持持续增长趋势，但不同农产品的需求增长将有所分化，人均消费有增有减，部分农产品消费达到峰值，一些农产品消费加快增长。

相应的未来5年的农产品需求量也将持续增加，这别是城镇化的影响也很突出（见城镇化的影响有专门论述）。总体上看，未来5年我国主要农产品的生产和需求都将继续增长，但消费增长更快，农产品供求总体上是偏紧的，部分产品存在较大缺口。短期内，农产品的供求形势比较好，市场供应比较充足。在工业化城镇化快速发展和农业生产成本费用不断上升，农业环保约束加剧的背景下，农

✱ 四、农村商品流通四大产业链

业增效的形势不容乐观，将会制约农业生产稳定发展。

农产品流通总量将持续增加，过去 5 年农产品流通总量年均增长大约 4% 左右，按照这个速度 2016 年的流通总量可能为 22 亿吨，到了 2020 年则会增加为 25 亿吨（见表 4 -7）。

表 4 -7　　　　　2015 -2020 年农产品流通总量预测（亿吨）

2015	2016	2017	2018	2019	2020
21.22	22.15	23.08	24.01	24.94	25.87

综上所述，我们可以得出以下结论：

一是农产品产量增长，农产品商品率不断提高。使得流通需求总量增加，对流通能力、效率和质量要求提高；

二是农产品生产和加工向优势区域集中，使得跨区域流通需求增加，对物流提出了新的要求，主产区的生产波动对全国市场的影响扩大；

三是居民消费结构的调整，对农产品流通质量的要求提高，冷链物流需求增加，对流通设施建设提出了新要求；

四是农产品价格总体上行，使得农产品市场化进程加快，以降低流通成本、提高流通效率为特色的新型流通模式快速发展，对流通信息、金融和期货等服务需求增加；

五是农产品流通问题越来越突出是生产与消费变化的客观反映，表明流通产业的发展已滞后于生产和消费的要求。

5. 农资物流总量稳步增加

2014 年我国化肥行业产量约 6933.7 万吨，行业进口约 862.6 万吨，出口约 2903.2 万吨，国内表现消费量约 4893.1 万吨。2014 年累计生产原药 374.4 万吨，同比增长 1.4%。2014 年我国化肥行业销售收入约 8198 亿元，国内销售市场规模约 7856 亿元，近几年国内销售和市场规模如下表 4 -8 所示：

表4-8　　2011-2014年中国化肥行业销售收入和市场规模情况(亿元)

年份	销售收入	市场规模
2011年	6697	6421
2012年	7395	7196
2013年	7888	7710
2014年	8198	7856

农资物流总量大、主体多、环节复杂,伴随着城镇化、信息化的发展,调整幅度也较大(见表4-9)。

表4-9　　　　　　　2011-2014年中国化肥市场总体概况

年度	企业单位数 (个)	总产值 (亿元)	资产总计 (亿元)	主营业务收入 (亿元)	利润总额 (亿元)
2011年	1651	6987.01	6756.65	6697.32	393.05
2012年	1750	7723.91	7934.59	7395.26	428.86
2013年	1845	8258.63	8948.92	7888.21	321.08
2014年	1814	8602.56	9987.41	8198.11	201.97

资料来源:国家统计局

(二)农村流通产业链环节分析

1.农村日用品流通产业链条

新中国成立初期,销售物流模式是供不应求的计划经济的供给制,直到20世纪80年代中期开始实行双轨制,才逐步形成了较规范的传统批发体系。工厂的商品除了国家计划部分之外,主要通过国营大批发站进行销售:一级批发站(省级糖烟酒公司)将产品计划调拨或授权给二级批发站(地市级糖烟酒公司),再逐级往下调拨给三级(县级糖烟酒公司)、四级批发站(乡、镇级供销社),由三、四级批发站将商品批发给零售商。每级批发价到零售价都有明确规定的价差,这就使商品层次分明、有条有理的在规定的渠道内流通。

✤ 四、农村商品流通四大产业链

到了 20 世纪 90 年代初,富有生机的农贸批发市场开始兴起,它的灵活经营、自由流通、薄利多销、辐射力强等优势抢占了上风,缺乏生机的金字塔型的传统销售渠道受到了彻底冲击。1998 年前后,以缩短渠道、加强服务功能为使命的渠道革命悄悄地在中国兴起,虽然没有轰轰烈烈,但是众多企业已深深地卷了进去,而且对中国的市场产生了深远的影响:深度分销、直销、网络销售等模式日见成熟,农贸批发市场辐射性的自由贸易模式又受到了冲击。目前中国的现况正如笔者前面谈到的,属于销售模式百花齐放的"春秋战国"。

目前,快递上门、上门送货、电话送水,不少企业已经将销售渠道缩短到了直接面对终端农村消费者。无论是点击鼠标还是拨打电话,所需的商品很快就可以送到你的面前,这将是 21 世纪营销发展的大趋势。虽然电子商务除了虚拟的市场,还必须结合结算系统和送递系统,但是 e 营销理论的诞生,未来竞争核心的问题将是互联网平台的运用,它以总成本最低和差异最大化的优势实现以往无法达成的服务,因此也一定会得到最大和最稳定的市场(见图 4-7)。

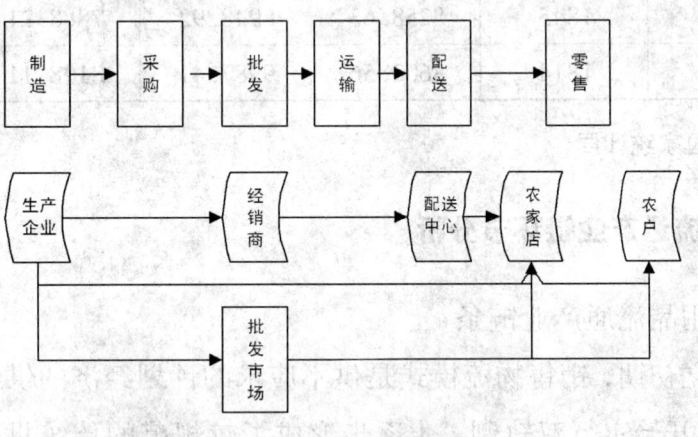

图 4-7 农村日用品流通链条

目前农村的日用品市场网络和销售渠道模式,可以说是五花八门,百花齐放。各企业都根据自己的特点以不同的方式进入市场,是目前市场中最混乱的一块,是变数最多的一块。总体而言农村消费品流通体系以县城和中心城镇为重点,以连锁超市、便利店为主要流通业态,形成以城区店为龙头、乡镇店为骨干、村级店为基础的新型农村消费品流通体系。主要流通链条有以下几种:第一种模式:厂家直销。直销适应于城市运作或公司力量能直接涉及的地区,销售力度大,对价格和物流的控制力强(图4-8)。

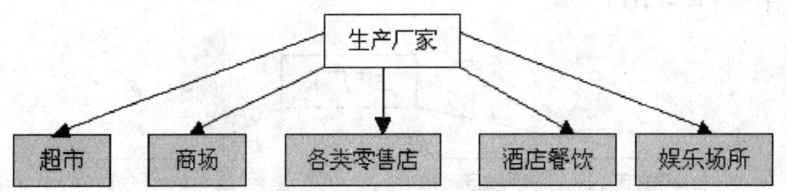

图4-8 厂家直销模式

优点:渠道最短;反应最迅速;服务最及时;价格最稳定;促销最到位;控制最有效。

缺点:局限于交通便利、消费集中的城市,会出现许多销售盲区,或人力、物力投入大,费用高,管理难度大。

第二种模式:网络销售。以娃哈哈和康师傅为代表。网络销售适用于大众产品,适用于农村和中小城市市场(图4-9)。

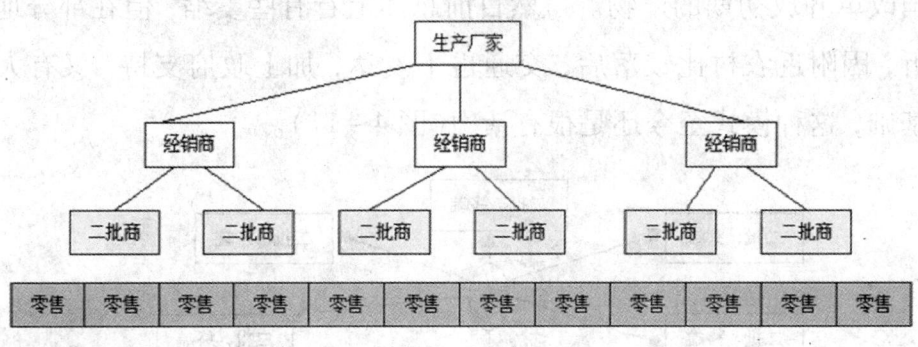

图4-9 网络化销售模式

优点:可节省大量的人力物力;销售面广、渗透力强;各级权利义务分明,为共同利益可组成价格链同盟;借他人之力各得其所。缺点:易造成价格混乱和区域间的冲货,在竞争激烈时反应较迟缓,需有高明的管理者使之密而不乱。

第三种模式:平台式销售。平台式销售适用于密集形消费的大城市,服务细

— 55 —

◆ 四、农村商品流通四大产业链

致、交通便利、观念新颖。以上海为代表。如上海市有580平方公里,1300多万人口,各类零售终端有4万多家。厂家若在上海设置80家左右经销商,可形成一个巨大的物流平台,每家经销商管几条街、500家店,送货上门,可以做到真正意义上的深度分销(图4-10)。

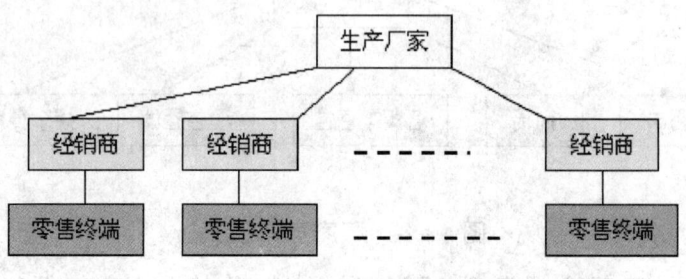

图4-10 平台式销售模式

优点:责任区域明确而严格;服务半径小(3～5公里);送货及时、服务周全;网络稳定、基础扎实;受低价窜货影响小;精耕细作、深度分销。缺点:受区域市场的条件限制性较强,必经厂家直达送货,需要有较多的人员管理配合。

第四种模式:农贸批发市场向周边自然辐射的模式。农贸市场是20世纪90年代中国改革开放初期的产物。虽然目前总体上看有些萎缩,但在部分地区如山东的临沂,因附近农村比较落后,交通也不发达,加上政府支持,又有大型批发市场的基础,这种模式至今还是很有活力(图4-11)。

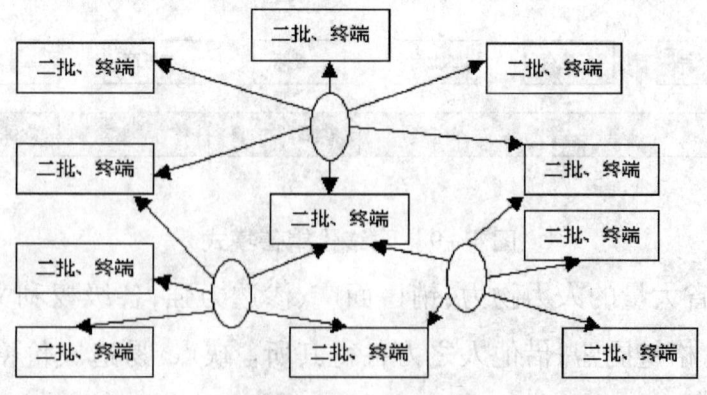

图4-11 农贸市场辐射模式

— 56 —

优点:无规则自由流通;不受行政区域限制;经营灵活、薄利多销;品种繁多、配货方便;辐射力强。缺点:以松散形式关系为主体,没有固定网络和客户,以价格优势为主要手段吸引顾客,容易导致相互压价、低价冲货,没有深层的服务意识,只做"坐商"。

第五种模式是网络＋平台的复合模式。前提是:经销商须具备经营实力和忠诚度且网络健全。平时以网络运作为主,经销商以正常的吞吐量和正常的价格供货,并按公司政策指导二批商进行正常的市场运作。但在特殊情况下,如阻止竞争对手给二批商优惠送货时,必须及时有力地采取零售点封杀,由经销商直接面向终端且供足货,让其无余力再从其他二批商处进竞品。

第六种模式是直销＋网络的复合模式。以直销著称的可口可乐,为了弥补农村市场和自己无力直接送达的零售店,就在各地区或农贸批发市场设置为数不多的经销商,通过经销商的网络,努力做到拾漏补遗。这两种模式的结合使用,使可口可乐的销售策略更加本地化,如虎添翼。

第七种模式是农贸批发市场＋平台式销售或网络销售的复合模式。农贸市场的批发商要想改变日益丧失的优势,惟一的出路是进行职能创新,改"坐商"为"做商",尽快提高服务意识,加强送货功能具备铺货能力,越过二批直接向终端零售店供货、为消费者服务。另外,农贸市场的批发商可选择区域,选择常来进货的二批商与其建立长期、稳定的供销关系,形成自己的销售网络,将辐射优势与网络销售、平台式的深度分销优势相结合。

第八种模式是网络销售＋直销的复合模式。在超市迅猛发展的今天,全靠网络销售,通过经销商做大型超市已阻碍了销售的发展。以网络销售为主,辅以一定的直销力量,由厂家直接做大型超市和经销商难以涉及的特殊终端,既可直控重点,又能拾漏补遗,还可对整个市场起到控制、调整的作用。这种模式不失为一种两手硬的好方法。

❋四、农村商品流通四大产业链

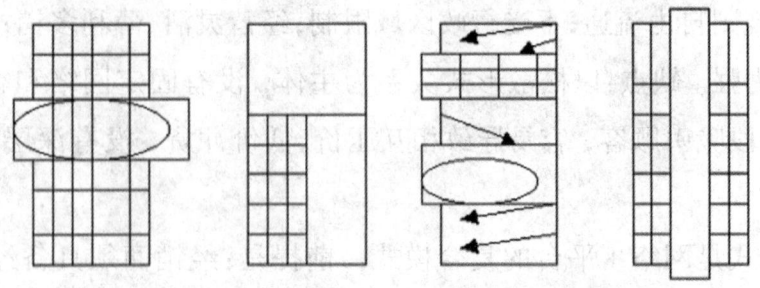

图 4 – 12 第 5、6、7、8 种模式示意图

总之，目前农村日用消费品物流网络复杂，各种模式都存在，这也是导致农村市场难以管理的一个重要原因。

2. 农产品流通产业链条

改革开放后，经过 30 多年的发展，中国已经成为世界上最大的农产品生产和消费国家。我国是典型的小农经济国家，一方面，鲜活农产品生产总体规模较大。在中国，每年的粮食产量达到 6 亿多吨，这个数占全球总产量的 22%。另外，每年还要生产 8500 万吨牛羊猪肉，1790 多万吨禽肉，3500 万吨牛奶，水产品达到 7000 多万吨。生产出 6.7 亿吨的蔬菜，2.3 亿吨的水果。蔬菜占到全球蔬菜近一半的产量，水果、肉类占到全球的 1/3。另一方面，单位农户种植面积和产量都比较小，同时需求结构复杂，消费者众多而且分散。所以我国鲜活农产品的物流供应链必然是"两头小，中间大"的形式，流通链条系统庞大，行为主体众多，各个主体从属与不同的经济利益体，由于没有形成完整的产业链。农产品流通问题实际上是农业链条里非常关键的一个问题，它事关农业现代化、农民收入等多个方面。

我国的农产品流通链条具有以下三个鲜明特点：一是环节多、线路长，农产品物流作业系统路线是生产者—批发—运输—装卸搬运—仓储—包装—配送—消费者(见图 11)。近年来，我国农产品出现了北粮南运、南菜北运、西菜东运等远距离、大范围的流通。加工、保鲜、冷藏、包装基地距离鲜活农产品生产基地较远，鲜活农产品破损率大。二是流通中介组织和环节复杂，多采取地摊交易、集贸市场

— 58 —

交易、批发市场交易等传统方式，传统的交易方式存在着运输成本大的问题，它既包括农民的运输成本还包括批发商或零售商的运输成本，双份的运输成本。三是交易次数多，农产品流通链条的交易次数较多，多次装卸、搬运对脆弱的鲜活农产品破坏较大，农产品的损失就是农民利益的损失（见图4-13）。

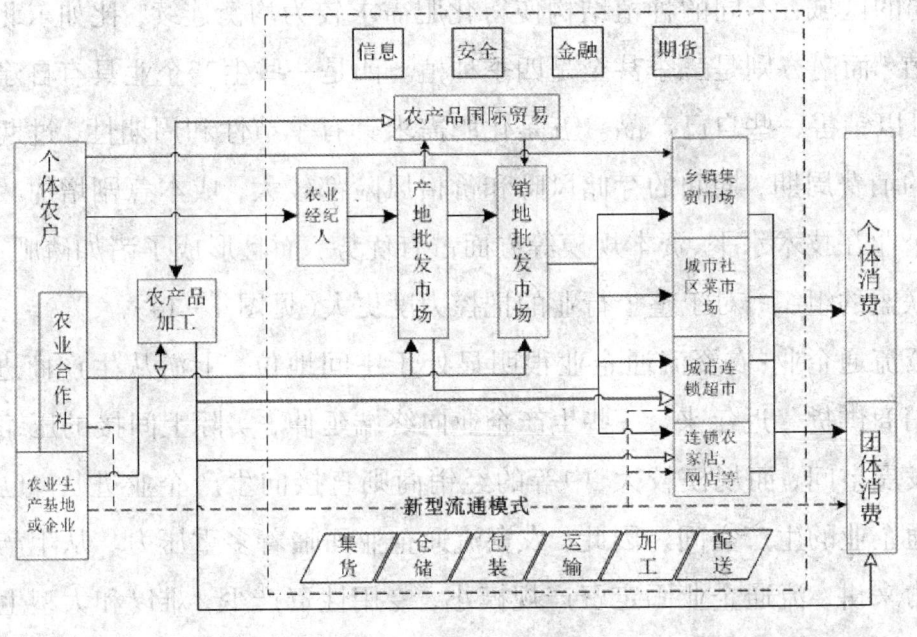

图4-13　当前我国农产品流通现状构成示意图

总之，我国农产品流通链条的现状决定了农产品流通链条"两头叫、中间笑"的利益分配机制，消费者嫌贵，菜农又觉得便宜。农产品供应链就是连接菜农和消费者的纽带，由于市场化的深入发展，传统的供销社等农产品流通主渠道的销售比例正在不断减少，大型批发市场、区域批发市场、批发商、零售商、集贸市场和超市等环节的中间商成为市场的主要流通渠道。市场化的逐利机制使得这些大动脉都是掌握在利益集团的企业手里，而且外资开始兼并我国大型批发市场试图遏制大动脉以谋取暴利，任由此事发生，一旦出现偶然因素叠加的剧烈波动，政府调控既无抓手也无手段。

3.农业生产资料流通链条

— 59 —

✳四、农村商品流通四大产业链

农资产业链是农业生产的重要保证，也是农村物流的重要组成部分。生产供应商占有优势地位：一是生产供应商具有资源优势，他可以决定生产什么，生产多少，而且具有一定的库存。二是经销商数量多竞争激烈，你不进货，别人进货。三是整体来讲，生产企业可以面向全国生产，不同地区的化肥需求模式差别较大，不同的区域，不同的种植结构使得化肥需求较为均衡连续，比如东北一般是一茬种植，而南方则是三季甚至是四季种植。四是一些生产企业具有自建的销售渠道，可以销售一些自己产品。五是化肥需求具有季节性和周期性，过期则需要一个新的消费周期，期间的存储风险和价格风险都较大，成本急剧增加。六是化肥制造企业在技术水平、资本规模等方面占有优势，而且形成了诸如磷肥 4 + 2 论坛等准联盟的组织，对于整个行业的把控力度更大（见图 4 - 14）。

农资流通企业：农资流通企业很明显处于中间地位，上游从生产商进货，下游向经销商供货。近年来，一些生产企业向终端延伸，实际上间接的压缩了生产企业的发展空间，而规模较大、中等的经销商则直接向生产企业进货，也间接压缩了流通企业的生产空间。因此，农资流通企业面临着多重压力。从生产规模和资金实力来讲，流通企业固定资产规模小，专用性资产少，难以和大型生产企业抗衡。从管理水平和技术水平来讲，大部分流通企业仍然停留在一购一销的传统经营模式，人员老化，管理落后，网络整合能力弱，亟待提升管理水平。近年来，一些流通企业开展连锁经营，但零售终端难以和夫妻店为主的传统零售商抗衡，管理成本急剧上升。一些流通企业尝试开展多元化经营，但是也面临着资金和人才的瓶颈。

农资经销商：中国的农资经销商数量多、规模小，大部分还兼具零售的功能，这实际上赋予了经销商更多的权利。经销商可以选择直接从厂家购买，也可以选择从流通企业购买，经销商可以选择买这些品种和品牌，也可以选择那种品种和品牌，他甚至可以选择买与不买。而且大部分经销商是兼业的夫妻店。对于农户的化肥销售具有引导性，可以向农民推荐产品。因此，经销商具有很大的灵活性，也就有了一定的市场势力。但是无论从规模、资金、管理等各个方面都远远落后于流通企业和生产企业，因此，仍然处于农资产业链的下游。

农户：中国的小农经济是整个农资产业链的基础，中国农村幅员辽阔，农民人多地少，兼业农户较多，实际上就产生了现代化农资大生产和传统小农户的有效对接问题，这也从根本上决定了中国农资产业链的现状，农户是整个农资供应链的最后的购买者，农户最后购买了整个农资产业链就可以实现价值，如果农户没有购买，整个农资产业链就等于失去了基础。但农户购买与否取决于农民的收获，取决于庄稼的长势，取决于最后的收成。化肥是典型的后验商品，用过之后才能决定最终的效果。然而由于最后的收成取决于种子、土地、气候、水利、肥料、田间管理等各个因素的复杂作用，因此化肥的质量很难量化，加之，中国农民长期的施肥习惯导致土地营养过剩，即便是化肥出现偷含量等问题，也很难推导出肥料的问题。因此，农户的施肥受到厂家、流通企业和经销商的影响，成为整个农资产业链的买单者，也成为最弱势的地位。作为农户的既是最终的买单者，但也是信息最不顺畅者。

政府监管：中国农资依然是各管一段，分段监管的模式。国家发改委、工信部、商务部、农业部、工商局、质监局等均是农资监管的主体，供销社作为农资流通的主渠道，也是农资监管的一个重要环节和主体。2009 年 8 月 24 日，国务院发出《国务院关于进一步深化化肥流通体制改革的决定》，取消了化肥经营企业所有制性质的限制，允许具备条件的各种所有制及组织类型的企业、农民专业合作社和个体工商户等市场主体进入化肥流通领域，参与经营，公平竞争。以化肥为主的流通主体迅速增加，监管难度不断增大。

✿四、农村商品流通四大产业链

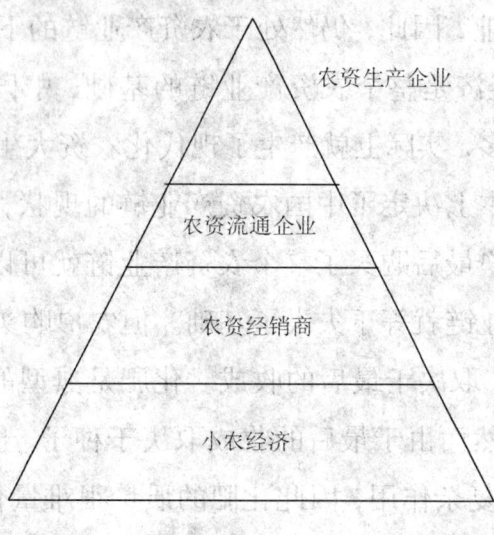

图 4 – 14　中国农资产业链金字塔

5.农村再生资源产业链条

从上个世纪50年代开始的废旧商品回收利用产业经历了50多年的发展，已经成为国民经济中不可或缺的一个产业门类，正朝着产业化、规模化的方向发展，几乎所有的工业和民用制品的生产、流通、消费的全过程中产生各类废弃物都能够回收利用，废旧商品产业在我国的资源循环链中具有无可替代的产业定位。废旧商品产业虽然取得了令人瞩目的发展，但也有许多不利因素制约着这个行业的发展。市场混乱、竞争无序、二次污染严重、产业化程度低、加工手段落后、违法案件时有发生等等，这些都严重影响着行业的发展，已经不能满足经济发展的需要，甚至成为行业发展的绊脚石。要使废旧商品行业获得更大的发展，必须对现有资源进行整合，对已有的回收网点进行改造，建立完整的先进的废旧商品回收体系，引进先进的经营理念和经营业态，做到规范有序、联合经营、连锁经营、规模经营，使行业真正走上健康发展的道路。

计划经济时期，供销社回收的废旧商品作为重要的生产资料，必须按计划由物资部门调拨给工业部门利用，不得随意销售。1974年物资部门开始在各地建立金属回收公司，直接参与废金属的回收工作，逐步形成供销社的物资回收系统和

— 62 —

物资部门的金属回收系统共同回收废旧商品，基本上没有其它经济成份参与废旧商品的回收工作。

随着再生资源市场的放开，废旧商品回收利用的经营格局发生了很大变化，因废旧商品回收行业的技术和资金含量较低，经营主体已由过去的供销合作社和物资部门为主，演变为以民营为主，多种经济成份并存的局面。市场竞争异常激烈。废旧商品回收利用产业由从事废旧商品的回收、加工整理、挑选分类后供应工业企业利用的经营、加工企业、商户和个体回收人员组成。改革开放以来，废旧商品产业发展很快。从业人员、回收数量、回收价值都有了质的飞跃。

✱五、新常态下农村商品流通产业链的现状及问题

五、新常态下农村商品流通产业链的现状及问题

（一）新常态下农村商品流通产业链的现状

改革开放以来，我国农村市场建设取得了较大成绩，随着农村市场结构调整的深度和广度不断加大，进入总额快速增长，消费更加集中，结构深刻变化的新常态。

1. 乡村社会消费品总额增长较快，集中消费趋势明显

近年来，农民增收、负担减轻、保障改善、消费环境改善等多因素叠加正在促使农村消费市场加速升温。2016 年乡村消费品零售额 46503 亿元，增长 10.9%（见图 5 - 1）。在 2002 ~2012 年城市（城镇）的社会消费品零售总额的增长率均大于农村（乡村），2012 年以来，农村（乡村）的社会消费品零售总额增长率开始大于城市（城镇）（见图 5 - 2、图 5 - 3）。农村市场的扩大对促进国民经济快速增长发挥了积极作用，但城乡差距依然较大[1]。2013 年县及县以下社会消费品零售总额达到 71639 亿元[2]，相比 2005 年增长了 1.46 倍，年均增长达到 18.25%，农

---

〔1〕　农村消费品零售额在 2009 年以前一般通过县及县以下来表示，2010 年以后则用乡村消费品零售额表示。

〔2〕　限于 2010 年以后，我国关于社会消费总额统计口径的变更，国家按地区并没有给出城市、县及县以下的具体数字，而是分成了城镇和乡村两级，因此，2010、2011、2012 年的数据为根据上年和增长速度进行估计的结果。但是作为统计需要，还是反映了我国农村具体的增长情况以及总额比重的变化。

村消费品零售总额占社会消费品零售总额的比重提升至 26.27%（见图 5 - 1）。据估计，仅"万村千乡"市场工程就扩大农村消费近 2500 亿元，吸纳农村富余劳动力 230 万人，数以亿计的农民受益[1]。快速发展的农村市场也孕育了一批农村商贸流通企业，促进了农民就业，发展了农村经济。这些企业发展壮大后，社会责任感不断增强，成为各级政府部门应急供应的重要力量，对维护农村社会稳定和商业网点重建做出了重大贡献[2]。

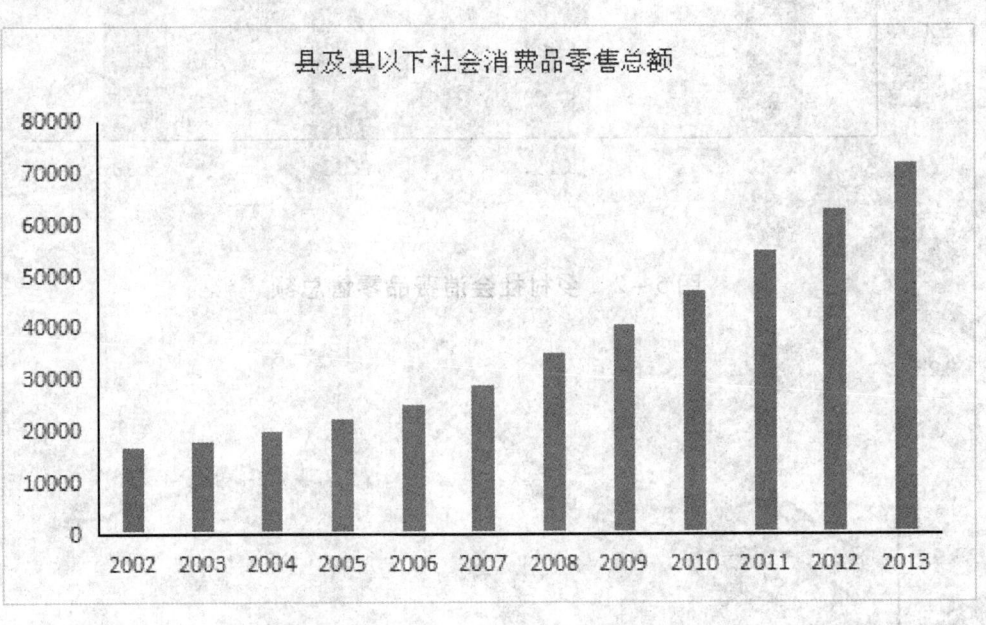

图 5 - 1　县及县以下社会消费品零售总额

---

〔1〕　杨静."万村千乡"市场工程发展现状与模式.商业经济，2013 年第 2 期
〔2〕　常晓村. 万村千乡市场工程":扩大内需的重要支撑.求是，2012 - 07 - 01

❋五、新常态下农村商品流通产业链的现状及问题

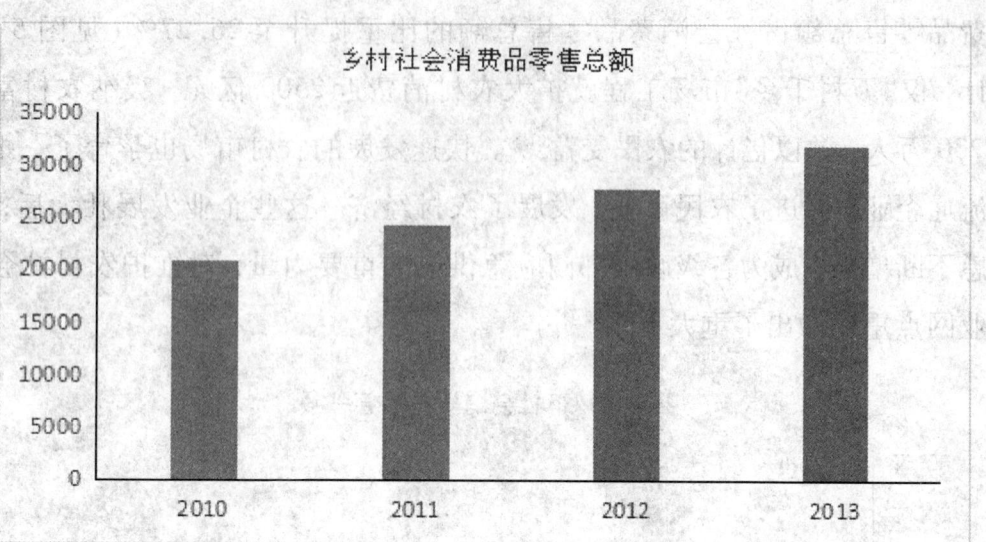

图5－2　乡村社会消费品零售总额

图5－3　城市、农村社会消费品零售总额增长率对比图

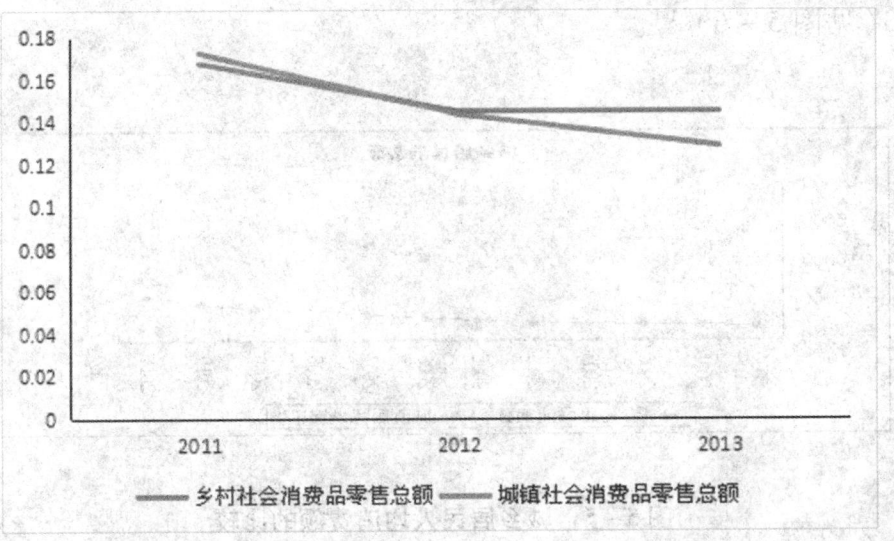

图 5 - 4　城镇、乡村会消费品零售总额增长率对比图

农村消费的增加，既有农民消费预期增强的原因，也有各种扶持政策叠加的因素;既有城乡二元结构下农村消费潜力释放的因素，也有农民工回乡消费的原因。

近年来，农村消费集中化的趋势也更加明显，镇级社会消费品零售总额占比接近一半。 人口规模是影响一个地区消费总量的重要因素之一，而城镇化本身就产生了人口集聚效应，有利于在一定区域内形成人口规模。而这也成为农村消费集中化的一个重要推动因素。另外，伴随着农村交通状况改善和机动车拥有量的增加也推动了消费的集中，传统的"油盐酱醋在村里，日常用品赶大集，大件商品进城里"的消费模式正在改变，镇级正在成为商业聚集区。**根据估算，2010 年以来，镇级的消费品零售总额已经占到农村社会消费品零售总额的 45% 左右，这种趋势可能还会持续扩大。**

近年来，城乡消费水平绝对额的差距在不断缩小，但城乡之间的消费水平差距仍然在 3.24，还是处在一个较高的水平上（图 5 - 5）;另一方面，近年来，农村居民消费品价格指数增速较慢，但却高于城镇居民消费价格水平。2012 年农村居民消费品价格指数为 108.1，但同期城市居民的消费价格指数

✲五、新常态下农村商品流通产业链的现状及问题

为 107.3(见图 5 − 6)[1]。

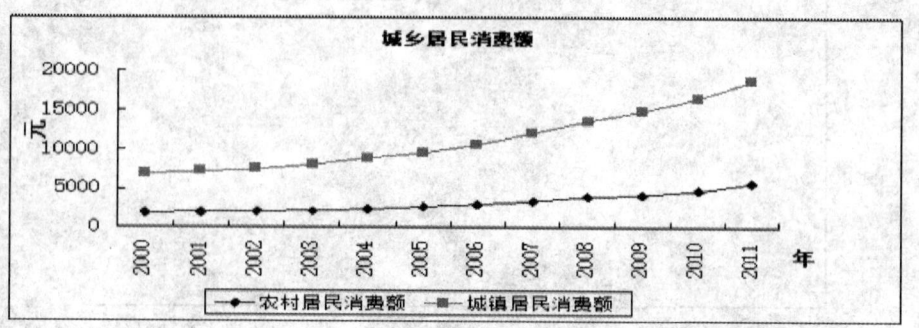

图 5 − 5　城乡居民人均消费额的比较

图 5 − 6　城乡商品零售价格比较

───────────

〔1〕　2012 年数据为课题组成员根据 2011 年数据和增长率计算得出。

互联网时代农村流通全产业链整合发展

表 5-1   2003-2012 年城乡收入和消费差别

年份	城乡居民收入差别	城乡居民消费水平差别
2003	3.23：1	3.63：1
2004	3.21：1	3.83：1
2005	3.22：1	3.84：1
2006	3.28：1	3.61：1
2007	3.33：1	3.60：1
2008	3.31：1	3.62：1
2009	3.33：1	3.50：1
2010	3.23：1	3.52：1
2011	3.13：1	3.33：1
2012	3.10：1	3.24：1
2013	3.03：1	3.0：1
2014	2.92：1	2.9：1
2015	2.95：1	2.8：1

2. 农村消费结构深刻变化, 新的消费热点正在形成

恩格尔系数是国际上通用的衡量居民生活水平高低的一项重要指标, 也是判断农村消费结构的一个重要指标。一般随居民家庭收入和生活水平的提高而下降。联合国根据恩格尔系数的大小, 对世界各国的生活水平有一个划分标准, 即一个国家平均家庭恩格尔系数大于 60% 为贫穷;50%~60% 为温饱;40%~50% 为小康;30%~40% 属于相对富裕;20%~30% 为富足;20% 以下为极其富裕[1]。**按此划分标准, 2013 年农村居民家庭恩格尔系数为 37.66, 也就是说农村进入了相对富裕的发展阶段** (见图 5-7)。

——————————————

〔1〕 侯立白、赵晓玲、李哲. 基于行为经济学视角下不同收入来源的农村居民消费行为分析. 中国商界,2010-12-23

❋五、新常态下农村商品流通产业链的现状及问题

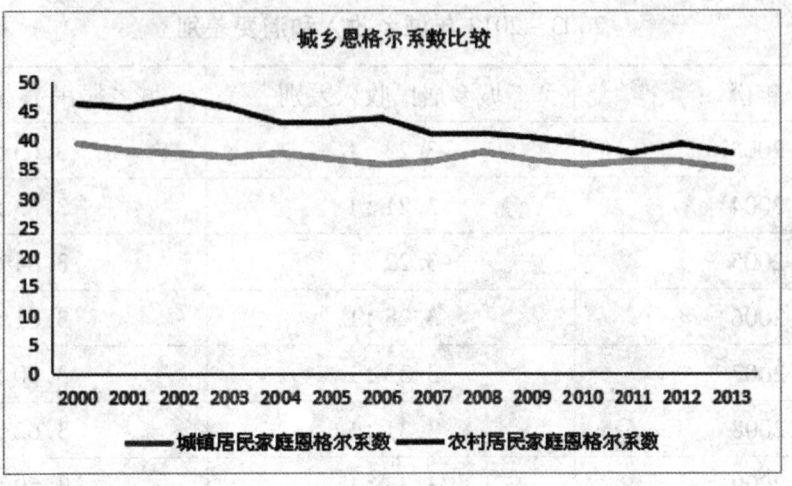

图 5-7　城乡恩格尔系数比较

　　在富裕阶段农村的消费结构出现了生存性的实物性消费特别是大件消费和日常类的消费退居次要地位，2012 年每百户的普及率已经达到 60% ~100% 甚至更高(见表 2)，因此，未来几年的增长比例可能会减少。发展型和享受型消费正在成为农村新的消费热点。比如交通通信、文教娱乐、医疗保健、电子商务等方面消费的增加。2013 年通信、文娱、医疗保健等消费型支出增加了接近 3 倍(见表 5-2)。现在的问题是如何提供适合农村特点服务型消费，还是把城市已近成熟的消费概念照抄照搬。

— 70 —

互联网时代农村流通全产业链整合发展

表 5 - 2   2007 - 2012 年农村居民每百户耐用消费品拥有量和人均新建住房情况

	2012	2011	2010	2009	2008	2007
洗衣机拥有量(台)	67.2	62.6	57.3	53.1	49.1	45.9
电冰箱拥有量(台)	67.3	61.5	45.2	37.1	30.2	26.1
空调机拥有量(台)	25.4	22.6	16	12.2	9.8	8.5
抽油烟机拥有量(台)	14.7	13.2	11.1	9.8	8.5	8.1
摩托车拥有量(辆)	62.2	60.9	59	56.6	52.5	48.5
固定电话拥有量(部)	42.2	43.1	60.8	62.7	67	68.4
移动电话拥有量(部)	197.8	179.7	136.5	115.2	96.1	77.8
彩色电视机拥有量(台)	116.9	115.5	111.8	108.9	99.2	94.4
照相机拥有量(台)	5.2	4.5	5.2	4.8	4.4	4.3
计算机拥有量(台)	21.4	18	10.4	7.5	5.4	3.7
新建房屋面积(平方米/人)	1	1.3	0.8	1.2	1	1

表 5 - 3   2007 - 2012 年农村居民人均消费支出情况(单位:元)

	2013	2012	2011	2010	2009	2008	2007
消费总支出	6,625.5	5,908.0	5,221.1	4,381.8	3,993.5	3,660.7	3,223.9
食品消费支出	2,495.5	2,323.9	2,107.3	1,800.7	1,636.0	1,598.8	1,389.0
衣着消费支出	438.3	396.4	341.3	264	232.5	211.8	193.5
居住消费支出	1,233.6	1,086.4	961.5	835.2	805	678.8	573.8
家庭设备及用品消费支出	387.1	341.7	308.9	234.1	204.8	174	149.1
交通通信消费支出	796	652.8	547	461.1	402.9	360.2	328.4
文教娱乐消费支出	485.9	445.5	396.4	366.7	340.6	314.5	305.7
医疗保健消费支出	614.2	513.8	436.8	326	287.5	246	210.2
其他消费支出	174.9	147.6	122	94	84.1	76.7	74.2

3.农民身份发生了分化,消费差异化显著

改革开放以后,农民发生了分化,其制度身份与职业、收入和空间特征发生

— 71 —

❋五、新常态下农村商品流通产业链的现状及问题

了不同程度的分离[1]。伴随着《国务院办公厅关于引导农村产权流转交易市场健康发展的意见》和《关于引导农村土地经营权有序流转发展农业适度规模经营的意见》发布,家庭农场、合作社、龙头企业、专业大户等新兴经营主体不断出现(见图5-8)。截至2016年6月底,全国土地流转面积约4.6亿亩,占家庭承包耕地面积的$\frac{1}{3}$,畜牧业规模经营迅猛发展,生猪、蛋鸡、肉鸡规模化养殖均超过50%;农业机械化快速发展,农机总动力超过10亿千瓦,耕种收综合机械化水平达到57%,小麦、水稻等大田作物机械化水平超过90%[2]。截至2016年底,我国有家庭农场87.7万个,经营耕地面积达1.76亿亩,占全国承包耕地面积的13.4%;农民专业合作社达68.9万家,县级以上示范社达10万多家,实有成员达5300多万户;各类产业化经营组织超过30万个。新型农业经营主体已成为农民收入的新增长点,消费习惯也发生了较大变化(见表5-4)。

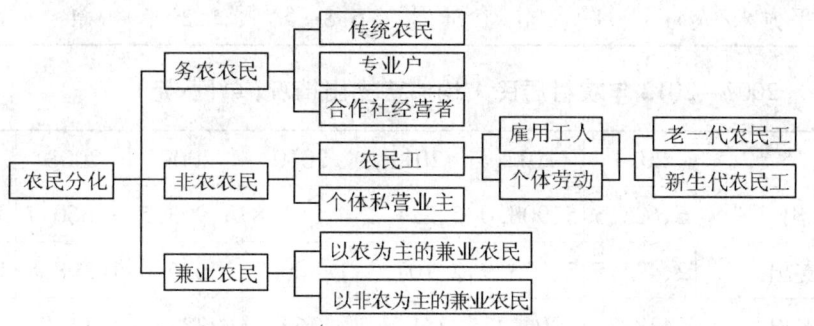

图5-8 农村居民的分化

---

〔1〕 傅晨、任辉.农业转移人口市民化背景下农村土地制度创新的机理:一个分析框架.经济学家,2014-03-05

〔2〕 张照新、赵海.新型农业经营主体的困境摆脱及其体制机制创新.改革,2013-02-15

表5-4 2007-2012年农村高收入和中等收入居民人均消费支出情况(单位:元)

农民人均消费支出	2012	2011	2010	2009	2008	2007
农村居民高收入户						
人均消费总支出	10,275.3	9,149.6	8,190.4	7,485.7	6,853.7	5,994.4
人均食品总支出	3,622.70	3,264.4	2,828.4	2,601.8	2,521.5	2,203.
人均衣着总支出	717.8	618.4	496.9	436.5	397	361.3
人均居住总支出	1,952.8	1,863.7	1,787.9	1,731.1	1,518.7	1,227.7
人均家庭设备及用品总支出	618.4	560.2	435.2	384.7	343	299.9
人均医疗保健总支出	737.1	645.2	589.9	521.1	451.5	374.3
人均交通通信总支出	1,418.80	1,144.10	1,073.80	910.8	806.1	717.9
人均文教娱乐总支出	918.9	815.7	782.2	722.3	662.2	654.6
人均其他总支出	288.7	237.9	196.1	177.5	153.7	155.8
农村居民中等收入户						
人均消费总支出	5,430.3	4,817.9	3,963.8	3,546	3,286.4	2,938.5
人均食品总支出	2,197.4	2,010.7	1,718	1,549.7	1,527.0	1,326.6
人均衣着总支出	358.4	309.3	239.1	209.5	192.2	176.8
人均居住总支出	990.7	857	718.4	655.4	538.8	495.6
人均家庭设备及用品总支出	319.1	289.3	220.7	178.5	155.3	133.8
人均医疗保健总支出	499.1	421.6	295.1	256.3	224.2	192.8
人均交通通信总支出	546.9	476.1	372.3	327.7	302.4	285
人均文教娱乐总支出	386.8	344.3	318.1	296.1	277.1	263.3
人均其他总支出	131.9	109.7	82.1	73	69.6	64.5

从表5-4中可以看出,不同收入层次中的消费差距比较明显,各项消费支出的平均差异达到11%,其中衣食消费差距和通信娱乐消费差异较大。

✿五、新常态下农村商品流通产业链的现状及问题

4.多元化的农村商品流通体系日趋完善

我国农村地区幅员辽阔,各地生活习俗、消费习惯差异较大,加之历史形成的流通主体,导致了农村商品流通体系多元化的格局。近年来,我国大力推进农村现代流通网络建设,并将其纳入新农村建设的重要内容。私营企业、个体工商户、农产品经纪人数量庞大,供销合作社流通渠道优势明显,部分大中型流通企业开始向乡镇延伸,少数外资企业通过投资、参股等方式开始进入农村市场,从网点数量、零售额、市场占有率看,农村市场基本上形成多种流通渠道相互竞争、共同发展的局面[1]。然而由粮食、物资、供销、邮政等演变而来的协会、企业、科研院所等仍然没有得到有效的整合,各个部门、各种所有制、各种形式的流通组织数量众多[2]。据商务部估计2016年农家店将达100万家,覆盖全国100%的乡镇和82%的行政村,成为农村消费的主要渠道;而农业系统的基层农技、畜牧、水产、农机、经管等约近20万个组织;林业系统的基层林技推广、种苗、林产品购销等服务组织3.8万多个;水利系统的设计施工、物资供应等服务组织4.8万个;供销合作社系统的数据则显示其拥有99.5万个农村商品流通网点,其中县及县以下达到61万个,约占农村社会消费品零售总额的10%,农业生产资料的70%;邮政系统则称其拥有大约24万个为农服务网点;另外,近12万家的农业产业化龙头企,销售收入突破5.7万亿元,提供的农产品及加工制品占农产品市场供应量的1/3,占主要城市"菜篮子"产品供给的2/3以上[3][4]。根据第三次普查数据推算,农村消费市场持照的个体工商户大概在772万户(含批发、零售),由此可见,农村商品流通体系渠道多元,主体众多,但是仍然处在各自为政,互相分割的状态,没有形成主次分明、公平有序的现代商品流通体系。目前,由于全国性、区域性龙头企业不多,缺乏重要物流基础设施建设,网点整合力度不够,不同地区网点布

---

〔1〕 王兴旺、张利庠.我国农村市场体系建设的新难题与新思路.《现代管理科学》,2014 – 11 – 10
〔2〕 张喜才、陈秀兰.农村商品流通网络的整合发展.中国流通经济,2014 – 04 – 23
〔3〕 张喜才、陈秀兰.农村商品流通网络的整合发展.中国流通经济,2014 – 04 – 23
〔4〕 张照新、赵海.新型农业经营主体的困境摆脱及其体制机制创新.《改革》,2013 – 02 – 15

局不均衡，条块分割，容易造成重复建设、资源浪费，降低农村商品流通的效率，已建成的农村流通设施的作用会大打折扣。一定程度上影响了流通网络运行和流通现代化水平的提升。

5.市场环境得到明显改善

近年来，农村流通设施得到较大改善，连锁超市、便利店、专卖店等新型零售业态广泛进入农村，农村商业环境得到明显改善农民可以在家门口享受到方便快捷的购物环境，城乡居民消费环境上的差距明显缩小了。一些零售连锁企业具备较强的经营实力和完善的管理制度，以统一采购、统一配送、统一服务、统一价格的经营方式有效控制了商品采购渠道，保证了商品特别是食品与农资的质量。在此基础上，企业还签署不销售假冒伪劣商品的承诺书，为农民消费搭建了商品质量的"安全网"，对农村的假冒伪劣商品形成了"挤出效应"，使广大农民有效避免假冒伪劣商品的侵害，较好地改善和提升了农村消费的软环境。根据中国消费者协会统计，2012年消费者对假劣农资投诉数量比2005年下降了25.2%。

农村市场的商品结构更加丰富，农民购买商品的选择范围更大，农民购买时不仅可以做到货比三家，也可以享受到物美价廉。农村消费从"解决有无"逐步过渡到"选择好坏"进而"追崇优特"[1]。

与此同时，一些零售企业还带动了适合农村消费特点的产品的开发。在山西、甘肃等调研过程中，一些商贸龙头企业与制造商合作，开发适合农村特点和农民需要的自有品牌，有的甚至可以根据农民的需要进行现场制作，既满足了农民需求，也增加这些龙头企业的赢利点。

但由于目前过于注重村级网点建设，网点建设中又过于注重门面等硬件设施建设，产品线较窄。农村商品流通体系的网点布局、产品结构等不能适应农民消费结构的新变化，可持续生存能力也不强。

6.现代商品流通方式蓬勃发展，服务市场迅速崛起

---

〔1〕 欧翠珍. "万村千乡市场工程"的消费效应评析与前瞻. 消费经济, 2006 - 12 - 01

❊ 五、新常态下农村商品流通产业链的现状及问题

以连锁经营、网络零售和物流配送为主要内容的现代流通方式发展进程明显加快,成为改变农村市场格局的决定力量[1]。据估计,全国形成了 73 万家农家店,4447 家配送中心,822 个乡镇商贸中心;农家店覆盖全国 97% 的乡镇和 82% 的行政村,配送比率达到 63.4%[2]。调研发现,有地区农家店甚至覆盖了 100% 的行政村和 100% 的乡镇,以山西省襄汾县为例,农家店覆盖了全部的 13 个乡镇和 348 万个行政村,行政村覆盖了达到 100%,存活率达到 98%,配送率达到 85%[3],初步形成了基于县(市)、乡镇、村的商品流通网络。从 2012 年销售额分业态构成看,专业店占比最高,达 37%,作为主要业态之一,占比连续多年超过 1/3;专卖店占比为 21%,近几年呈小幅上升态势;百货店、超市、大型超市分别为 14%、11%、9%;便利店占比最小,仅 2%。从销售额占比变化看,百货店、专卖店、超市业态较上年有小幅提升,大型超市、专业店则有小幅下降,便利店相对稳定。连锁经营的方式几乎涵盖了所有的业态,2012 年限额以上连锁经营企业的销售额占到消费品零售总额的 19%,但西部地区和农村地区的比例仍然低于 5%[4]。网上购物交易和电子商务的扩张规模呈现跳跃式发展,根据阿里研究中心数据,截止到 2013 年,淘宝网(含天猫)上正常经营的注册地在农村(含县)的网店数为 203.6 万个,其中在村、镇一级的淘宝网店总数已经达到 105 万个,经营农产品的网店超过 26.06 万个。我国产销对接的直营形式在农村地区也有长足发展,超市不但加大农产品直采的比例,农产品批发市场也积极拓展面向零售终端提供配送业务,也有的企业开展了全产业链的流通模式。然而就目前新业态和流通方式的发展情况看,仍然存在比较明显的地区差异,东部地区发展水平明显快于中西部。阿里研究中心的报告表明已经发现了 20 个大型"淘宝村"的分布看,主要集中于浙江、河北、江苏、山东、广东、江西、福建等东部和东南沿海农村地区。

---

[1] 仇鸿.促进零售业向现代流通转型升级.中国连锁,2012 – 06 – 01
[2] 数据来源:商务部内部统计数据
[3] 数据来源:2013 年 10 月 12 日山西省襄汾县实地调研
[4] 范云兵.渠道变革.中国物流与采购,2013 – 12 – 02

伴随着农民收入水平的不断提高和城镇化过程中的人口聚集，农村服务市场迅速崛起，进入发展快车道。农村餐饮、维修、洗浴、娱乐等服务业增长较快。农村服务市场具有综合性、突发性、阶段性特点，也存在一些管理的盲区。如何将农村商品流通和服务市场结合起来，如何促进农村服务业的快速发展是现代农村商品流通体系建设的重要组成部分。

7. 农村商品流通体系建设得到高度重视

农村商品流通体系既是新农村建设的主要内容，也是城乡一体化发展的重要支撑。2006～2015 年连续多年的中央 1 号文件、十一五、十二五规划、国务院办公厅 134 号文件、党和国家领导人的多次批示和实地考察、全国 31 个省（区、市）主要领导的实地考察、26 个省（区、市）的财政专项资金、河南省商务厅建立的厅际联席办公会议制度、浙江省安排 910 亩土地指标专项支持配送中心建设、福建省对个体工商户减半管理费等等[1]，农村现代商品流通体系建设被提到前所未有的高度。中央财政资金起到了"四两拨千斤"的引导作用，84 亿元的中央财政投资带动了地方和企业 3000 亿元的投资。

农村商品流通体系发展迅速，正进入区域对接融合、集聚发展、改造升级的关键阶段。如果缺乏从国家层面的规划和投入，加上我国农村商品市场的总量不足，分布也不尽合理，交易手段落后，难以适应农村市场的发展需求，难以应对国外大型零售集团的竞争。新型城镇化正在快速推进，农业现代化水平也在不断提升，然而，目前针对于农村商品流通体系建设还没有形成一个整体的顶层设计，各级政府均处于停滞与观望状态，流通企业盈利不足的情况下，其他相关企业也处于观望与等待状态，甚至一些企业和农家店退出了农村市场。因此，中央政府亟待加强农村商品流通体系规划，深化农村商品流通网络建设，推动建立统一开放、竞争有序、安全高效的现代商品流通体系。

---

〔1〕 数据来源:商务部副部长房爱卿在全国"万村千乡"市场工程现场会上的讲话，http://scjss.mofcom.gov.cn/article/cm/ck/200911/20091106637734.shtml

❋五、新常态下农村商品流通产业链的现状及问题

我国农村消费品流通体制改革从计划经济时期的统购统销体制到市场经济体制的过渡，既有传统的店铺销售，也有规模巨大的批发市场，零售终端特别是连锁体系拉动的，更有与信息网络密切结合的电子商务渠道。因此，旧的农村流通体系已经完全打破，新的市场主体迅速发展，新的业态迅速扩张，新的网点覆盖面扩大，但成长起来的是节点，如果后续没有顶层规划设计，不再继续支持投入，前期建成的流通设施就可能大打折扣。总之，农村商品流通体系已经初步形成，如何打造法制化营商环境，形成统一开放、竞争有序、安全高效的现代商品流通体系是新时期农村现代商品流通体系建设的重要任务。

（二）农村商品流通产业链的主要问题

随着中国改革开放不断深入和市场经济体制的逐步建立，农村商品流通总体上势头较好，多形式、多渠道的农产品购销体系初步建立，农村市场日趋活跃。但长期以来，由于受诸多因素的制约，当前农村商品流通存在着设施不足、方式陈旧、成本较高、农民进入市场较难等问题，延缓了农村的市场化进程。首先是缺乏现代商业流通网络，商品流通市场发育不规范。当前我国农村市场尚未成熟，大量商业企业还没有把触角伸向农村，特别是离城镇相对偏远的乡村，在那里销售的商品种类和数量都非常有限。由于个体经济的蓬勃发展，农村供销社的职能逐渐弱化，甚至破产和改制，目前农村偏远地区的农民购物主渠道是集贸市场和散落在各个自然村湾的小卖店、小摊贩、小作坊、小副食批发部。其次是农村消费市场供给渠道单一，竞争不够充分。在没有严格的管制和有效的打假措施的情况下，生产、销售假冒伪劣产品比正品更能获得超额利润。一些不法商贩于是对假货趋之若鹜，农村成了倾销假冒伪劣商品的"乐土"，农村商品市场成了"销废"市场，而农村消费者没有可选择的购物途径，因此成了不可避免的受害者。这就给农民的消费留下了大量的安全隐患。

当前我国农村市场尚未成熟，大量商业企业还没有把触角伸向农村，特别是离城镇相对偏远的乡村，在那里销售的商品种类和数量都非常有限。由于个体经

济的蓬勃发展，农村供销社的职能逐渐弱化，甚至破产和改制，目前农村偏远地区的农民购物主渠道是集贸市场和散落在各个自然村湾的小卖店、小摊贩、小作坊、小副食批发部。

1. 农村传统经营网络残缺不全分散度过高，农民买难卖难矛盾十分突出

在计划经济体制下，国内市场基本上是三足鼎立，按照行业部门分工，供销社、粮食系统和商业系统各自形成了以行政为主导、按计划调控的三大经营网络体系，其中供销社的网络经营体系成为农村流通主渠道。传统经营网络系统虽庞大，但由于上下之间没有产权纽带和资产关系，导致似有实无网点虽然健全，但由于点未能连成线，线未能织成网，导致形联实散；企业虽然数量众多，但由于缺少具有核心竞争力的龙头企业，导致单打独斗、各自为战，市场竞争能力不强。

近年来，随着流通体制改革的不断深入，以连锁经营、物流配送、电子商务为代表的现代流通方式和经营业态正逐步引入我国农村市场并快速发展。然而，由于农村经济发展相对落后，现代流通方式和经营业态尚不占主导地位，农民买难卖难问题仍十分突出。

一方面，由于各地普遍存在重农产品生产、轻农产品流通现象，造成农产品流通滞后于生产。白发形成的小规模、分散经营的农产品民间流通组织普遍缺乏管理和指导，受利益驱使，在农产品短缺时高价抢购，在农产品过剩价低时规避风险，从而加剧了农产品价格的波动。并且，因受文化素质、掌握信息、市场经济意识等方面条件的限制，他们不能充分掌握市场行情，生产决策的盲目性较大，经常出现"什么价高，大家就种什么，种什么，什么就难卖"的尴尬局面。

另一方面，由于我国农村商品流通体系建设滞后，流通网络不健全，农村已成为假冒伪劣商品（尤其是药品）事件的多发地区，各种恶性案件时有发生。

2. 地区网络结构不合理不协调，城乡网络资源分布很不均衡

首先，从地区网络发展看，东南沿海地区的消费品市场发育很快，市场规模不断扩大，多种经营方式和业态形式促进了消费品市场的发展与繁荣。这些地区成为国外资本进入我国市场的首选之地，地区竞争激烈。2004 年中国连锁协会统

❋ 五、新常态下农村商品流通产业链的现状及问题

计的百强连锁企业 70% 以上集中在东部经济发达地区。中西部地区虽然国土面积大，但经济发展落后，消费品市场发育相对迟缓，新型流通方式和市场发育较少，吸引内资和外资的条件相对较弱。因此，东南沿海与中西部市场发育程度和发展水平差距较大。

其次，从城乡网络分布看，受城市整体规划等方面的影响，长期以来在基础设施建设中重城市、轻农村，在工作中重生产、轻流通，大型的现代化商业网点主要集中在城市中心，农村市场建设投入严重不足，商业网点布局不合理，数量少且分散。

3. 现代流通方式和经营业态规模小、比重低，农民消费环境亟须改善

在城市，大型综合超市、连锁便利店、电视购物、网上商店等新型业态发展迅速。但是，大多数农村生产、生活资料市场中新型业态发展滞后，业态单一，经营网点数量不多，经营方式落后，经营主体大多是个体户或私营业主，经营场所大多是传统的小店铺，甚至在乡镇一级也少有超市和连锁经营店。农村生产资料流通网络的改造和建设虽然已经起步，但原有的以供销合作社为主渠道的农资经营企业正处于改制和转型过程中，其他农资经营主体如生产商、农业三站和个体经营户等，大多数还不具备建立现代农资流通网络的实力，新的格局尚未形成。据调查资料显示，目前 30% 以上的农民认为购买生产资料、消费资料很不方便。落后的消费环境难以刺激农民的消费欲望。

4. 网络基础设施投入明显不足，功能不完善，难以满足农民不断增长的消费需求

农村流通基础设施薄弱的现状总体表现为相当一部分地方基础设施特别是交通、电力、通讯设施的规模较小、水平较低，配套设施及功能陈旧、老化、落后甚至失效的问题比较明显。一是现代化的物流中心、配送中心和仓储建设等基础设施发展缓慢，影响现代流通整体水平的提升，难以推进现代化的流通方式和管理方式；二是信息化设施、技术水平和信息资源落后，农村现代流通业的发展缺乏相适应的信息化的平台支撑。

因此，完善农村消费品流通网络，运用连锁经营、统一配送等现代营销方式改造和提升农村流通网络，能够较好地克服农村商业网点小且分散的弱点，解决经营者无法大批量进货所造成的商品成本高的问题，从而降低农村商品价格，减少农民支出，促进农民经济消费。同时，通过超市下乡带动农产品进城，构建稳定的农产品流通渠道，有利于促进农民增收。另外，建立健全农村现代流通网络，将有助于进一步挖掘农村消费潜力，引导和培育新的消费增长点，有效扩大内需，增强消费对经济增长的拉动作用。

农村消费市场供给渠道单一，竞争不够充分。在没有严格的管制和有效的打假措施的情况下，生产、销售假冒伪劣产品比正品更能获得超额利润。一些不法商贩于是对假货趋之若鹜，农村成了倾销假冒伪劣商品的"乐土"，农村商品市场成了"销废"市场，而农村消费者没有可选择的购物途径，因此成了不可避免的受害者。这就给农民的消费留下了大量的安全隐患。

一是规模小，农村市场网络不健全，设施简陋。目前，农村消费品市场网络上主要有两种形式，一类是上世纪80年代建设的乡镇集贸市场，起点低、硬件差、服务功能弱，辐射带动能力不强，另一类是过去由供销、粮食、商业等部门建设的乡镇商业网点，国企体制改革后全部转为民营，加上个体工商户兴办的门店，构建了农村消费品网络的基本骨架，市场网络极不完善，与农村经济发展的关联度极差，与农民日益增长的消费需求愈来愈不相适应

二是种类不齐全，乡镇商品市场数量少，布局不合理。目前农村商品市场总量严重不足，分布也不合理。乡镇农贸市场多数集中在一些交通便捷、经济相对发达的乡镇，不少边远乡镇集市贸易市场或者建筑简陋、或者以街为市，主要作为农民赶集小量经营交换场所，基本不具备区域内农产品和商品聚散功能。

三是服务理念差，经营人才紧缺。连锁企业的快速扩张，直接导致基层连锁店的职业经理人和优秀的店长异常紧缺，而企业自身培养周期又过长。人才成为企业进一步扩大试点规模的关键要素。加强职业培训，提高基层商业队伍的经营管理素质和水平迫在眉睫。

✸五、新常态下农村商品流通产业链的现状及问题

四是农村消费不方便，商业网点设施投入严重不足。农村现有商业网点少、小、差，村一级多是"夫妻店"打天下，有的甚至跋涉数十公里才能到大镇赶集，给农民的生产生活带来极大的不便。

五是农村商品市场经营主体规模小，缺乏龙头企业。农村商业经营主体多是个体经营或小规模的农资企业，大多数大中型商贸流通企业由于投资比价、经营成本等原因不愿向农村市场投入，加上新型农村流通服务组织和中介服务队伍、农村市场服务信息体系等建设严重滞后，对区域农产品、消费品、农资商品缺乏统一调度和经营，农村商业网络一盘散沙，难以发挥网络对区域农村经济的推动作用。

六是农民消费不安全，市场管理有待加强。制度建设的缺失、市场监管不到位、交易行为不规范、市场监管重城市轻农村等问题没有得到有效解决，农村市场假冒伪劣问题突出，损农坑农事件时有发生，假冒伪劣、过期、失效的商品从城市流向农村，削弱了农民的消费信心。一些农村管理混乱，政出多门，乱收费尤其突出。很多业主宁愿场外"游摊"经营，也不愿入市设点或租用门面。

七是农村市场货不对路，入市商品种类单一。一些个体经营者和商家不研究农民消费心理，不调查农村消费能力，简单将城市商品搬入农村，甚至将城市积压库存、淘汰商品流向农村，使得农村的即期消费和消费潜力大幅缩水，农民在消费上主要以必需品为主。另一方面，入市商品式样陈旧，品种单一也是一些农村商品市场生意清淡的重要原因。

八是建设不够规范。加盟店尤其是村级加盟店的商品配送率偏低，配送的商品品种也主要集中在食品和少部分化妆品，大量的商品还是依靠店主自行采购，难以保证商品质量。部分连锁店的商店环境、经营水平有待提高。

(三)农村消费拐点与流通革命

1. 农村商品流通体系还不适应农民消费需求新变化新结构

从农村市场自身来讲,农村商品流通体系还不适应农民消费需求新变化新结构。农村商品流通体系服务于三农发展,农民消费需求是商品流通体系建设的根本出发点。当前农村市场总量增加,但消费的重点由村向城镇转移,消费结构由一般工业品转向所有日常用品包括食品。据调研,伴随着收入的增加,大件消费得到释放,比如电视、电冰箱、电动车甚至汽车等,这些大件商品一般在城市尤其是县城购买;红白消费数额较大甚至造成农民沉重负担,但一般发生在城镇;日常工业品消费实际上变化不大;农业生产资料消费整体数量有所减少,但价格上升了;食品消费数额大幅增加,以前自给自足的食品消费现在主要依赖购买,比如馒头、蔬菜、肉等等。农村商品流通体系的尴尬在于农村劳动力大量向外转移,抑制了农村消费需求增长,而且农村最重要的大件消费、红白消费一般在城镇市场。日常工业品消费、农业生产资料消费增幅不大。农民的消费仍然属于约束型集中消费,在婚丧嫁娶、盖房子等事件中花费较大。这给村级农家店的经营带来了较大的挑战。

另外,农民作为生产者,由于农产品价格整体不高,农业收入也没有相应的增加。但是其生产成本和机会成本却在不断上涨。导致农民购买农资的积极性不高,很多农民减少了用量,甚至出现撂荒。农资店的增长也是受到很大限制的。

而目前市场建设仍然以村级店为主,农村市场中村级店主要是经营日常工业品,很少扩大到食品等生活用品。农资经营仅仅停留在买化肥,很少根据农业生产的变化实行集约化销售,对于针对农民的农化服务就更少了。

与此同时,由于农民的消费能力弱,农村物流成本高,农村市场是一个弱势市场,但却是一个完全竞争的市场,尤其是消费品市场是完全竞争市场,进入壁垒和退出壁垒都比较低,所以在这样的市场中,必然出现原子化的经营主体。这首先造成农村商品流通体系的监管难,由于是原子化经营,所以他们有的是季节性的经营，有的是流动性的经营，因此监管难度大。其次是假冒伪劣商品难以杜绝，原子化的农家店必然会出现各种各样的进货渠道，鱼龙混杂的各类假冒伪劣商品趁虚而入。原子化经营也会导致农村商业副业化，难以发挥带动农业增长的作用。

2. 农村市场配送成本居高不下

伴随着农村商品流通体系建设的力度不断加大，已经基本解决了农村日用消费品市场中不便捷的问题。由于农村劳动力成本逐年提高，运输成本不断增长，加之农民消费需求的区域分散、小批次、多品种的特征，带来了农村日用消费品的配送成本逐年递增的现象。据调研，农村市场配送成本主要是运输成本、储存、分拣成本等，为了便于分析我们将配送成本简化为运输成本和人工成本。据山东调研，从2005到2013年人工成本增长了接近一倍，原来在农村地区每人每天的工资也就50~80元，现在则涨到120~150元每天。而汽柴油的价格也几乎增长了一倍，相对来讲，农家店商品的价格没有太大变化，需求也没有较大增加，很多农家店需求还不断减少，所以配送的效益较低，尤其是偏远山区的配送成本远高于配送利润，直接的后果就是日用消费品价格高，造成不实惠和农家店的竞争力不强;间接的后果就是加盟的农家店的配送率不高，甚至不配送。河北省的数据就显示截止到2012年加盟店的配送率为59.2%，即使发达省份广州加盟店配送率也只有67%，全国平均配送率也只有63.4%。城市周边的耕地越来越少，"南菜北运"，"西果东送"等大范围远距离的运输成为农产品流通的常态，也一定程度上加大了配送成本。

3. 农村市场秩序有待规范

农民消费观念相对滞后，产品识别能力较低，而且绝大部分进入农村的商品没有建立可追溯体系，这为假冒伪劣商品提供了可乘之机。由于农村地区市场监管能力相对比较薄弱，导致一些制假、售假窝点主要藏身在在乡村和城郊城乡结合部，成为假冒伪劣商品的源头。农村市场进入门槛比较低，没有建立准入和退出制度，因此，农村商贸流通企业特别是众多的杂货店、夫妻店进货渠道比较混乱，这为假冒伪劣商品提供了方便之门。假冒伪劣产品严重扰乱了农村商品流通体系，农村消费者权益受损严重。

据工商总局发布的《2014 年下半年网络交易商品定向监测结果》，总的正品率为 58.7%，其中淘宝网正品率最低，采购样本 51 个，正品率仅为 37.25%。网络购物在农村市场的质量监管更加困难。假冒伪劣产品、翻新产品、非授权正规渠道，含量与宣传不符产品、无 3C 认证在农村地区还比较普遍。

农资市场亦是农村市场秩序失范严重的一个市场。虽然每年我国都进行专项农资打假行动，但由于缺乏制度化的长效机制和市场变化适应机制，农资假冒伪劣现象仍屡禁不绝。国家质检总局发布数据的 2012 年全国化肥产品质量抽查结果显示，复混肥料、磷肥两类主要化肥产品的抽查合格率分别为 87.7% 和 94.3%[1]。而且农资市场已经由假证书、假标识、假宣传、假包装和假许可到更加隐蔽的"偷含量"、"偷营养"发展。这些问题给我国农业生产可持续性带来巨大的潜在危害。

4. 农村流通设施建设严重滞后

农村流通设施建设较城市严重滞后。通过统计资料分析，农村流通类固定资产投资尽管在农村固定资产投资完成额中占有较大的比重，但是，农村固定资产投资额在全社会所占比重不高。这与农村经济、人口等在国民经济中的地位相比，极其不对称[2]。2013 年农村零售行业的固定资产投资仅仅是城镇零售业固定资产投资的 32%。农村交通运输和仓储等流通设施在全社会交通运输、仓储和邮政业中所占比重通常情况下大约 7%。从农产品交易市场看，综合性市场多，产地专业性市场少，产地市场建设较为滞后[3]。

农村交通运输设施落后。2013 年全国农村公路(含县道、乡道、村道)里程达 378.48 万公里，其中村道 214.74 万公里，全国通公路的乡(镇)占全国乡(镇)总数 99.97%，其中通硬化路面的乡(镇)占全国乡(镇)总数 97.81%；通公路的建制村占全国建

---

〔1〕 周和平."两公开"将给化肥市场带来什么？化工管理，2012 - 12 - 01
〔2〕 张贵友.我国农产品流通基础设施建设：问题与对策.中国社会科学院研究生院学报，2009 - 01 - 15
〔3〕 宋茂华.我国农村流通设施的现状和对策.襄樊学院学报，2009 - 10 - 15

✖五、新常态下农村商品流通产业链的现状及问题

制村总数99.70%，其中通硬化路面的建制村占全国建制村总数89.00%。但农村公路缺乏养护，使用年限较短，路面质量受到严重影响。受资金、体制、机制等因素影响，一些地方重建轻养，导致农村公路"油返砂"、"通返不通"问题突出，全国50%以上的农村公路尚处于季节性养护、突击性养护甚至失养状态[1][2]。农村公共交通工具缺乏，难以实现快捷到达，影响经济社会效益的发挥[3]。农村交通运输设施落后，冷藏配送等专用车辆较为缺乏。与国外先进国家相比，目前的差距还比较明显。

5.农村市场中小企业生存压力依然较大差距

一是农村市场自身弱质性。由于农村物流基础设施相对城市要落后很多，因此物流成本比城市要高，而农村地区居住分散，农民的价格承受能力和消费能力又明显弱于城市居民，而且大约有2.5亿的农民常年在城市打工，农村的消费能力也有所萎缩，导致在农村地区零售市场投资回报周期较长。而且农村零售行业是劳动密集型行业，必须有专人负责，专人管理，也会带来较大的机会成本。因此，农村市场的中小流通企业处于这样的行业中利润率本来就不高，机会成本大。从某种意义上讲，农村市场特别是基础设施建设具有一定的公益性。

二是税费、房租负担较重。农家店80%以上都是由原个体工商户和夫妻店改建而成，大多数农家店都由原不缴税变为纳税户，或单一税改按现行税收政策缴纳多项税，或由定额改按以销售额计税，或直营店比照城区店纳税[4]。而税收负担的高低直接影响着连锁超市经营农产品的成本，税负重则难以降低超市公司农产品的销售价格，直接影响连锁超市农产品经营的竞争力。另一个连锁超市的重要成本主要是房租，一般连锁超市在农村及乡镇都是通过租赁获得经营用房，近

---

〔1〕 张学文、闫林. 推进农村公路建设养护的政策研究. 中国财政,2011 - 09 - 05

〔2〕 吕文娟、刘保东、李鹏飞. 关于新农村基础设施建设现状的研究与思考. 南方农村, 2013 - 06 - 10

〔3〕 课题组从北京到郑州调研，从北京出发2个半小时就可以达到600多公里远的郑州市，但从郑州高铁站到达郑州市郊区县中牟县郑庵镇一个村子的时间则是2个小时。而这段距离仅仅只有不足25公里，先要等上差不多30多分钟坐上乡村公交(非常挤)，然后下来租面包车或者简易三轮车到达郑庵镇，然后在乘坐农用三轮车到达村庄。

〔4〕 资料来源:http://www.sc.gov.cn/zwgk/swzc/gzyj/200701/t20070105_153411.shtml

几年房租大幅提高，也成为农村消费品经营的主要成本之一。

三是人才缺，融资难。一方面，从事农村流通业的专业人才极度缺乏。零售业、餐饮业、门店店长、专职采购、营销策划等高素质复合型人才严重不足，许多企业招聘难，甚至有的流通企业高管岗位缺编率达到15%以上；另一方面，流通企业大多是小微企业，资金来源渠道较窄，经营资金基本靠自有资金、经营薄利、亲属借款、地下钱庄、高息贷款等渠道获得，造成流通企业，特别是小微企业融资风险较大[1]。造成一些配送中心的扩建由于征地困难、融资能力差及后续经营成本大而难以落实。

目前我国农村商品流通市场基础设施建设薄弱，服务功能不健全，消费环境较差，根本原因在于资本的逐利性导致很多企业不愿意、或者没有能力进入农村商品流通市场。首先，农家店生存困难。随着城镇化的快速推进，村级人口快速向县镇集中，部分地区空心村不断出现，前几年所铺设的村级农家店的留存问题凸显。农家店经营者素质普遍较低，重硬件轻软件，信息化水平依然较低，经营管理不善的问题一直存在。其次，承办企业的经营压力依然较大。由于农村市场范围广、需求分散，店铺建设密度较城镇低，且道路交通等基础设施建设不健全，导致配送成本依然很高。由于农村市场假冒伪劣猖獗，农民对价格的敏感度较高，对质量的敏感度较低，受到假冒伪劣商品的影响，产品销售困难，无法回收高额配送成本。一些农家店为提升销路加盟连锁超市，但并不经销流通企业配送的商品，甚至销售一些假冒伪劣产品，经营不规范，给承办企业带来高昂的管理成本，管理难度很大，甚至由此产生各种纠纷。配送成本高、管理难度大、利润水平低，加之政府对承办企业的支持力度逐步减弱，流通企业的经济效益实现难度增大。长此以往，流通企业必然会离开农村或者从事其他行业。课题组在山东济宁、山西襄汾调研得到印证，承办企业普遍反映经营压力较大，在网点开拓、统一配送等方面动力不足，比如，山东兖州新合作是"万村千乡"市场承办企业，由于

---

〔1〕 张喜才、陈秀兰.农村商品流通网络的整合发展.中国流通经济，2014－04－23

✽五、新常态下农村商品流通产业链的现状及问题

加盟店私自从其他渠道进了一些假冒伪劣商品，造成了不好的影响，最后兖州新合作不得不承担了由此造成的损失。他们已经意识到加盟店的问题，正在逐步减少加盟店。

6. 农村现代商品流通体系治理机制还没有完全建立

长期以来，受历史、文化等因素的制约和影响，我国"重生产、轻流通"的思想根深蒂固，流通业长期得不到应有的重视[1]。一方面，由于流通行业平均利润率仅为1%左右，低于国际2.5%的平均水平，也低于其他行业利润率，在"求速度、讲政绩"的影响下，流通业长期得不到重视；另一方面，由于流通业一直是国民经济的末梢产业，很多政府官员认为流通业应该是充分竞争的行业，政府没必要投入太多精力，从而极大地抑制了流通业的规范、有序发展。目前我国的行业管理体制与现代流通业发展还不适应[2]。工商、规划、商务、发改、财政、税务等部门在项目、资金、税费等方面有与农村市场存在千丝万缕的联系[3]。没有从宏观和全局的角度去规划，执行过程中也没有实质性的工作对接，因而导致地方和企业也缺乏长远和系统的发展战略，在一定程度上造成资源浪费[4]。

另外，资本主导下的农村市场追求利润最大化，政府的抓手少。一是公益性设施特别是物流设施少，政府投入不足，政府调控失去了一个重要抓手。目前，除了政府的商品储备粮库，其他商品流通设施基本上都丧失了公益性质，一些政府投资或资助的流通设施也实行完全的商业化运营[5]。二是国家出台的促进农村商品流通的政策措施不少，但由于缺乏事前评估、事中监督和事后检查等机制，以及地方利益平衡问题没有根本解决，政策执行大打折扣。中央财政主要集中在农业生产领域，对于农村流通领域的公共资金相对较少。在资金的投资方向、投

---

〔1〕 张喜才、陈秀兰. 农村商品流通网络的整合发展. 中国流通经济，2014 - 04 - 23

〔2〕 张喜才、陈秀兰. 农村商品流通网络的整合发展. 中国流通经济，2014 - 04 - 23

〔3〕 张喜才、陈秀兰. 农村商品流通网络的整合发展. 中国流通经济，2014 - 04 - 23

〔4〕 陈丽芬. 我国农村流通体制改革30年回顾与展望. 市场营销导刊，2008 - 10 - 20

〔5〕 张喜才、陈秀兰. 农村商品流通网络的整合发展. 中国流通经济，2014 - 04 - 23

资重点上针对性不强，政策资金的引导带动作用还不够明显[1]。

其次，从政策来讲，目前财政支持一般采取的是"一锤子买卖"，扶持一次之后，后续的发展就"放羊了"，导致农村市场建设的"潮汐现象"。刺激内需的财政资金仅仅为需求而需求，为补助而补助。比如在河南、山东调研中一些加盟农家店扶持给钱就加盟，而实际上还是自主经营，有的很快就不干了。也有一些企业一旦没有了扶持资金，将精力用到了直营店上，而加盟店就不管了。因此，扶持政策缺乏完善的机制、制度，没有建立可持续发展的机制。

综上所述，农村消费进入新的拐点，只有从农村流通全产业链创新管理，才能通过流通革命引领农村供给侧改革。

---

〔1〕 张喜才、陈秀兰. 农村商品流通网络的整合发展. 中国流通经济, 2014－04－23

六、互联网时代农村商品流通产业链的外部冲击及影响

在全球化程度日益加深，市场化水平不断提升的背景下，党的十八大提出了"新型工业化、城镇化、农业现代化和信息化'四化同步'"发展作为经济结构调整的主要思路。在这"四化"的大背景下，中国进入"新常态"[1]，新常态下，经济结构发生全面、深刻的变化，不断优化升级，居民收入将不断提高，城乡差距也将不断缩小，消费需求成为需求主体。因此，发展农村商品流通体系，根本上改变农村的落后面貌，实现城镇化和农业现代化的相互协调，是增强经济发展的内生活力，是化解产能过剩矛盾作的工作重点，也是促进我国经济持续健康发展的重要动力。党的十八届三中全会指出建设统一开放、竞争有序的商品流通体系是使市场在资源配置中起决定性作用的基础。必须着力清除市场壁垒，推进国内贸易流通体制改革，加快形成企业自主经营、公平竞争，消费者自由选择、自主消费，商品和要素自由流动、平等交换的现代商品流通体系[2]。而伴随经济发展的深入，我国农村市场也在近年来呈现出前所未有的新变化，亟待加强顶层设计，深化市场改革，提升现代商品流通体系以适应现阶段的新要求。

---

〔1〕 2014年5月，习近平总书记在河南考察时强调，我国发展仍处于重要战略机遇期，我们要增强信心，从当前我国经济发展的阶段性特征出发，适应新常态，保持战略上的平常心态。

〔2〕 中共中央关于全面深化改革若干重大问题的决定(2013年11月12日中国共产党第十八届中央委员会第三次全体会议通过).求是，2013－11－18

(一)市场环境新变化

1. 宏观经济环境新要求。世界经济微增长形势下我国依靠扩大出口、加快投资的增长模式受到挤压。产能过剩的情况下,启动国内消费、扩大内需成为中国今后经济增长的关键。就当前来看,从需求端入手,发展农村商品流通体系,是消化过剩产能,拉动内需,从而提升工业化水平的有效途径。农村地区有很大的发展空间和潜力,但经济与社会在快速增长中使得城乡差距越来越大,城乡隔离的格局越来越突出和固化,这是扩大内需的最大难题[1]。因此,通过城镇化建设和商品流通体系建设,增加就业,扩大内需,成为必然选择。

2. 现代技术的革命性变化。农业现代化水平的提高促进了农业科技创新,使得现代生物技术、工程技术和以计算机和现代通信技术为主的信息技术广泛应用于农村商品流通体系建设。现代生物技术丰富了农产品种类,保证了产品质量,实现了农业生产的标准化和规模化,保障了农产品的全年不间断供应,提高了农业的市场竞争力和抵御市场风险的能力,信息技术、物流技术则不断提升农村商品供应链管理水平。

3. 现代金融支付手段更加多样。随着信用卡普及和支付技术的不断创新,人们的支付习惯正在改变,特别是近几年第三方支付发展迅速,它不仅支持了类似信用卡支付、网上支付、手机支付等各种新型支付手段,还提供了支付保障,从而大大降低消费者的风险预期,起到了鼓励消费的作用。有关数据显示,2012 年第二季度中国第三方互联网支付市场交易规模达到 9456.6 亿元人民币,环比增长 23%,同比增长 105.1%[2]。支付手段和方式越来越多样化,这在很大程度上支撑了现代流通方式的变革,使现代金融服务越来越多地渗透到农村商品流通的全产业链中,促进农村商品流通体系不断创新。

---

〔1〕 陆益龙. 社会主义新农村建设的背景、模式及误区——一种社会学的理解. 北京大学学报(哲学社会科学版),2007 – 09 – 20

〔2〕 植凤寅. 第三方支付快速发展中的隐忧. 中国金融,2012 – 11 – 01

✤ 六、互联网时代农村商品流通产业链的外部冲击及影响

（二）电子商务对农村市场的影响

近年来，我国电子商务应用水平不断提高，市场规模快速扩大，经营创新层出不穷，呈现出与实体经济深度融合的发展态势。电子商务是基于信息技术和互联网的现代流通方式。农村电商不仅仅在农产品领域，还有"三农"产业领域的诸多方面都可介入。目前农产品网上交易的 B2B 和 B2C 模式已经得到广泛普及，尤其是 B2B 模式在农产品加工企业、产地市场批发商、销地市场批发商和零售商之间得到了广泛的使用，极大地促进了我国批发市场的发展，而在此基础上契约交易、期货买卖、拍卖制也逐步发展起来。网上买菜、订货正在成为很多白领在快节奏城市生活中的首选购物方式。2014 年全国网上零售额 27898 亿元，比上年增长 49.7%（见图 6-1），占社会消费品零售总额的比例达到 8%（见图 6-2）。其中，限额以上单位网上零售额 4400 亿元，增长 56.2%。阿里研究院预计全国农村网购市场规模 2014 年将达到 1800 亿元人民币。

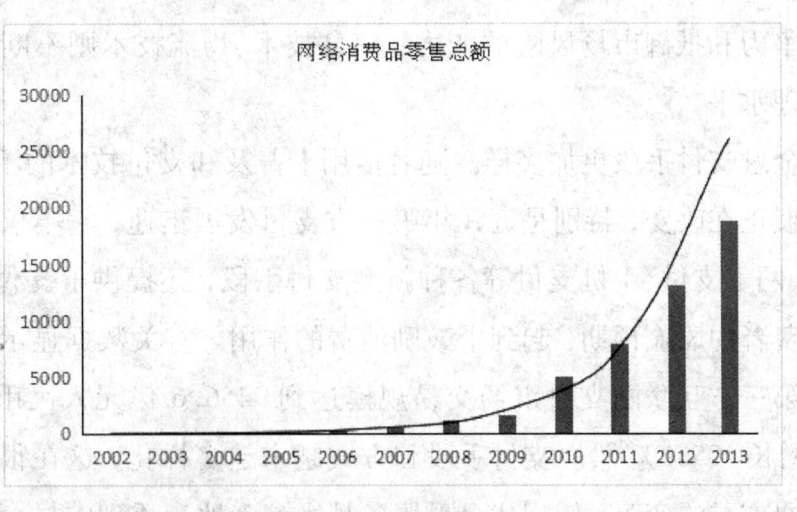

图 6-1　网络消费品零售总额趋势图

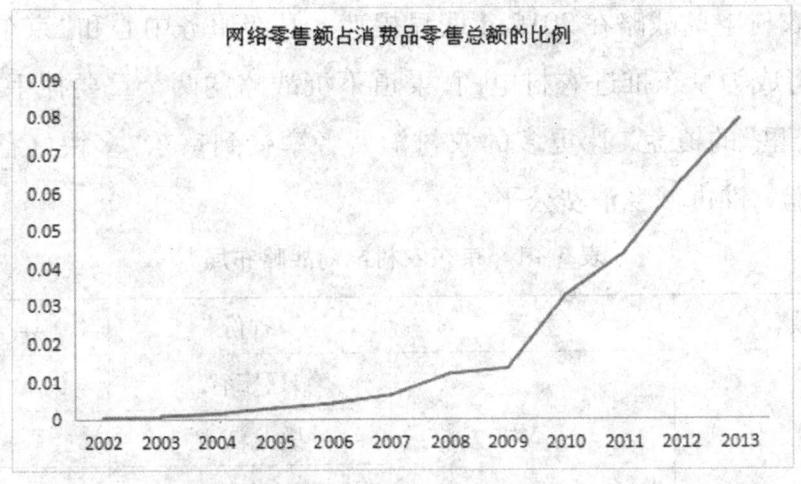

图 6-2　网络消费品零售总额占社会消费品零售总额的比重

电子商务对传统零售业的冲击在不断加大,以中国连锁经营协会发布的2013年连锁百强企业为样本进行统计,开展网络零售业务的百强企业有67家,净增5家,与前两年相比,增量明显变少,说明传统零售企业对电商的认识更理性,触网变得更谨慎[1]。零售商布局O2O模式,成效尚不显著。2013年,O2O模式得到企业的认可和不断尝试。但总体上,O2O模式仍处探索阶段。本次调查43%的企业已开展O2O业务,57%的企业虽然尚未开展但都表示愿意尝试[2]。

同时零售商"触电"的销售规模尚小,处于起步阶段。调查样本中,40%的企业2013年网络零售销售规模小于500万元,16%的企业在500万元到1000万元之间,销售额过亿的企业仅有12%。传统零售企业网上业务运营任重道远[3]。但一些大型电商企业已经开始布局农村电商市场。

京东不断深化渠道下沉与农村电商战略,加速在3~6线城市、区县以至乡村市场的布局。农村消费者将与城市消费者一同享受京东正品行货、快速物流等优质服务(见表6-1)。

---

〔1〕　中国连锁经营协会. 传统企业走电商路任重道远. 国际商报,2014-11-13
〔2〕　中国连锁经营协会. 传统企业走电商路任重道远. 国际商报,2014-11-13
〔3〕　中国连锁经营协会. 传统企业走电商路任重道远. 国际商报,2014-11-13

✹ 六、互联网时代农村商品流通产业链的外部冲击及影响

京东的农村电商战略在 2015 年明显提速。县级服务中心和"京东帮"服务店互为补充，将成为京东推进农村电商、渠道下沉战略的两个重要抓手。通过它们对"最后一公里"的覆盖，让更多的农村消费者享受到京东"多快好省"的全流程优质购物体验，推进城乡消费公平。

表 6-1 京东农村电商战略布局

区域	数量	省份	县/县级市
东北	5	辽宁省	3
		黑龙江省	1
		吉林省	1
华北	47	河北省	25
		内蒙古自治区	1
		山东省	12
		山西省	9
华东	12	安徽省	1
		江苏省	5
		浙江省	6
华南	10	福建省	5
		广东省	5
华中	10	河南省	2
		湖北省	6
		湖南省	1
		江西省	1
西北	4	陕西省	3
		新疆自治区	1
西南	3	四川省	1
		重庆市	2

阿里巴巴进军农村电商的战略可以概括为四合一战略。即将在未来的三到五年当中会持续的一共投入100亿人民币来进行农村的电商基础设施的建设,建成县有运营中心+村有服务站+农村物流的营运体系和服务体系。服务全国的1000个县,100000个行政村,最终这个体系从县到乡,形成这样的电子商务生态体系。阿里巴巴还通过研究院、淘宝大学、农村电商培训中心等机构将为阿里巴巴农村发展战略"网货下乡、农产品进城"解决最核心的农村电商人才培养问题。

苏宁加快农村市场布局,物流先行。为配合三、四级市场攻略落地,苏宁物流推进省内干线建设专项工作,截至目前已经在14个大区完成了22条省内干线建设。苏宁在这些物流主干线上建设的自营服务站,都能够实现次日送达,比如即将揭幕的宿迁洋河自营服务站。据悉,苏宁目前正在推进的"物流云"项目,预计到2015年,将建成12个自动化分拣中心、60个区域物流中心、300多个城市分拨中心,以及5000个社区配送站。

供销合作社作为传统的农村流通渠道也在积极进军电子商务领域。借助于供销社的网点优势、资源优势和品牌优势,各地供销合作社积极探索,中国供销集团的"社员网"、湖南省供销合作社的"网上供销社"发展迅速,河北、黑龙江、浙江、安徽等省(区)供销合作社电子商务不断发展(见图6-3)。

✻六、互联网时代农村商品流通产业链的外部冲击及影响

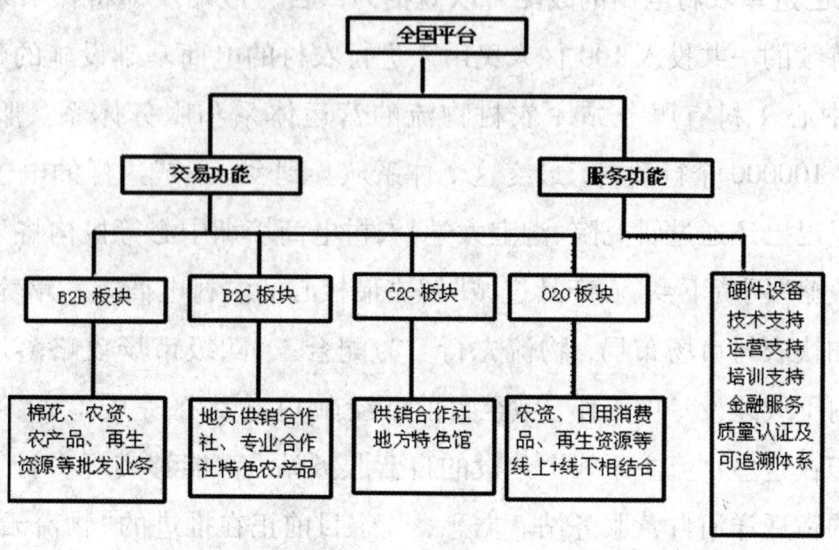

图6-3 供销合作社全国电子商务平台架构

表6-2 进军农村电子商务的主要形势分析

项目 企业	投资	体系	规模	优势	劣势
阿里巴巴	100亿元	县有运营中心＋村有服务站＋农村物流的营运体系和服务体系	服务全国的1000个县，100000个行政村	资本优势、技术优势	城乡对接

— 96 —

续表

京东	10–12亿美元	县级服务中心和"京东帮"服务店1千家县级服务中心,全国1万家左右的农村信息服务站,10万家农村代理	资本优势	城乡对接
苏宁	100亿元区域物流中心+城市分拨中心+乡镇服务站	12个自动化分拣中心、60个区域物流中心、300多个城市分拨中心,5000个社区配送站,10000个类似的乡镇服务站	实体店优势、资本优势	城乡对接
供销社	预计需要500亿元	全国总社+省级社+县级社+基层社	1400个县级社,21000个基层社	实体店优势	体制制约

　　电子商务进农村面临着知识鸿沟、市场信息不对称、物流成本高等主要问题。一是电子商务进农村的面临着知识鸿沟和代际差异。农村虽人口众多,但很大一部分人口是尚未被电商激活用户,甚至是还未触网用户。我们可以认定在农村中文盲和小学教育程度是很难进行网上购物的,可以称为"知识鸿沟"。而这一个比例在农村却很大。根据调研,也可以推定在农村中40岁以上也很难参与到电子商务当中,可以称为"代际差异"。根据2006年农业普查中农村劳动力资源中,文盲3593万人,占6.8%;小学文化程度17341万人,占32.7%;初中文化程度26303万人,占49.5%;高中文化程度5215万人,占9.8%;大专及以上文化程度648万人,占1.2%(见表6–3)。按照这个数据,农村中可能参与电子商务的人

六、互联网时代农村商品流通产业链的外部冲击及影响

员可能仅仅可能是 0.85 亿人次.。如果在考虑到农村的互联网普及率，则农村中可能参与网购的人员就仅仅只有 2300 万人，这样的市场规模仅仅有 900 亿元。

表 6 - 6　　　　2006 年农业普查中农村劳动力资源总量及文化素质

	全国	东部地区	中部地区	西部地区	东北地区
农村劳动力资源总量（万人）	53100	19828	14582	15142	3548
农村劳动力年龄构成（％）					
20 岁以下	13.1	13.2	13.8	12.8	11.1
21 - 30 岁	17.3	18.8	15.4	16.9	18.4
31 - 40 岁	23.9	23.4	23.7	24.5	24.6
41 - 50 岁	20.7	21.4	20.9	19.1	23.5
51 岁以上	25.0	23.2	26.2	26.7	22.4
农村劳动力文化程度构成（％）					
文盲	6.8	4.6	6.7	10.7	2.6
小学	32.7	28.3	29.8	41.0	33.2
初中	49.5	53.9	52.0	39.7	56.7
高中	9.8	11.8	10.4	7.5	6.4
大专及以上	1.2	1.4	1.1	1.1	1.1

按照 2010 年全国人口普查中乡村人口中 15 岁以上的是 5.36 亿人，其中文盲人口 0.39 亿人；镇人口 2.21 亿人，其中文盲是 0.09 亿人。也就是说农村中总人口是 7.57 亿人，文盲人口约 0.48 亿人，农村中有可能使用电子商务的基本上约 7.09 亿人，这 7.09 亿人中，年龄超过 40 岁以上的乡村人口约 2.96 亿人，镇约 1.09 亿人，二者相加约 4.05 亿人，也就是说农村中电子商务的潜在用户约 3.04 亿人。按照 2013 年互联网普及率为 45.8％，也就是说能够实现网络购物的农村人口约 1.39 亿人。如按照中国农村互联网普及率达到 27.5％ 的话，农村可能实现网购的人口只有 0.84 亿人。

二是农民消费观念相对滞后，产品识别能力较低，而且绝大部分进入农村的

商品没有建立可追溯体系，这为假冒伪劣商品提供了可乘之机。传统电子商务平台所销售的产品价格、品质都有较大差别，让对电脑本身就还不太熟悉的农民在商务网站上从千万种商品中搜寻合适的商品太过复杂。另外，部分农村消费群体的消费观念也增加了其在传统电子商务平台购买劣质产品的风险[1]。

三是农村物流缺乏。这是人们公认的发展农村电子商务存在的困难，目前快递只能到县城一级，还到不了乡村。由于农村居住分散，即使快递能到每一个乡村，物流成本将大大增加，网购的低成本优势大打折扣，影响了其在农村地区的吸引力。

农村电子商务看上去很美，阿里、京东等也加快进军农村市场的步伐，但也面临着很多困难（见表6-5）。因此，从绝对额上根据我们的估算农村未来5年的电子商务销售额到2017年将突破2000亿元，2020年达到5000亿元，届时农村网络零售额将占到10%左右。这样的规模和比例将持续3-5年，到2025年左右农村网购市场会迎来快速发展。

从农村电商体系上我们不太认同阿里、京东等在村建服务站的做法。我们认为乡镇是电商延伸网络的最佳终端。将来最佳的电商体系应该是县级配送中心，镇级综合服务站，村一级仍然适合零售实体店和代理店。

据CNNIC数据显示，截至2015年农村网民规模达1.95亿，较2014年底增加1694万人，增幅9.5%。网络购物成为了农村发展速度最快的购物方式，电子商务的发展也带动着农村地区的消费需求升级，但是农村地区的物流产业发展水平相对滞后，限制了农村电商的发展。2015年有关电子商务的政策密集出台，相关政策达12个之多，国家大力支持农村地区的电子商务的发展。2015年9月，商务部等19部门联合印发的《关于加快发展农村电子商务的意见》中提出，争取到2020年，在我国范围内培养一批有典型带动效应的农村电商示范县，降低电子商务流通成本、增加农村就业等。关于农村基础设施建设方面，加强农村公路等

---

〔1〕 刘雪芹、齐大朝、张立华. 农村消费品电子商务发展探讨. 商业时代，2013-10-10

*六、互联网时代农村商品流通产业链的外部冲击及影响

基础设施的建设，完善物流相关服务的衔接，从而提高物流配送能力，逐步完善县乡村三级物流节点基础设施网络。

随着农村电子商务的不断发展，各物流企业相继向农村地区扩展业务范围，自 2013 年以来，顺丰、中通等物流企业在农村地区布局他们的物流网络，大型电子商务企业也不甘落后。2015 年，京东准备在全国新建立 500 个县级服务中心、招聘近 2000 名乡村推广人员，随着农村地区物流架构的铺设，京东全面开展了他电子商务进军农村的工作。阿里巴巴作为中国电子商务巨头，投资 100 亿元，启动"千县万村"战略。农村电子商务的覆盖范围得以扩展，深入程度不断加强。

农村电商的快速发展对农村物流网络布局，尤其是村级物流布局提出了较大的挑战。

（三）城镇化对农村市场的影响

新型城镇化的加速推进。我国的城镇化水平逐年推进，中国已经步入工业化、城镇化发展的中期阶段。随着农民收入水平的提高和消费观念的改变，部分年轻消费者选择在城镇购物，而逐步远离了集贸市场、代销店等农村传统的市场流通主体，这给城镇消费带来了前所未有的新活力。城镇已经成为农村市场的主战场，据统计，2013 年，乡镇消费额已经占到乡村消费总额的 45%。因此，以城镇为中心，建设新型农村商品流通体系，满足新增城镇消费力量的需求，是推进城镇化战略，扩大国内需求，带动区域协调发展、统筹城乡发展、实现社会和谐的有效途径。

展望未来，根据我国经济社会发展阶段、城镇化发展的一般规律以及宏观经济发展运行的基本态势与政策动向，我国将处于城镇化加速发展阶段。快速发展的新型城镇化，正在成为中国经济增长和社会发展的强大引擎。城镇化的进一步快速推进必然会导致城乡人口布局、经济空间结构、产业发展、流通网络等巨大变革，带来公共服务和基础设施城镇投资的扩大。目前人们更多地关注城镇化过程中的房地产、建材等行业的带动作用，更多是讨论扩大内需、户籍制度等问题。而

作为新型城镇化过程中对于扩大就业和扩大内需都有重要作用的流通业却没有引起足够测重视。新型城镇化必然要求扩大消费规模，优化消费结构，转变生活方式，升级消费观念。这些对流通总量、流通结构和流通现代化水平都提出了新的要求。与此同时新型城镇化也是完善现代商品流通体系，丰富业种业态，补充渠道环节的不足和缺陷的主要机遇，具有均衡、填补、完善、丰富、提升、整合以前的业种、业态、网点和渠道的战略使命。

现代商品流通体系建设将为新型城镇化带来大量就业。在当前的需求约束型经济特征之下，只有就业和增收问题解决了，才能不断把即期和潜在需求转化为消费行为，才能真正实现人的城镇化。目前流通发展对于促进就业的功能尚存很大空间，通过在新型城镇化过程中优化流通内部产业结构，转变流通企业的就业结构和要素分配结构[1]。从而充分发挥流通的就业促进功能，促进新型城镇化。

现代商品流通体系建设将调整新型城镇化经济结构，促进消费。传统的农村消费方式是保守的谨慎的，主要靠自给自足。城镇化社区生活中，购买将成为主要生活方式，生活用品主要依靠从外部购买。这种生活方式的革命性变化将改变传统经济结构，升级农村消费市场。

现代商品流通体系建设将有效提升新型城镇化公共服务水平。随着收入的提高，居民用于食品、衣着、居住等满足温饱的消费支出占消费总支出的比重不断下降，而用于交通、通讯、文化、教育、娱乐、医疗、保健等满足精神和健康需求的消费支出占消费总支出的比重上升，消费产品类型不断走向高档次，消费形态由生存型向发展型、享受型演进。流通业通过不断加大基础设施建设，引进新型业态，增加服务内容，创新服务手段[2]。必将为新型城镇化提供一定的公共服务支撑。

目前，随着新型城镇化的快速推进和经济结构的不断调整，现代商品流通体系建设在整个社会的资源配置、结构调整中发挥着重要作用。然而，由于流通现

---

〔1〕 王晓东、谢莉娟. 新时期流通结构优化升级之再认识. 中国流通经济,2011 – 07 – 23

〔2〕 王水平. 基于城镇化视角的中国流通产业发展空间研究. 财贸研究,2012 – 12 – 01

✱六、互联网时代农村商品流通产业链的外部冲击及影响

代化程度不高，从而严重制约了生产、消费及城镇化的又好又快发展。因此，加快现代商品流通体系建设、提高流通业竞争力对新型城镇化具有意义。

我们估算，2020 年城镇化率将达到 60% 左右，将带来大约 4 万亿元的社会消费品零售额的增加。几乎每年将带来 6000 亿元的消费额。

（四）撤村并居对农村市场的影响

伴随着经济发展，外出打工的农民数量逐年增加，据估计，每年大约 2.4 亿农民工在城乡之间流动，很多地方农民出现"空心村"。由于农村留守人口多是儿童、学生和老、弱、病、残者，日常消费主要是"老、少"用品，形成消费对象"老少化"，消费结构单一化。很多村级超市生意冷淡、销售下降，商品陈列、卫生状况及购物环境退化，有些已经停业、转让或转行，村级市场不断萎缩。

新农村建设的加快推进，新型农村社区中传统的农村商业网点不得不随之出现搬迁和变化，新型农村社区的出现对商业网点的服务功能也提出了更高的要求，不仅要把日用品、农资销售出去，还要求把农产品收上来，能卖出去，增加终端网点的综合服务功能。这些都对农村市场网点建设提出了新挑战。乡镇数以平均每年 1% 的速度递减，行政村数以平均每年 1% 的速度递减（见图 6-4）。目前，大约有 3.2 万个乡镇，58 万个行政村，根据我们掌握的数据，农家店数已经与行政村数存在了严重的倒挂现象（见图 6-5），也就是说农家店数过剩了。未来几年乡镇村数仍然会以每年 1% 的比例减少，所以农村市场调整要优化农家店布局和业态，强化中心镇的商贸中心建设。

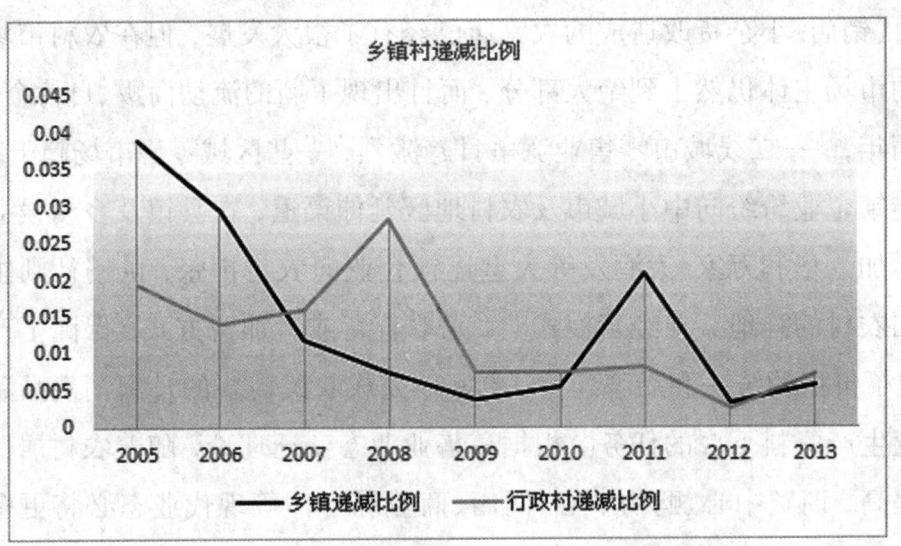

图6-4 乡镇村递减的比例

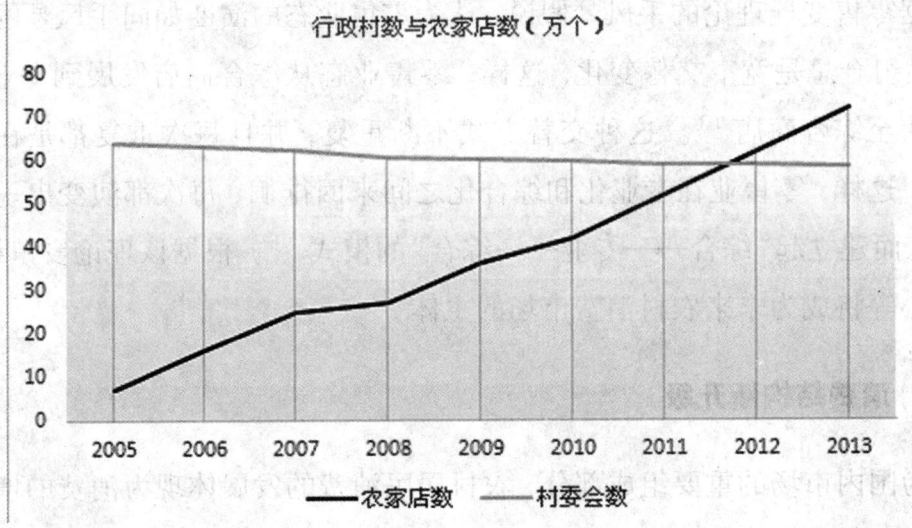

图6-5 农村市场行政村和农家店数的对比

(五) 经营业态新提升

我国农村商品流通体系以农家店、集贸市场、超市作为农户日常购买日用工业品和生产资料的主要零售终端。随着"万村千乡"市场工程的开展，尤其是以农村夫妻店、代销店、小杂货改造成的农家店已经有了很大发展，但在农村市场中这些小规模的市场主体仍然占到绝大部分，而且出现了新的流动商贩、自营个体等。

近两年，一、二线城市零售业竞争日趋激烈，一些区域零售市场趋于饱和，一些大型连锁企业纷纷向中小城市及农村地区延伸渠道，在县镇及乡村设立零售网点明显增加。华润万家、大润发等大型连锁企业向农村扩张，供销社则主要依靠连锁巩固农村的阵地。在经营模式上，采取直营或者加盟方式，保障了产品的质量，实现了价格的统一和品牌经营，更好地完成农民需要的日用消费品和质优价廉的农业生产资料下乡的任务。根据零售业业态变迁理论，随着农村居民的收入的不断提高，商贸中心、购物中心、网店、商业综合体等现代业态必将更多地向农村延伸和发展，向乡镇等人口密集区聚集，农村商品流通体系的流通业态将有新提升。

根据零售变迁理论的手风琴假说，认为零售业态的演变如同手风琴的一张一合，商品组合总是宽窄交替变化，这样，零售业态从综合商店发展到专业店，再由专业店至综合商店[1]。这种交替方式不断重复，并且每次重复都是在更高的水平上。这样，零售业在专业化和综合化之间来回徘徊，每次都演变出一种新的业态，从而建立起"综合——专业——综合"的模式[2]。根据该理论乡镇综合体、购物中心等将成为未来农村消费市场的主体。

（六）消费结构新升级

作为国内市场的重要组成部分，农村居民消费的发展体现为消费的增长与结构的升级，尤其是消费结构升级，意味着我国农民消费质量的改进，是农村市场发展的重要体现。

我国自改革开放以来不断落实以减负与增收为主导的多项惠农政策，农村居

---

〔1〕 "流通创新理论与对策研究"课题组. 业态变迁学说及其促进我国流通创新的政策建议.财贸经济, 2003 – 01 – 25

〔2〕 王静.零售业态变迁经典理论综述.商业经济, 2011 – 02 – 20

民的生活状况日益改善，农村居民消费结构持续得到了提升，整体表现为与城镇居民消费结构差距逐渐缩小[1]。在具体开支方面农村居民消费结构提升也很明显，主要体现在享受型与发展型品类的支出方面。2013 年，农村居民人均纯收入 8896 元，比上年名义增长 12.4%；农村居民恩格尔系数 2013 年为 37.7%。在这种情况下，农村的消费能力提高、消费结构变化、消费层次提升，进而对农村商品流通提出了新的要求，表现在消费环境的舒适化、产品的多样化、质量的适中化、价格的合理化、购物的方便化、服务的综合化。这必然要求流通方式、渠道、业态、设施、管理、服务都必须与此相适应[2]。尽管各地农村经济发展状况不一，但我国农村居民的消费模式整体正在经历由生存型向发展型的转变。据统计，2013 年城镇消费品零售额 202462 亿元，比上年增长 12.9%，乡村消费品零售额 31918 亿元，增长 14.6%。这是 2010 年以来，乡村消费品零售总额增长率首次高于城市，这也说明，农村的消费潜力正在不断的释放。

农村居民消费结构升级与民生改善息息相关。我国农村居民在消费能力逐步提升的前提下，2013 年我国农村居民人均消费增长率高达到 12.1%（见表 6 - 4），并越来越重视消费的品类与品质，逐步向提高型和享受型的服务消费和市场化消费方向转变，消费多元化趋势明显。在关系基本生活的食品与衣着方面，消费比例快速增长，从 2005 年的人均 1310.8 元上升到 2013 年的 2720.3 元，增长了 1 倍多。内部结构也不断地优化，逐渐向城镇居民靠拢，具体表现为在食品结构上，主食消费比重下降，各种副食消费不断增加，膳食结构向营养、科学型发展；在衣着消费上，农民穿衣在成衣化的基础上，更注重时尚化。因此，当务之急是更多地关注农村市场、开拓农村市场，从而满足农村市场的需求，切实为农村居民"定制"价格合理、功能适宜的产品。

---

〔1〕 宋丕丞. 农村居民消费结构升级的探讨. 农民日报，2010 - 12 - 20

〔2〕 张喜才、陈秀兰. 农村商品流通网络的整合发展. 中国流通经济，2014 - 04 - 23

✹六、互联网时代农村商品流通产业链的外部冲击及影响

表6-4　　　　农村居民收入生活消费支出增长情况(元/人,%)

	人均纯收入	人均纯收入增长率	人均消费	人均消费增长率	人均消费占纯收入的比例
1985	397.6	7.8	317.4	7.7	79.83%
1990	686.3	1.8	584.6	4.5	85.18%
1995	1577.7	5.3	1310.4	9.7	83.06%
2000	2253.4	2.1	1670.1	6.0	74.11%
2005	3254.9	6.2	2555.4	11.5	78.51%
2009	5153.2	8.5	3993.5	9.4	77.50%
2010	5919.0	10.9	4381.8	5.9	74.03%
2011	6977.3	11.4	5221.1	12.6	74.83%
2012	7917	12.4	5908	11.55	73.69%
2013	8896	9.3	6626	12.1	74.48%

资料来源:根据《中国农村统计年鉴》数据整理得到。

根据目前农村居民的恩格尔系数37.66,这相当于2004年城镇居民的恩格尔系数(37.7),2002~2004年城市居民的消费总水平平均是35226.8亿元,大于目前农村消费总水平约4000亿元。重点是在洗衣机、电冰箱、空调、热水器、计算机、汽车方面差距比较明显。在消费支出上文教娱乐消费支出差别最大(见表6-5、表6-6)。

表6-5　　　2002~2005年城镇居民家庭平均每百户耐用消费品拥有量

	2005 年	2004 年	2003 年	2002 年
彩色电视机拥有量(台)	134.8	133.4	130.5	126.4
固定电话拥有量(部)	94.4	96.4	95.4	93.7
洗衣机拥有量(台)	95.5	95.9	94.4	92.9
电冰箱拥有量(台)	90.7	90.2	88.7	87.4
移动电话拥有量(部)	137	111.4	90.1	62.9

续表

淋浴热水器拥有量（台）	72.7	69.4	66.6	62.4
空调拥有量（台）	80.7	69.8	61.8	51.1
照相机拥有量（台）	46.9	47	45.4	44.1
微波炉拥有量（台）	47.6	41.7	37	30.9
组合音响拥有量（套）	28.8	28.3	26.9	25.2
摩托车拥有量（辆）	25	24.8	24	22.2
计算机拥有量（台）	41.5	33.1	27.8	20.6
健身器材拥有量（套）	4.7	4.2	4.1	3.7
摄相机拥有量（架）	4.3	3.2	2.5	1.9
家用汽车拥有量（辆）	3.4	2.2	1.4	0.9

表6－6　　　　　2002－2005年城镇居民家庭人均消费支出

	2005 年	2004 年	2003 年	2002 年	2001 年
现金消费支出（元）	7,942.90	7,182.10	6,510.90	6,029.90	5,309.00
食品消费支出（元）	2,914.40	2,709.60	2,416.90	2,271.80	2,014.00
衣着消费支出（元）	800.5	686.8	637.7	590.9	533.7
居住消费支出（元）	808.7	733.5	699.4	624.4	548
家庭设备及用品消费支出（元）	446.5	407.4	410.3	388.7	438.9
医疗保健消费支出（元）	600.9	528.2	476	430.1	343.3
交通和通信消费支出（元）	996.7	843.6	721.1	626	457
文教娱乐服务消费支出（元）	1,097.50	1,032.80	934.4	902.3	690
其他消费支出（元）	277.8	240.2	215.1	195.8	284.1

✱六、互联网时代农村商品流通产业链的外部冲击及影响

（七）市场建设新活力

新技术要素、现代资本要素大量进入农村商品流通体系。由于物联网技术、物流技术、冷链技术的快速发展，电子商务、车载市场、社区店等销售方式层出不穷[1]。各种资本纷纷寻找农村市场中具有较大投资收益的领域，批发市场，商贸中心等成为获得投资较多的领域，其中投资最集中的省份依次为山东、北京、福建、安徽、江苏，分别占到 2007 年至 2012 年我国农业领域风险投资总额地域分布比例的 19% 、9% 、6% 、6% 、6% 。东部省份的投资集中度明显高于中西部地区。国内农产品流通领域的上市公司深圳市农产品股份有限公司也正在进行新一轮的扩张，而香港上市的地利公司则把投资建设农产品流通作为投资重点[2]。众多私募基金也把农产品供应链投资作为未来非常值得关注的领域。核心企业与金融机构合作，整合上下游合作社或者种植大户，形成完整的农产品供应链，是目前提高农产品流通效率和效益的主流方式。

新的商业模式进入农村商品流通体系。流通环境重大变化推动了丰富多彩的创新格局。农超对接、农餐对接、电子商务、直销平台、社区直营店、社区支持农业、社区移动配送等各种流通方式不仅赢得了广大老百姓欢迎，而且也引领了资本、人才、技术、市场不断出现新的整合趋势[3]。

通过城市（县市）龙头企业为依托，在县城和中心城镇发展正规直营连锁店或配送中心，并在集镇、经济发达村庄发展特许连锁店（加盟店）的农村市场模式已经成熟，具备了完善的物流配送能力，适应了我国农村地域广、生产生活分散的特点，为发展农家店连锁经营提供了强有力的组织保证，为农村商品流通体系建设注入了新的活力[4]。

---

〔1〕 张喜才、杨谦.我国鲜活农产品新型流通模式研究.中国食物与营养，2014－01－28
〔2〕 张喜才、杨谦.我国鲜活农产品新型流通模式研究.中国食物与营养，2014－01－28
〔3〕 张喜才、杨谦.我国鲜活农产品新型流通模式研究.中国食物与营养，2014－01－28
〔4〕 李芬儒、李东.建设农村连锁零售业态的途径——兼谈"万村千乡"市场工程建设.经济论坛，2007－05－15

✱互联网时代农村流通全产业链整合发展

经过多年来的发展，我国农村市场的组织化程度得到很大提升。"万村千乡"市场工程培育了3000多家区域性农村商品流通骨干企业。近几年，农业产业化的发展十分迅速，农业生产通过土地承包和流转、专业合作社等各种方式在提高规模化水平。规模化增加了农业产出，提高了商品化率，同时也为流通企业进入农产品流通链条提供了机会。目前"生产基地＋农户""公司＋农户"、"配送中心＋农户"等模式在全国各地均得到不同程度的培育和发展，市场主体的组织化程度明显提高，多种类型农村合作经济组织得到发展，提高了农民参与市场的组织化程度。伴随着农村市场不断崛起，大型企业不断发展壮大，一些企业通过资本运作或者战略联盟、连锁经营等形式，迅速实现规模经济，大大带动了农村市场的组织化程度。

（八）市场政策新方向

农村基础设施建设投资巨大，已经到达新阶段。2009年以来，在4万亿元投资计划中，国家重点支持农村民生工程和农业基础设施建设，加快农村饮水安全、农村电网改善、农村公路、农村沼气、农村危房改造等工程建设，很多省份公路实现100%村村通[1]。惠农补贴已经达到一定水平，2013年，粮食直补、农资综合补贴、良种补贴、农机具购置补贴4项补贴达到2000亿元[2]。刺激农村内需政策已经达到一定程度。家电、汽车、农机等下乡政策以财政直接补贴消费者的方式，创新了农村消费动力机制，释放了农民消费潜力。统计资料显示，2008－2013年中央财政共投入大约885亿元的家电下乡补贴资金，拉动农村消费7347亿元，但已经出现疲态[3]。农村市场网点覆盖范围实现新的飞跃，"万村千乡"市场工程、新农村现代流通网络工程等大大推动了农村商业网点的建设，农村市场网点已经足够密集。我们在黑龙江双城市新盛村调研时发现，一个千人左右村现

---

〔1〕 吴孔凡、胡振虎.宏观调控一年来农村消费市场的变化及政策取向.中国财政，2009－12－05

〔2〕 吴孔凡、胡振虎.宏观调控一年来农村消费市场的变化及政策取向.中国财政，2009－12－05

〔3〕 吴孔凡、胡振虎.宏观调控一年来农村消费市场的变化及政策取向.中国财政，2009－12－05

七、互联网+农村物流网络的顶层设计

有各类农家店 15 家，较好的只有一家。

2012 年，国务院出台了《关于深化流通体制改革加快流通产业发展的意见》，搞活流通能降低流通成本，促进消费潜力的释放，在农村商品流通体系建设已经取得巨大成就基础上，如何提出新亮点，迈出新台阶至关重要。

党的十八大指出"三农"问题是全党工作的重中之重。近几年的 1 号文件着重指出增强农村发展活力。《中共中央关于全面深化改革若干重大问题的决定》指出深化国内贸易流通体制改革，建立现代商品流通体系，使市场在资源配置中起决定性作用和更好的发挥政府作用。中央城镇化工作会议提出加快新型城镇化建设，推进以人的城镇化。农村商品流通是"三农"工作的经络，也是城镇化过程中吸收就业，保障民生的重要先导产业。建设现代商品流通体系是释放农民激情，活跃农业要素，提升农村现代文明，推进以人为本城镇化的重要内容。通过提升现代商业素养武装农民，助农民致富，通过现代商流带动农业发展，助农业增收，通过现代商业文明提升农村现代文明，助农村发展，推动城镇化建设，进而通过拉动内需促进国民经济健康发展。通过"三商"活"三农"促内需是农村现代商品流通体系建设的重要使命，也是进一步推进"三农"工作的主要内容。农村供给侧结构性改革正深入推进，三次产业融合加快发展，农村流通产业链是加快农村电商，推进三次产业融合，推动供给侧结构性改革的关链一环，需要积沙成塔，用久久之功，推进农村流通产业链加快发展，融合发展，创新发展。

七、互联网 + 农村物流网络的顶层设计

我国农村地区广阔，不同的地区差异巨大。东北、西北、东部沿海等地农村物流情况千差万别。因此，依据农村物流网络发展的影响因素，包括农村人口、农产品产量、基础设施现状等因素，进行无量纲化的主成分分析，将农村物流网络建设分为 5 - 8 个不同的区域，根据区域特征定制不同的物流网络建设方案。

（一）农村物流网络的影响因素分析

农村物流网络主要包括物流主体、物流客体和物流媒介三个方面，参考现有的诸多学者对农村物流影响因素分析文章，在结合城镇化、电商化推进过程中农村的实际情况，选择农村物流网络的影响因素的指标。

1. 影响因素指标的选取原则

评价某一地区农村物流网络，首先应构建一个恰当的指标体系，其涉及众多的变量，具有庞杂性和不确定性等特点。为了全面、客观地评价区域经济发展状况，指标的个数应确定在合理的范围之内，指标设计过多将会面临数据无法获取等众多现实阻碍；指标设计过少又不能达到评价的目的，在选取指标时遵循了以下几方面的原则：

原则1　目的性原则。设计指标体系时，应具有明确的目的性，多指标体系是由很多指标组成的有机整体，没有明确的目的性，其会变成一堆杂乱无章的指标，变成指标的简单堆砌，用这样的指标不能很好地反映客观事物的规律和本

✽七、互联网＋农村物流网络的顶层设计

质。只有明确认识建立多指标体系的目的，根据目的去认识被反映事物的规律，找到这种规律性的外在表现，从而建立多指标体系，这样建立的多指标体系才能为研究目的服务。同时，在建立指标体系的过程中，需要认真考虑每一个单项指标在指标体系中的地位与作用。欲建立模型解决各区域物流网络发展水平的聚类问题，因此建立评价指标体系的目的就是科学合理、全面综合地评价各地物流网络的经济发展状况。

原则2　科学性原则。指标体系必须立足客观现实，建立在准确、科学的基础上，所选指标的集合应该能够反映各地农村物流网络发展在全面、协调、可持续三个方面的真实水平。指标概念必须明确，并且有一定的科学内涵，能够真实地度量和反映物流网络的结构和功能。

原则3　全面性原则。区域农村物流发展受多方面因素的影响，其衡量指标更是多种多样，因而为实现对物流网络发展水平的综合评价，应尽量从多角度选取指标，考虑到问题的各个方面。

原则4　无重复性原则。描述农村物流网络发展状况的指标往往存在指标间信息的重叠，虽然要求从多角度选取指标，但如果把类似的指标选取，会给以后的计算和分析带来不必要的麻烦。因此在选取指标时，应尽可能选择具有相对独立性的指标，从而增加评价的准确性与科学性。为了能够全面地反映各市的经济发展水平，从衡量农村物流网络的物流主体、物流客体、物流中介、物流距离等4个方面共15项指标出发建立相应的统计指标体系，显然这15项指标之间具有重复的信息。事实上对15项指标进行的主成分分析就是对指标进行降维、实现指标间的无重复性原则。

原则5　可操作性原则。指标体系应广泛适用于不同区域，指标应具有可测性和可比性、应易于收集整理、与现行统计方法相衔接、适用于经常性动态监测、计算方法应简单易行，指标体系应简单明了，指标不宜太多且换算较为容易。

2.指标的选取

农村物流网络发展受各方面因素的影响。物流网络的发展主要是受供求因素的影响。因此选取农村物流的客体包括粮食、生鲜产品、农资等产品的量，选取了农户、合作社、农家店等物流需求主体，选取区域面积、城市化率等距离指标，选取了电商、公路等中介指标。共 4 个方面 15 项指标出发建立相应的统计指标体系，其中前三个方面反映的是当前状态，后两个方面可以预示发展趋势，接着以 31 个省级区域为样本，对各地农村物流网络进行分析，指标体系如表 7 - 1 所示：

表 7 - 1　　　　　　　　　　农村物流网络影响指标体系

指标体系	物流需求主体	农村总人口	X1
		行政村个数	X2
		农家店数量	X3
		农民合作社数量	X4
		第一产业法人数	X5
		亿元以上批发市场数	X6
	物流需求距离	区域面积	X7
		城镇化率	X8
	物流需求中介	乡村公路	X9
		移动电话	X10
		互联网普及率	X11
	物流需求客体	乡村社会消费品总额	X12
		粮食总产量	X13
		蔬菜水果等农副产品	X14
		农资总量	X15

3. 各个指标的概念及其经济意义

（1）农村总人口（X1）。对于近 6.2 亿的农村人口所组成的 2.5 亿个家庭来说，任何商品的普及率只要提高 1 个百分点，就会增加 200 万台以上的需求量。据测算，我国农村居民每实现 1000 亿元最终消费，将对整个国民经济产生 2356 亿元的消费需求，从而扩大工业部门的中间投入 1253 亿元，农业部门 620 亿元，

— 113 —

✿ 七、互联网＋农村物流网络的顶层设计

第三产业 478 亿元。另据有关专家测算，农村人口每增长 1 元的消费支出，将对整个国民经济带来 2 元的消费需求。因此，提高农民消费能力，释放农民消费潜力，意义十分重大。目前农村先进的现代物流理念尚未普及，农村物流暂未在农村引起足够的重视，农村物流意识的淡薄必将严重制约农村物流的发展。

（2）行政村数（X2）。由于地理位置以及农民知识水平的限制，农村物流相对于发展良好的城市物流体系来说较为滞后。在高程度的城乡物流衔接体系中，城市物流可以利用自身优势向农村地区进行辐射，带动郊区、农村物流的发展。

（3）农家店数（X3）。以连锁经营、网络零售和物流配送为主要内容的现代流通方式发展进程明显加快，成为改变农村市场格局的决定力量。据估计，全国形成了 73 万家农家店，4447 家配送中心，822 个乡镇商贸中心；农家店覆盖全国 97% 的乡镇和 82% 的行政村，配送比率达到 63.4%。高效、快捷的农村物流组织模式可以将城乡物流系统有机的衔接，减少中间环节，降低物流成本，提高工作效率，加快对外界的反应速度，更好地推进城镇化经济的发展。

（4）农民专业合作社数（X4）。截至 2014 年底，纳入统计调查的农民专业合作社总数达 113.8 万个，比 2013 年底增加 25.4 万个，增长 28.7%。其中，被农业部门认定为示范社的 10.7 万个，占合作社总数的 9.4%。山东、河南、河北、山西、江苏、安徽、吉林、内蒙古 8 省区合作社数占合作社总数的 51.5%。农民专业合作社实有成员达 5593 万个（户），比 2013 年底增长 17.1%，平均每个合作社实有 50 个成员，其中普通农户成员占 87.9%，专业大户及家庭农场成员占 3.2%；通过合作社带动非入社成员 6542 万户，比 2013 年底增长 6.7%，平均每个合作社带动 58 户。统计显示，农民专业合作社为成员提供的经营服务总值为 10110 亿元，其中，统一销售农产品总值达 7529 亿元，比 2013 年增长 11.9%，平均为每个成员销售农产品 1.3 万元；统一购买生产投入品总值达 2581 亿元，比 2013 年增长 7.3%，平均为每个成员购买生产投入品 0.5 万元。农村物流流通渠道不健全、政策支持体系不完善等相关因素的影响导致农村"买难卖难"矛盾突出，遏制了农村消费的发展，不利于提高农民的生活水平。

（5）第一产业法人数（X5）。第一产业法人数是指从事农业的相关企业数。第一产业法人数是农村物流的主要需求者和供给者，因此第一产业法人数也是农

— 114 —

村物流的重要影响因素。

（6）亿元以上批发市场数（X6）。农村地区由于经济落后、地域广、交通通讯条件差，普遍物流设施落后。批发市场是农村商品流通体系的主体部分，也是农村物流网络重要影响因素。

（7）区域面积（X7）。区域面积是农村物流网络的重要客观影响因素，在道路建设、园区选址等有重要影响。

（8）城镇化率（X8）。2015年，我国城镇化率达到56.1%，城镇常住人口达到了7.7亿，但农业转移人口市民化进展比较缓慢，户籍人口城镇化率还比较低。城镇化率对农村物流网络建设有重要影响（表7-2）。

表7-2　　　　　　　　　　　　城镇化率

时间	城镇人口（万人）	乡村人口（万人）	城镇化率
2015 年	77116	60346	56.1%
2014 年	74916	61866	54.77%
2013 年	73111	62961	53.73%
2012 年	71182	64222	52.57%
2011 年	69079	65656	51.27%
2010 年	66978	67113	49.95%
2009 年	64512	68938	48.34%
2008 年	62403	70399	46.99%
2007 年	60633	71496	45.89%
2006 年	58288	73160	44.34%
2005 年	56212	74544	42.99%
2004 年	54283	75705	41.76%
2003 年	52376	76851	40.53%
2002 年	50212	78241	39.09%
2001 年	48064	79563	37.66%
2000 年	45906	80837	36.22%

✻七、互联网＋农村物流网络的顶层设计

（9）乡村公路（X9）。到2015年，公路总里程达到450万公里，国家高速公路网基本建成，高速公路总里程达到10.8万公里，覆盖90%以上的20万以上城镇人口城市，二级及以上公路里程达到65万公里，国、省道总体技术状况达到良等水平，农村公路总里程达到390万公里。

（10）移动电话（X10）。据《第37次中国互联网络发展状况统计报告》显示，截至2015年12月，中国网民规模达6.88亿，其中农村网民占比28.4%，规模达1.95亿，这意味着每3名农村居民中就有一个网民。而根据相关调查显示，64.2%的农村网民是通过手机购物，使用电脑购物的只有32.9%。可以说，手机不但是农村网民最主要的网购终端，也是他们最主要的上网终端。移动互联网的爆发，让农村居民跳过PC，直接成为移动终端的用户。可见，今天的农村已非当日的农村。它不仅是电商行业的"沃土"，也是移动互联网的"沃土"。农村电商与移动互联网携手进军农村市场，势必掀起巨浪。

（11）互联网普及率（X11）。中国互联网网络信息中心发布了《第36次互联网发展状况统计报告》（以下简称《报告》）。报告指出，截至2015年6月，我国网民中农村网民占比为27.9%，规模达1.86亿，相比2014年底增加了800万。城镇地区与农村地区的互联网普及率分别为64.2%、30.1%，相差34.1个百分点。在人口结构方面，10－40岁人群中，农村地区的互联网普及率比城镇地区低15－27个百分点，这部分人群互联网普及的难度相对较低，将来可转化的空间较大。

（12）乡村社会消费品总额（X12）。社会消费品零售总额（Total Retail Sales of Consumer Goods）批发和零售业、住宿和餐饮业以及其他行业直接售给城乡居民和社会集团的消费品零售额。其中，对居民的消费品零售额，是指售予城乡居民用于生活消费的商品金额；对社会集团的消费品零售额，是指售给机关、社会团体、部队、学校、企事业单位、居委会或村委会等，公款购买的用作非生产、非经营使用与公共消费的商品金额。

（13）粮食总产量（X13）。粮食物流是指粮食从生产布局到收购、储存、运输、加工到销售整个过程中的商品实体运动，以及在流通环节的一切增值活动。它包含了粮食运输、仓储、装卸、包装、配送和信息应用的一条完整的环节链。

（14）蔬菜水果等农副产品（X14）。生鲜农产品一般是指未经深度加工的初级农产品，包括蔬菜、水果、肉类、水产等。它是关乎民生的重要农产品，特别是随着我国居民收入水平提高，生鲜农产品在日常消费中所占比重在增加，并且消费者对生鲜农产品的品质要求也越来越高。生鲜农产品物流贯穿于生鲜农产品从田间到市场的流动过程中，连接生产与消费，它将农产品生产、采购、运输、仓储、装卸搬运以及包装等活动有机结合起来，旨在提高农产品的附加值，降低物流总成本，提高消费者满意度。

（15）农资总量（X15）。农资物流是保证农业生产顺利进行，保障农村经济发展供给和补充农业生产所需生产资料的物流形态。其流向主要是从城镇向乡村流动。农资物流是农业生产和加工农产品的前提条件，也是广大农民生产、生活的物资保证。没有农资物流，农业生产就会停止。由于它是将工业产品向广大农村输送，属于工业和农业两大物资生产部门之间的物质流动范畴。而且农资物流又处在社会再生产过程中，所以它又是国民经济物流即社会大物流的重要组成部分。因此它具有社会大物流的一切性质和特点。农资物流环节的多少，主要取决于农用物资的供销形式和供销环节。供应环节多、运销距离远，物流环节可能会增多，否则就会减少。物流环节过多，就会延长物流时间，造成物流损耗，增加物流费用，提高物流成本，降低物流效益。

七、互联网＋农村物流网络的顶层设计

表 7 - 3　　　　　　　　指标体系的描述性统计分析

	极小值	极大值	均值	标准差	方差	偏度		峰度	
	统计量	统计量	统计量	统计量	统计量	统计量	标准误	统计量	标准误
农村总人口	139.1946	8610.8613	2816.129300	2.0995585E3	4408145.771	.770	.421	.394	.821
行政村个数	.1605	7.3957	1.888655	1.7217190	2.964	1.545	.421	2.315	.821
农家店数量	.1174	8.6000	2.234435	1.8421560	3.394	1.578	.421	3.517	.821
农民合作社数量	.2160	13.0000	3.386013	3.0761018	9.462	1.670	.421	3.250	.821

— 118 —

续表

第一产业法人数	.0586	6.1120	2.495587	1.5686318	2.461	.665	.421	.009	.821
亿元以上批发市场数	.0000	766.0000	162.032258	178.4723104	31852.366	2.073	.421	4.222	.821
区域面积	6340.5000	1.6600E6	2.970773E5	3.8911476E5	1.514E11	2.389	.421	5.366	.821
城镇化率	16.4000	90.3200	40.070000	17.4794184	305.530	1.339	.421	2.136	.821

续表

乡村公路	1.2945	31.0000	14.397048	7.7351985	59.833	−.010	.421	−.491	.821
移动电话	291.8000	14943.3700	4155.687377	2.9787595E3	8873008.398	1.713	.421	4.584	.821
互联网普及率	25.8100	100.0000	56.516129	25.2313536	636.621	.740	.421	−.888	.821
乡村社会消费品总额	60.3000	5011.6100	1207.636206	1.2436597E3	1546689.424	1.512	.421	1.802	.821

续表

粮食总产量	63.9400	6242.2000	1957.395806	1.6593295E3	2753374.387	.960	.421	.459	.821
蔬菜水果等农副产品	130.8700	62855.7000	5500.547419	1.1113495E4	1.235E8	4.889	.421	25.595	.821
农资总量	5.3400	705.7500	193.417097	153.3868197	23527.516	1.257	.421	2.800	.821

✱七、互联网 + 农村物流网络的顶层设计

（二）农村物流网络影响因素的 pearson 相关系数

1. pearson 相关分析

相关分析是研究现象之间是否存在某种依存关系，也就是变量之间的相关性密切程度。研究两个变量间线性关系的程度通常用相关系数数 r 来描述。r 的计算方法有很多种，本章仅使用 pearson 相关系数。Pearson 相关系数是用来衡量两个变量是否在一条线上面，也就是用来衡量定距变量间的线性关系。Pearson 相关系数计算公式为：

$$r = \frac{\sum (x - \bar{x})(y - \bar{y})}{\sqrt{\sum (x - \bar{x})^2} \cdot \sqrt{\sum (y - \bar{y})^2}}$$

一般的假如两个变量的相关系数 r 满足 |r| > 0.95，则可以说明这两个变量存在显著性相关；假如 r 满足 |r| ≥ 0.8 则可以说明这两个变量存在高度相关；假如 r 满足 |0.5 ≤ |r| < 0.8 则可以说明这两个变量存在中度相关；假如 r 满足 0.3 ≤ |r| < 0.5 则可以说明这两个变量存在低度相关；假如 r 满足 |r| < 0.3. 则可以说明这两个变量不相关。

2. 相关分析结果

根据相关分析的结果，选择的 15 个影响物流网络的因素之间绝大部分高度相关，可以进行聚类分析。

3. 主成分因子分析

另外，根据主成分分析结果 15 个指标也能解释农村物流网络建设的 76%，因此，可以进行聚类分析（见表 7 - 4）。

— 122 —

表 7 - 4 　　　　　　　　　　　　　　解释的总方差

成分	初始特征值			提取平方和载入		
	合计	方差的 %	累积 %	合计	方差的 %	累积 %
1	7.781	51.871	51.871	7.781	51.871	51.871
2	2.536	16.907	68.778	2.536	16.907	68.778
3	1.104	7.361	76.139	1.104	7.361	76.139
4	.866	5.772	81.910			
5	.610	4.065	85.975			
6	.599	3.996	89.971			
7	.479	3.193	93.163			
8	.291	1.938	95.101			
9	.221	1.474	96.575			
10	.167	1.111	97.686			
11	.153	1.020	98.706			
12	.080	.535	99.242			
13	.061	.409	99.650			
14	.035	.230	99.881			
15	.018	.119	100.000			

提取方法:主成分分析。

(三)农村物流网络的聚类分析

1. 数据的选择

本文中所用到的数据来自《2015 中国统计年鉴》中主要数据,也参考了国家统计局统计公报和各地统计公报的数据。

2. 聚类方法的选择

本文对所选择的数据采用不同的系统聚类法,以距离为聚类的标准。数据处

✱七、互联网+农村物流网络的顶层设计

理的时候采用了不同的距离，以及不同的聚类方法，从各个不同的角度对各地的农村物流网络情况进行了分析！能较准确地反映全国各地的农村物流网络发展情况。

3.聚类分析的结果

运用 SPSS 软件并采用组内连接聚类方法，对各地的农村物流网络情况进行划分，可得如下聚类分析（见表7-5）：

表7-5   初始聚类中心

	聚类				
	1	2	3	4	5
农村总人口数	.6766	.0494	1.1644	3.0577	.4768
行政村个数	.4771	.0850	1.4824	2.4853	.4723
农家店数量	.4033	.0718	1.1527	2.2544	.3955
农民合作社数量	.0638	.0943	1.3978	3.4820	.3565
亿元以上市场数	.5184	.9751	4.7275	1.0121	.5493
乡村公路里程	1.1271	.0899	.8083	1.7355	1.2188
移动电话数	.8321	.7923	1.7737	1.8560	.5000
互联网普及率	.5754	1.7694	1.3837	.9357	1.3773
乡村社会消费品总额	.7175	3.0100	2.4032	2.0717	.1786
粮食总产量	3.1890	.0577	.3869	2.9490	.7105
农副产品总产量	.3866	.1018	.5815	2.0759	.5041
化肥总量	1.3025	.0525	.4634	3.6489	1.2252
城镇化率	1.2266	2.2541	.8116	.5600	1.0527
一产法人数	.7106	.2533	2.3072	1.3814	.4434
区域面积	.1592	.0213	.3427	.5621	5.5878

表 7 - 6　　　　　　　　　　　　迭代历史记录 a

迭代	聚类中心内的更改				
	1	2	3	4	5
1	2.608	2.501	2.127	2.301	1.874
2	.000	.000	.000	.000	.000

a. 由于聚类中心内没有改动或改动较小而达到收敛。任何中心的最大绝对坐标更改为 .000。当前迭代为 2。初始中心间的最小距离为 4.621。

表 7 - 7　　　　　　　　　　　　聚类成员

案例号	地区	聚类	距离
1	北京	2	1.049
2	天津	2	.657
3	河北	4	2.017
4	山西	1	2.046
5	内蒙古	5	1.836
6	辽宁	1	1.231
7	吉林	1	1.492
8	黑龙江	1	2.608
9	上海	2	2.501
10	江苏	3	1.465
11	浙江	3	2.127
12	安徽	1	1.554
13	福建	1	1.452
14	江西	1	.636
15	山东	4	3.603
16	河南	4	2.301
17	湖北	1	1.918

续表

18	湖南	1	2.586
19	广东	3	2.042
20	广西	1	1.110
21	海南	2	1.274
22	重庆	1	1.742
23	四川	4	2.868
24	贵州	1	1.179
25	云南	1	1.121
26	西藏	5	1.363
27	陕西	1	1.081
28	甘肃	1	1.504
29	青海	5	1.956
30	宁夏	2	1.014
31	新疆	5	1.874

(四)农村物流网络的聚类区域分析

我国县及县以下农村地区区域广阔,人口众多,社会结构复杂,消费差异较大,因此农村物流网络体系也不可能一个渠道,一刀切,一个模式。经过调研,可以得出两个基本结论:一是在我国农村地区不可能出现像美国沃尔玛一样的一家全国性连锁企业占主导的农村商品流通体系建设模式,而可能是在全国性大企业引领下,以某一个省、地区和市县为主的"在地化"农村市场建设模式;二是中国不同区域、不同地区的市场建设模式也存在较大的差异。

鉴于此,我们提出农村物流网络市场建设的"1+5模式",就是在一些全国性的大型龙头企业(合作社)的管理模式、先进技术、规模经济引导下,各个区域的企业(合作社)成为经营实体,促进当地农村市场的发展和繁荣。

根据地理位置、农村区域面积、农村县、镇、乡和村庄数量、农村人口总数、农民人均收入、农产品总产值、农产品进出差额、批发市场分布情况等将农村地区分大城市农村、工业化高度发达地区农村、农业区域广阔农村和人口密集的农村区域。

当然,即便同在东部,不同地方差别也很大。同是在中部地区河南既有平原,也有山区,差别也很大,所以一个模式解决不了所有的问题,只是提供一个参考的样本,各地还要依据实际情况进行创造性发挥[1]。

一是以北、上、津为代表的大城市农村区域。这些地方城市化率高、城市人口多,市场经济最为发达,消费能力也很强,一些地方已经形成了一些大型的农村连锁龙头企业或者是大型企业已经将网络延伸至农村地区,而且国内外资本比较重视这些地区的兼并收购。其主要特点是:1. 高档次。由于大城市农村区域农民收入水平和消费档次较高,应对高层次的需求,农村商品流通体系首先表现在高档次上面,从产品的种类、质量,到产品所使用的包装,再到整个消费环境的店面布置,以及配备的销售人员的素质,都处于较高的层次。2. 一体化。2015 年底,北京、上海等城市化率已达到 80%,在农村市场物流网络体系完善的过程中,城乡连锁一体化,无论是商品的种类、质量,还是商品的价格都基本实现了城乡趋同。3. 生态化。大城市农村区域在全国范围内最先流行绿色食品、有机食品,提倡在保护、改善农业生态环境的前提下,遵循生态学规律,建立较高的经济效益、生态效益和社会效益的现代化农业,追求生产和消费的自然化、低碳化。4. 国际化。在大城市农村区域农村物流网络体系的建设过程中,借鉴国外的先进经验,例如日本连锁超市 seven - eleven,学习其先进的连锁便利店管理模式。另外,大城市农村区域集中了许多外国消费者,这些外国消费者在我国消费的同时也把先进的理念带给中国。

---

〔1〕 在调研和座谈会中很多专家和领导也提出这个问题,本课题在此强调这些模式仅仅是参考样本,并不是要求各地一刀切的执行。

✱七、互联网＋农村物流网络的顶层设计

因此，大城市农村区域应主要参考**城乡一体化现代物流网络体系建设模式**。日用消费品以省地连锁龙头企业为主，开展连锁经营，发展直营店，有些地区可选择发展小型商贸综合体。农资和农产品则以一体化龙头企业为主体，支持全产业链发展，实现农资、农产品、食品一体化发展。作为农产品主要销地可以选择直接在产地联合建设产地批发市场，实现产地批发市场与社区连锁的对接。

二是工业化高度发达的浙江、广东区域。广东、浙江经济保持着全国31个省（区、市）中较高的发展速度，多项经济指标雄居全国各省前列，对全国经济实力不断增强作出了重要贡献。作为工业高速发达区域，农业产业产值低，二三产业比重高，农民收入相对较高。在这些地区农村物流网络体系建设主要采取电商＋连锁超市的形式，以镇为农村物流网络建设的核心。

三是农村地域辽阔的农村区域包括东三省、湖南、湖北等，不同乡镇村之间的距离较远，耕地面积较大。1.大面积：农村地区地广人稀，耕地面积大。该地区拥有耕地面积3亿多亩，约占全国耕地面积的20%左右。人均耕地面积是全国平均水平的两倍左右。2.主产地：这些地区是我国重要的商品粮生产基地。无论是粮食的商品率，还是人均占有量和调出量，都位居全国前列。3.远距离：由于东北地区地广人稀，村与村、镇与镇之间距离较远，因此在一定程度上促进了较大型的农资企业的发展。同时，由于农村地域辽阔的农村区域农村各市场之间距离较远，造成的农产品在流通环节的成本较高。

因此，农村地域辽阔的农村区域农村现代物流网络体系建设应参考**直供直销模式**。日用消费品以大中型配送中心建设为重点，支持乡镇和村级农家店开展自愿连锁和特许连锁，发展统一配送和共同配送，农家店以农民自有自营为主，这样可以节省较大的物流和管理费用。农资以大型农资企业为重点，支持开展农资直接进农场、进合作社、进企业。东北地区是粮食和春夏菜的主要产地，而在秋、冬季鲜活农产品供应主要靠外调，应该加大批发市场的建设和改造升级力度，支持批发市场建设冷库等现代设施。

四是人口密集的农村区域，主要是河南、山东。消费水平相对较低；农业比较

— 128 —

发达，但经济相对落后。由于地理位置优越，交通比较发达，是大型企业的必争之地。**人口密集的农村区域模式主要是综合经营服务模式。**日用消费品以大型连锁企业为中心，形成覆盖区域发展的小型综合化经营服务的连锁超市。有些地区可选择发展小型商贸综合体。推进合作社发展，形成以合作社为主的农资商品流通体系，以大型农业产业化龙头企业为主体，形成辐射全国的农产品供应网络。一是推进大型农业产业化龙头企业建设，通过产地深加工和企业深加工，提升农产品的附加值和市场竞争力。二是立足区域发展，建设大型连锁超市；同时以集散地为中心，打造全国性的集散地批发市场。三是以大型铁路枢纽为纽带，全面打通覆盖全国的物流体系，推进区域农产品的全国流通；加强本区域的乡村小型连锁店建设，形成覆盖区域发展的农产品供应网点。

五是西部民族地区，地形复杂，物流成本高，消费能力较弱，而且外出务工人员较多，有一些民族地区，经济社会还不太发达，地区较广，人烟稀少。**西部地区农村商品流通体系建设应遵循"两条腿走路"的模式。**日用消费品以大型零售企业为主，建设加盟店，同时鼓励农村市场传统业态发展，促进其转型升级。形成以乡镇为主的连锁经营，加上标准化的流动销售车的商品流通体系。对于农资、农产品，政府应扶持大型农业龙头企业，做强做大具有地方特色的农资、农产品品牌。农产品则应该以在大城市的直销直供为主，可以较好地满足这些地区的发展要求。在政府政策指引下，依靠市场规律实现农村市场业态的自我淘汰升级。从而实现样板加多样、特色加大众、固定加流动的两条腿走路的特色模式。当然，也应当发展一批全国性的农村市场的龙头企业，包括一些连锁企业集团，一批全国性的农产品龙头企业集团，一批全国性的农资龙头企业集团。

八、电商背景下村级物流网络发展模式

（一）农村物流网络的最后一公里

村级物流是农村物流的末梢神经，本课题将利用扎根理论、产业融合理论等，提出村级物流平台的组织体系，整合各类村级主体，建立混合所有制的合作社村级物流平台，成为有效的村级物流网络的支撑平台。农村电商和现在成熟的城市电商还是有很多不同，最为核心的不同可能是来源于人口密度。同样是5%的消费基数，可能在城市里实现100单的消费量，一天只需要几个小的社区就能够实现（几个小得社区的住宿人口可以达到2000人，也有可能一个小区都能实现），而在农村这个是需要很大的消费区域的，一般一个行政村大概的人口基数都在2000左右。所以我们很明地的就能够看见这样的一个区位上的区别，这样的区别导致最为直接的情况就是物流。

当村级站点的建立为农村电商的发展起到了核心的作用，突然在散落的农村中找到了一个中心点。这个中心点能够把周围几里地的范围全部覆盖了。这里有人可能会说还是没有达到城市里面送到家，送到手里的效果。

农民平时购物，就是传统情况下需要购买一些生活日用的时候，他们都得乘车到镇上才能购买，这本来就和城市里面传统的购买在方便上就有很大的区别，城市的生活的一般日用在周边都能买到，所以快递送到家里，才能体现方便。

对于农村他们到站点买货，和他们去镇上买货，其实就已经有了很大的方便，所以这种方式对于农民百姓来说是很容易接受的。其次，我们计算快递的成本的时候，比如一个村，今天有十个包裹，那么我们送到这个村级站点，可能快递需要5块钱的成本（从县到村，这里是指这条线路上所有村级站点均摊过后），那么平均每个包裹是五毛钱的成本。但是如果送到每家手里，对于传统分散居住的农户来说，可能就要3到5块了，这样如果事情要做起来，快递的成本还是只能农户自己来承担。对于很多农户，平时不太农忙的时候，本来时间成本就很低。他们是愿意花时间，自己去取，不愿意把成本加上去的。

因此站点这种模式很有农村的特点，对于物流能够很好的解决县上到村上的问题。通过分析发现，就是电商市场在农村的不断扩大，其实村级站点都已经是可以成为电商发展的终极模式。

根据上面的说法，站点是农村电商物流的终极物流，那么我们需要怎么来构建从县到村级站点的构架。这里的模式是我们搭建物流线路，通过几个或者更多在物流线路上有重复的村、乡、镇级站点，形成一条线路，共同来利用这个配送资源。同时分摊物流成本。

还有一种模式就是整合县域所以的快递和物流，负责他们到镇、乡、村的业务。把他们的业务和农村电商的业务结合起来，这样增加包裹数量，也是合理的操作模式。同时快递的业务范围也更加延深，对于快递的服务本来就是好事。我觉得就像阿里做的菜鸟也是想整合这样的快递资源，然后降低成本。这样的两种方式是可以很好降低快递成本，同时这样的快递很好管理。还有一种方式通过某些信息的发布，然后很多顺路的车可以代送到站点，这样也能够解决配送的成本问题，这样的方式很不好管理，容易出问题。

（二）农村物流综合平台——村级物流服务站

目前农村的物流网点建设末端一般仅仅限于县区，真正的规范化村镇物流网点较少，大部分快递还是需要村民自取，送货上门、上门取货依然无法全面覆盖。村物流服务站是与物流园区相连接的物流末端，集农村生活用品配送、农资配送、

✿八、电商背景下村级物流网络发展模式

农产品收购、信息发布、信息查询、快递收发等功能，为农民提供一站式综合物流服务，解决他们买难和卖难问题。建设以物流园区（配送中心）为节点，以村级物流服务站为终端的现代农村物流服务体系关键是龙头企业，重点是园区，枢纽是村级物流站，目标是形成规模经济的农村物流服务网络。根据当前物流业发展趋势结合当地物流业需求，线上交易加线下物流配送为核心，整合厂家、物流企业、电商为目标客户群，建立物流信息交流平台、电子商务平台，提供货物流通全程服务。全力组建农村物流专用车队，全力组建农村物流综合信息平台网络，规范农村物流经纪人和农产品运输车辆，全方位建立县城综合物流中心、乡镇农村物流配送站、行政村和集市物流信息点等，建立村镇级物流网点（站），促进区域内商品与外部商品的大流通，带动地方经济发展。有利于推进农业现代化进程，在较大行政村、供销超市、农资超市、农村集市等设物流网点作为农村物流的基层末梢，运用现代物流管理的先进理念和模式，将加工、整理、仓储、运输、装卸、配送、信息处理等有机结合，实现从起点到终点整个农村物流领域相关信息有效联动，提供立体化、一体化、多功能的综合性农村物流公共服务。带动地方经济增长，实现农民增收的目的。

村级物流服务站模式也可以使企业形成一种强劲稳健的扩张模式。由于企业与专业合作社为利益共同体，因此企业通过不断设立村级物流站，可以不断扩大农村农业流通市场份额；生产合作社又可以保证其市场份额不会流失。形成企业市场份额不断扩大，企业收益不断提高，生产合作社收益也随之提高的扩张态势。

村级物流服务站可以极大推动农业信息化。物流企业通过大数据、互联网平台可以及时把握国内外市场信息，通过生产订单引导专业合作社的生产，通过电子商务以及仓储配送等体系进行采购配送等，提升农业信息化的水平。

村级物流服务站可以促进农业的合作化、集约化，促进农业现代化。由于村级物流站主要对接的是专业生产合作社，而专业生产社的生产组织程度高、信息化程度高、盈利高、生产自发性与盲目性少、产前与产后服务好等，会形成巨大的

示范效应，间接推动国家正在进行的以土地入股成立专业合作社、发展集体经济的试点工作，从而引导农业的合作化、生产的集约化，推进中国的农业现代化。

通过农村物流服务站、农村物流配送中心建设形成方便快捷安全的农村配送体系，方便农民购买，拉动农村消费。同时，建立城市和农村双向流通体系，增加供给，改善需求。可以为很多企业建立电商和农村的桥梁，解决最后一公里问题。形成农村电商可持续生态体系。

（三）村级物流服务站的组织模式

公司＋园区＋村级物流服务站的农村现代物流整合发展模式可能创造出一种现代农业流通经济模式。通过设立村级物流服务站，探索实行混合所有制形式的农村流通经济组织形式。即探索物流企业参股农民专业合作社或农民专业合作社自愿农副产品物流经济项目（如以土地、房子入股物流站，仓储，运输车辆入股运输配送项目等），形成混合所有制，使企业与专业合作社成为利益共享、风险共担的共同体，建立企业与农民专业合作社持久、稳定的合作体制机制，克服目前普遍存在的因市场波动带来的"企业失信"或"农民失信"问题和企业与合作社的外部合作模式带来的不稳定、不持久的问题。村级物流服务站建设首先需要对接大企业和县级物流配送中心，整合农村各类资源，连接农民这个最终用户。

1. 公司＋园区＋村委会＋农户

中国约有 68 万个行政村，村委会是农村的自治单位，也是村集体的委托人。建设村级物流服务站首先要争取村委会的支持和加盟。通过龙头企业的带动，充分发挥物流园区的配送中心作用，村委会提供土地建设村级物流服务站，吸引农户加入。调研中，村委会在发挥政治功能的同时，往往也是村域当中地理位置最优的区域，成为物流服务站的最佳所在地。

2. 公司＋园区＋乡村超市＋农户

乡村超市是目前农村零售的主导力量。据估计全国约有 70 多万家农村超市，他们往往是农村购物、娱乐等主要聚集地。通过物流园区的配送功能可以为乡村

— 133 —

超市提供物品配送,乡村超市则充分发挥其在商品展示、地理位置、村俗习惯等方面的先发优势,提供场地设施、人员等参股要素,吸引附近农户或者经常在乡村超市购买物品的农户加入。京东、阿里进军农村电商市场的第一批加盟对象就是乡村超市。

3. 公司 + 园区 + 专业大户 + 农户

专业大户是农业生产的主力军。在农资需求等方面具有显著特点,要充分利用专业大户在技术、人才等方面的优势,通过专业大户带动农户参与村级物流服务站,专业大户可以参与建设、参与管理,也可以将专业化生产的产品通过村级物流服务站和物流园区向外进行销售和配送。

4. 公司 + 园区 + 供销合作社 + 农户

供销合作社基层社是计划经济时代农村重要的零售网点,改革开放以来,虽然网断、点破、人散,但在很多农村地区还发挥着重要作用,充分利用供销合作社的传统优势,吸收供销合作社通过土地、房屋设施等入股,改造传统的基层社成为现代村级物流服务站。

5. 公司 + 园区 + 农民专业合作社 + 农户

截至 2015 年 10 月底,全国农民合作社数量达 147.9 万家,入社农户 9997 万户,各级示范社超过 13.5 万家。农民专业合作社在农村具有旺盛的生命力和强大的号召力,村级物流服务站建设要充分发挥农民专业合作社的作用,可以采取土地、设施、订单等多种合作方式,通过合作社带动农户加入村级物流服务站。

6. 公司 + 园区 + 家庭农场 + 农户

2013 年中央 1 号文件提出支持家庭农场发展的政策以来,家庭农场发展迅速。村级物流服务站可以利用家庭农场在农资需求、生活建设需要、农产品销售等方面的需求,将家庭农场作为村级物流站的重要合作对象,通过车辆、人员、设施等方面的合作,建设村级物流服务站。

7. 公司 + 园区 + 社区服务中心 + 农户

村级社区服务中心是在乡村兴办的,向农民提供综合化、系列化、社会化服务的新型为农服务组织。它集农村消费购物、农业生产资料供应、农产品购销、科技服务、信息交流、文体娱乐、健身医疗、宣传教育等功能于一体，通过向农民提供综合化、社区式服务，满足农民的物资文化生活需求，提高农民的生产、生活水平。据供销合作社全国统计报告显示，农村地区约有38万个，可以发挥社区综合服务中心在人气、地理位置等方面的优势，将村级物流服务站和社区综合服务中心结合起来，带动农户的参与。

8.公司+园区+经纪人+农户

农产品经纪人是活跃在农村地区重要的市场主体，在农产品收购、储运、销售以及销售代理、信息传递、服务等方面具有明显的优势。村级物流服务站可以充分发挥农村经纪人的作用，吸收他们通过仓储设施、运输车辆等方式入股农村物流服务站。一方面发挥经纪人在农村地区的优势，一方面可以通过园区和龙头企业带动农村经纪人走向城市，甚至是走向世界。

村级物流服务站主要采取混合所有制模式，也可以组建农民专业合作社。股份的来源可以多元化，股份的形式也可以多元化，可以是出资，也可以是土地和设施。公司可以控股一些示范性质的、重要的村级物流服务站。村级服务站的入股模式可以多元化：一是货币入股。合作对象可以通过货币直接投资。二是土地入股。合作对象通过土地入股，提供建设用地，主要用来建设物流设施。可以是耕地入股，主要是提供特色的农产品。三是房屋设施入股。有很多合作社、农户、村委会也有房屋设施，可以用来入股。四是车辆入股。很多经纪人、家庭农场拥有运输车辆，可以采取车辆入股，共同合作。

（四）村级物流服务站的业务模式

1.农村生活用品配送到家。农村生活用品范围广，种类多。既有柴米油盐酱醋茶、洗衣粉、洗衣液、香皂、肥皂等日常用品，也有蔬菜、鲜肉等生鲜产品，还有洗衣机、电冰箱、空调等大件生活用品，还有水泥、钢材等五金建材用品等等。随着电商的迅速发展，越来越多的生活用品将会通过网络购买，这就需要解决农村

✱八、电商背景下村级物流网络发展模式

生活用品配送到家的问题，这也恰恰是村级物流服务站的一个重要业务内容。

2. 农产品收购到园区加工再配送。农产品特别是生鲜产品和土特产品对于仓储、配送等环节要求更高，农村物流服务站可以通过购置预冷、包装等设备实现农产品的初次加工，可以大大延长销售的期限，也减少农产品的浪费。村级物流服务站可以采取先收购再销售赚取小部分差价，也可以和农户合作，等最后农产品实现销售后获取分成。农产品经过初次加工后，通过园区的配送中心销往全国各地。

3. 农业生产资料配送到田头。农资通常包括肥料(化肥、有机肥)、农药、农膜、种子、饲料、兽药、农机具及配件等大类。农村对于生产资料的需求量大，根据调研，在河南平原地区每亩耕地的用肥量在 75 公斤左右，再加上农药、塑料薄膜等产品。农资的配送的量比较大，特别是在大量劳动力外出务工的情况下，需要将农资配送到田间地头。村级物流站可以充分发挥上下联通的作用，将农资配送到农户的地头。

4. 农村电商户的物流配送。伴随着互联网基础设施在农户的普及，越来越多的农户开始在网上从事交易和服务，在网络上销售产品。这些商户最需要的就是将商品及时配送到消费者手中。村级物流服务站可以上门为这些商户提供服务，然后通过园区配送到全国各地。村级物流服务站通过提供物流配送服务收取一定的费用。

5. 企业新产品的展示宣传。农村地区人口众多，具有巨大的消费潜力。在商品普遍过剩的情况下，农村地区成为各个企业竞相争取开发的潜力市场。村级物流服务站可以为厂家产品的展示宣传提供平台，可以通过配送人员对产品进行推广。可以向厂家收取宣传推广的费用，还可以通过代理获取销售收入。

6. 开展家电维修、农机具维修及零部件销售等活动，既可以促进家电、农机等产品的销售，也可以增加为农服务的内容。

7. 各类物流信息服务。将收集到的有关本区域内农产品的市场信息、农资信息、天气预报、各类展会信息、农业相关法律信息、农产品新品种新技术信息、农产

— 136 —

品物流信息等向农民群众发布、传播的行为。信息服务主要采取免费的方式提供。

（五）村级物流服务站的盈利模式

公司＋园区＋村级物流服务站的合作组织模式及混合所有制可以形成企业和合作社、家庭农场等稳定、持久的共同盈利模式。即物流企业和物流园区依托村级物流服务站通过合同收购农副产品、为农户配送生产生活用品获得收入。提供物流配送盈利，以及从合作社的合作经营利润中获益。村级物流服务站解决了农副产品和生产资料买卖的"最后一公里物流缺失"的问题，农村相关利益主体得到了及时的优质的产前与产后服务。村级服务站的主要收入模式来自以下五个方面：一是农村生活用品配送收入。主要收费来源是销售企业，通过为家电、烟酒、服装等企业配送产品到农户家门口，收取配送费用。二是农产品收购到园区的分成收入。按照为加工企业收购的量提成收入。三是配送农业生产资料的收入。主要来源是农资经销商和农资企业。四是农村电商户的配送收入。主要是为农村从事电商的用户提供对外的配送物流服务，收费来源是电商经营户。为农户提供配送收入取决于电商经营户的数量和产业的规模，如果达到淘宝村的规模的话，仅此一项收入也不在少数。五是企业新产品的展示宣传收入。主要收费对象是进行广告宣传的企业。六是对于信息服务主要采取免费的形式。可以通过信息服务聚集人气，增加人流量。

村级服务站的收入分配模式根据组织模式的不同采取不一样的模式。主要包括：一是按照出资额分红。村级物流站的收益分配首先是按照出资额分红。二是按照交易额分红。为了激励更多的农户通过村级物流服务站进行配送服务，也要采取按照交易额分红。那个农户使用物流服务站的次数越多，得到的分红也就越多。

村物流服务站成立后，进行统一管理。一是可以统一品牌、统一标志标牌设计，统一配送车辆，统一对外合作。制作统一的宣传册和信息名片，统一对外宣传，逐步打开市场。二是制作村级物流服务站建设的标准、运营的制度和组织架构，成为现代新农村一道亮丽的风景线。形成完善的农村物流网络体系。

（六）村级物流的自组织共享经济模式

共享经济概念最早由美国得克萨斯州立大学社会学教授马科斯·费尔逊和伊利诺伊大学社会学教授琼·斯潘思于1978年提出，指"社会资源"拥有者有偿与他人共享使用权，从而优化社会资源配置，提高资源利用效率，创造出更多价值的经济形态。随着互联网的快速发展，具有共享经济特征的创新模式 Uber 和国内"滴滴出行"成为国内外焦点，引发了"共享经济"创新热潮。目前，共享经济的资源共享主要有三种模式：一是交换共享模式，指资源所有者在不变更所有权基础上，通过临时交换使用权实现使用权转移；二是租赁模式，即在资源所有权不变情况下，通过有偿的临时出租实现使用权转移，如：托盘租赁、叉车租赁等。事实上，Uber 和滴滴出行，都属于租赁共享模式；三是资源共用模式，指多个资源使用者共同使用同一资源的共享模式，资源拥有者也可能属于资源共用者之一。这个模式是社会基础设施、商业基础设施等重要基础资源的共享创新发展方向。

共享经济会成为一个社会发展主流模式，传统企业突破互联网思维，打通线上与线下，盘活闲置资源是关键。一是过剩闲置的资源需要盘活与分享出去，中国目前供应过剩的经济为共享经济提供物质基础；二是互联网的发展让我们可以充分交换信息和需求，让剩余资源信息可以在社会之间进行传导与对接，实现剩余资源的共享。

其实，共享概念早就存在于我们的生活中，过去，朋友、邻里之间，互相借东西，其实就是共享的一种形式，不过当时的共享是受空间和信任关系限制的，必须是可以接触的空间和拥有双方的信息关系才可以进行共享的，这种共享模式是不完整的。

无论是什么时候的共享经济，都存在自身固有的本质特性：大的方面来讲是整合所有闲置资源，将所有权淡化为使用权，进行再次优化配置；小的方面是提高供需效率，实现了人们生活消费的低成本化。

— 138 —

✱互联网时代农村流通全产业链整合发展

村级物流服务站是农村物流的综合服务平台，也是农村电商可持续发展的关键。农村供给侧改革和产业融合都离开村级物流这个粘合剂。对于村级物流最关键的是整合现有资源，将物流服务站和村级经济的发展结合起来，融入农村的经济、文化生活之中，体现综合服务功能。村级物流服务站在建立之初就要明确组织模式和业务模式，采取混合所有制和综合业务模式，建立科学的盈利模式和合理的利益分配机制。确保农民在新型物流业务中获得实惠，确保参与物流配送服务的市场主体收益有提高。当然，对于大型物流企业和物流园区而言，则要充分发挥规模经济和范围经济的优势，实现微利经营，持续发展。

九、农村电商产业链可持续发展生态圈研究

(一)电子商务进农村的现状

电子商务是基于信息技术和互联网的现代流通方式。近年来,我国电子商务应用水平不断提高,市场规模快速扩大,经营创新层出不穷。据中国互联网研究中心数据,截至 2014 年 6 月,我国网民规模达 6.32 亿,半年共计新增网民 1442 万人。互联网普及率为 46.9%,较 2013 年底提升了 1.1 个百分点。其中,农村网民人数达 1.78 亿,占到总体的 28.2%。中国目前行政村数量为 58 万个,乡村人口为 6.3 亿,乡村消费品零售额 31952 亿元,增长 14.6%。正因为如此,2014年底,阿里巴巴、京东、苏宁等纷纷加快农村电商布局。电子商务可以突破农产品从小农户迈向大市场的瓶颈从而改善我国的农产品流通状况,促进农产品贸易,加快农业和农村经济结构的战略性调整,促进农村社会全面进步(李志刚,2007),可以提高农村居民的生活质量和扩大内需(高海霞,2011)。电子商务可以利用现代信息技术服务"三农",提高农业资源利用效率,从而促进农民就业与增收,使得农业生产符合市场化需求、农村社会全面进步,为"三农"问题的解决提供一种新的思路(李玲芳等,2013),电子商务可以提高农村市场中的便捷性,增强影响能力,进而提高竞争力(Shakil M. Rahman, Ahmad Tootoonchi and Michael L. Monahan,2011)。因此要发展农村电子商务,建立和完善农产品流通服务体系(蒋耀平,2010)。李玲芳等(2013)也发现我国农村电子商务发展仍然面

临着人才匮乏、基础建设薄弱、电子商务平台服务水平较低等问题。当前农产品电子商务物流发展水平还有较大的空间可以提升，而物流信息技术是提升过程中迫待解决的最关键问题(赵志田等，2014)。也有学者认为传统零售电子商务不适合在农村发展的基础上，提出了一种与零售实体相结合的县域范围电子商务模式，以最大限度地促进农村电子商务发展(刘雪芹等，2013)。Leslie Stoel, SoWon Jeong and Stan Ernst(2010)研究发现农村市场中乐观者、效率主义者和怀疑者对电子商务的态度和战略定位是不一样的。尽管对于农村电子商务的研究已经取得了一些成果，但更多的是定性研究，跟不上快速发展的电子商务实践。难以回答我国的农村电子商务到底有多大规模？究竟面临着什么样的问题？企业需要以什么样的体系来建设农村电子商务？我们综合了相关数据通过统计分析对以上问题进行了初步的回答，提出了电子商务进农村的政策建议。

电子商务是基于信息技术和互联网的现代流通方式。农村电商不仅仅在农产品领域，也会在日用消费品、服装、电器、农资购销等方面产生重要影响。从中央到地方政府都在推动农村电子商务的发展，伴随着电商竞争的加剧，各大企业将竞争的触角延伸到了农村。无论是电商企业还是传统企业也都想在农村电子商务中分一杯羹。我们从市场容量、市场主体、扶持政策等方面来全面整理电子商务进农村的现状。

1. 电子商务进农村的市场容量

近年来，我国电子商务应用水平不断提高，市场规模快速扩大，经营创新层出不穷，呈现出与实体经济深度融合的发展态势。2013 年，我国电子商务交易总额突破 10 万亿元，是 2010 年的 2 倍多。其中，网络零售额超过 1.85 万亿元，约占当年社会消费品零售总额的 7.8%，近五年平均增速高达 63.6%，是社会消费品零售总额增长率的 3 倍多，网络销售成为拉动内部需求、促进经济增长的新引擎、新动力。2014 年全国网上零售额 27898 亿元，比上年增长 49.7%(见图 9 - 1)，占社会消费品零售总额的比例达到 8%(见图 9 - 2)。其中，限额以上单位网上零售额 4400 亿元，增长 56.2%。2012 年我国乡村消费品零售额 27849 亿元，增长14.5%。农村市场的扩大对促进国民经济快速增长发挥了积极作用,但城乡差距依然较大。"万村千乡"市场工程、新网工程等一系列惠农项目的启动大大推动了我国农村消费的提升。2012年县及县以下社会消费品零售总额达到54420亿元,相比2005年增长了1.46倍,年均增长达到18.25%,农村消费品零售总额占社会消费品零售总额的比重提升至26.27%。阿里研究院发布《农村电子商务消费报告(2014)》显示,中国农村电商消费市场近年来持续扩大,预计全国农村网购市场规模2014年将达到1800亿元人民币。抽样调查中,农村居民对网购接受率达84.41%,人均年网购消费额在500~2000元人民币左右,主要集中在日用品、服装、家电等品类。以淘宝网购数据为例,其农村消费占比已从2012年第二季度的7.11%提升到了2014年第一季度的9.11%。从绝对额上根据我们的估算农村未来5年的电子商务销售额到2017年将突破2000亿元,2020年达到5000亿元,届时农村网络零售额将占到10%左右。这样的规模和比例将持续3-5年,到2025年左右农村网购市场会迎来快速发展[1]。

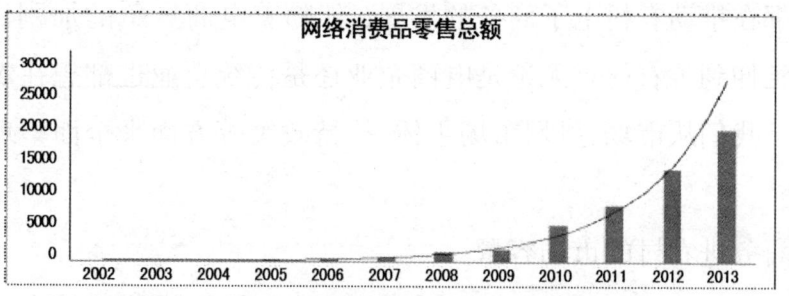

图9-1　网络消费品零售总额趋势图

数据来源:根据历年中国电子商务发展报告和有关报告整理而来

---

〔1〕　此数据依据网络购物占社会消费品总额的比重,农村人口结构等综合推算出农村电子商务市场的份额,根据阿里研究院发布《农村电子商务消费报告(2014)》显示,中国农村电商消费市场近年来持续扩大,预计全国农村网购市场规模2014年将达到1800亿元人民币。

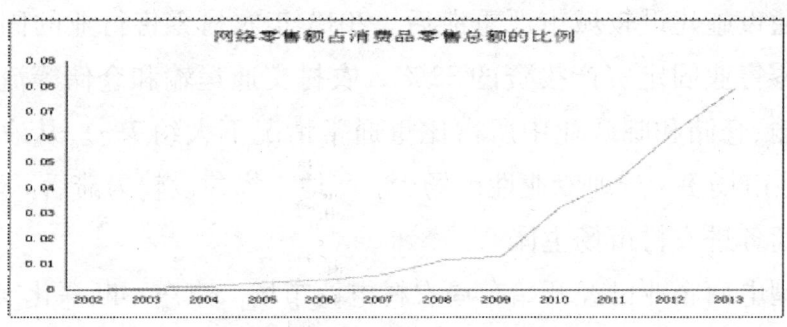

图9-2 网络消费品零售总额占社会消费品零售总额的比重

数据来源:根据历年中国电子商务发展报告和有关报告整理而来

2.电子商务进农村的基础设施

农村信息设施初具规模,但使用率相对较低。2013年农村地区农村居民家庭平均每百户计算机拥有量21.4台,每百户移动电话拥有量197.8部,宽带入网4075.9万户,我国大部分农村都实现了通电话、通网络,这为农村电子商务发展奠定了基础。但与城镇居民相比,农村居民的信息网络设施还存在不足,使用率也低于城镇。抽样调查中,农村居民对网购接受率达84.41%,但实际网购人数仅占网民的30%左右,人均年网购消费额在500-2000元人民币左右,主要集中在日用品、服装、家电等品类。

农村交通运输设施大幅改善,但质量仍待提升。2013年全国农村公路(含县道、乡道、村道)里程达378.48万公里,其中村道214.74万公里,全国通公路的乡(镇)占全国乡(镇)总数99.97%,其中通硬化路面的乡(镇)占全国乡(镇)总数97.81%;通公路的建制村占全国建制村总数99.70%,其中通硬化路面的建制村占全国建制村总数89.00%。但农村公路缺乏养护,使用年限较短,路面质量受到严重影响。全国50%以上的农村公路尚处于季节性养护、突击性养护甚至失养状态。农村公共交通工具缺乏,难以实现快捷到达,影响经济社会效益的发挥。农村交通运输设施落后还表现在运输工具不能满足现代农业发展的需要。我国农业专用运输工具极为缺乏、箱式冷藏车数量极少,蔬菜保鲜储藏比例不足20%(韩美贵等,2005,张喜才,2012)。与国外先进国家相比,我国目前使用的花卉专用运输车辆的运送条件落后10-20年。

❋九、农村电商产业链可持续发展生态圈研究

农村流通设施建设较城市严重滞后。2013 年农村零售行业的固定资产投资仅仅是城镇零售业固定资产投资的 32%。农村交通运输和仓储等流通设施在全社会交通运输、仓储和邮政业中所占比重通常情况下大约 7%。从农产品交易市场看，综合性市场多，产地专业性市场少，产地市场建设较为滞后。

3. 电子商务进农村市场主体

一些大型电商企业已经开始布局农村电商市场。京东不断深化渠道下沉与农村电商战略，加速在 3~6 线城市、区县以至乡村市场的布局。农村消费者将与城市消费者一同享受京东正品行货、快速物流等优质服务，仁寿的特色农产品也可通过京东平台销售全国（见表 9-1）。

表 9-1 进军农村电子商务的主要形势分析

项目 企业	投资	体系	预计规模	优势	劣势
阿里巴巴	100 亿元	县有运营中心 + 村有服务站 + 农村物流的营运体系和服务体系	服务全国的 1000 个县，100000 个行政村	资本优势、技术优势	城乡对接
京东	10 ~ 12 亿美元	县级服务中心和"京东帮"服务店	1 千家县级服务中心，全国 1 万家左右的农村信息服务站，10 万家农村代理	资本优势	城乡对接
苏宁	100 亿元	区域物流中心 + 城市配送中心 + 乡镇服务站	12 个自动化分拣中心、60 个区域物流中心、300 多个城市配送中心，5000 个社区配送站，10000 个类似的乡镇服务站。	实体店优势、资本优势	城乡对接
供销社	预计需要 500 亿元	全国总社 + 省级社 + 县级社 + 基层社	1400 个县级社，21000 个基层社	实体店优势	体制制约

数据来源：根据有关企业年报，企业的领导人发言整理而得，有些数据是根据有关数据进行的估算。

— 144 —

京东的农村电商战略在 2015 年明显提速。县级服务中心和"京东帮"服务店互为补充,将成为京东推进农村电商、渠道下沉战略的两个重要抓手。通过它们对"最后一公里"的覆盖,让更多的农村消费者享受到京东"多快好省"的全流程优质购物体验,推进城乡消费公平。

阿里巴巴进军农村电商的战略可以概括为四合一战略。即将在未来的三到五年当中会持续的一共投入 100 亿人民币来进行农村的电商基础设施的建设,建成县有运营中心 + 村有服务站 + 农村物流的营运体系和服务体系。服务全国的 1000 个县,100000 个行政村,最终这个体系从县到乡,形成这样的电子商务生态体系。阿里巴巴还通过研究院、淘宝大学、农村电商培训中心等机构将为阿里巴巴农村发展战略"网货下乡、农产品进城"解决最核心的农村电商人才培养问题。

苏宁加快农村市场布局,物流先行。为配合三、四级市场攻略落地,苏宁物流推进省内干线建设专项工作,截至目前已经在 14 个大区完成了 22 条省内干线建设。苏宁在这些物流主干线上建设的自营服务站,都能够实现次日送达,比如即将揭幕的宿迁洋河自营服务站。据悉,苏宁目前正在推进的"物流云"项目,预计到 2015 年,将建成 12 个自动化分拣中心、60 个区域物流中心、300 多个城市分拨中心,以及 5000 个社区配送站。

供销合作社作为传统的农村流通渠道也在积极进军电子商务领域。借助于供销社的网点优势、资源优势和品牌优势,各地供销合作社积极探索,中国供销集团的"社员网"、湖南省供销合作社的"网上供销社"发展迅速,河北、黑龙江、浙江、安徽等省(区)供销合作社电子商务不断发展)。目前,全系统共有电子商务企业近 800 家,电子商务交易额近 3000 亿元,约占全国交易总额的 3%;网络零售额 80 亿元,约占全国网络零售额的 4.3%。2014 年 12 月份,全国供销合作总社下发了进供销合作社系统电子商务发展的意见,充分发挥供销合作社传统产业和经营网点优势,以开拓农村电子商务和发展农产品电子商务为重点,大力培育电子商务市场主体,加快基层经营服务网点信息化改造,加强不同类型电子商务平台的建设与融合,全力构建具有供销合作社特色的电子商务经营服务体系。

4.电子商务进农村市场的政策

政府高度重视电子商务工作,国务院及其各部门制定了一系列的政策措施,促进电子商务的发展(见表9-2、表9-3)。电子商务是新农村建设特别是农村信息化的重要组成部分,具有全局性、综合性、整体性与复杂性等特点,鉴于农村市场的特殊性,政府必须发挥宏观规划与指导作用,通过宏观规划,组织协调、制定有利于电子商务发展的优惠政策,从宏观上引导企业向市场化和集约化的方向转型,打破地区保护和封锁、条块分割,真正形成电子商务发展的有利环境。政府必须发挥引导作用,通过基础设施建设、资金支持、示范建设等方面促进农村电子商务的发展。从2005年的中央1号文件提出鼓励发展电子商务等新型流通方式,经历了加强农村信息化基础设施、服务体系等方面的支持政策,2015年提出支持电商、物流、商贸、金融等企业参与涉农电子商务平台建设。并开展电子商务进农村综合示范(见表9-2)。

表9-2 　　　　　　历年一号文件对农村电子商务的相关政策

2015年一号文件	支持电商、物流、商贸、金融等企业参与涉农电子商务平台建设。开展电子商务进农村综合示范。
2014年一号文件	启动农村流通设施和农产品批发市场信息化提升工程,加强农产品电子商务平台建设。
2013年一号文件	大力培育现代流通方式和新型流通业态,发展农产品网上交易、连锁 分销和农民网店。加快宽带网络等农村信息基础设施建设。
2012年一号文件	充分利用现代信息技术手段,发展农产品电子商务等现代交易方式。
2010年一号文件	大力开拓农村市场。大力发展物流配送、连锁超市、电子商务等现代流通方式,支持商贸、邮政等企业向农村延伸服务,建设日用消费品、农产品、生产资料等经营网点。
2009年一号文件	发展农村信息化

✳ 互联网时代农村流通全产业链整合发展

续表

2008 年一号文件	整合资源，共建平台，健全农村信息服务体系。推进"金农"、"三电合一"、农村信息化示范和农村商务信息服务等工程建设，积极探索信息服务进村入户的途径和办法。
2007 年一号文件	加强农村一体化的信息基础设施建设，创新服务模式，启动农村信息化示范工程。
2006 年一号文件	要积极推进农业信息化建设，充分利用和整合涉农信息资源，强化面向农村的广播电视电信等信息服务，重点抓好"金农"工程和农业综合信息服务平台建设工程。
2005 年一号文件	鼓励发展现代物流、连锁经营、电子商务等新型业态和流通方式。改造现有农产品批发市场，发展经纪人代理、农产品拍卖、网上交易等方式，增强交易功能。

表 9-3   国务院、商务部等制定的电子商务相关政策

国务院	物流业发展中长期规划 2014-2020
	《关于促进信息消费扩大内需的若干意见》(国发〔2013〕32 号)《国务院办公厅关于加快电子商务发展的若干意见》国办发〔2005〕2 号
商务部	关于促进电子商务应用的实施意见　商电函(〔2013〕911 号)
	"十二五"电子商务发展指导意见　商电发(〔2011〕375 号)
	关于促进商贸物流发展的实施意见　商流通函(〔2014〕790 号)
	关于国家电子商务示范基地创建工作的指导意见(商电发〔2011〕490 号)
	第三方电子商务交易平台服务规范(商务部公告 2011 年第 18 号)
	商贸物流发展专项规划(商商发〔2011〕67 号)
	关于规范网络购物促销行为的通知(商商贸发〔2011〕3 号)
	关于促进网络购物健康发展的指导意见(商商贸发〔2010〕239 号)
	关于加快流通领域电子商务发展的意见(商商贸发〔2009〕540 号)
	网络交易服务规范(公告 2009 年第 21 号)
	电子商务模式规范(公告 2009 年第 21 号)
	关于促进电子商务规范发展的意见(商改发〔2007〕490 号)

147

✳九、农村电商产业链可持续发展生态圈研究

(二) 电子商务对接农村流通产业链的问题

当前农村市场总量增加，但消费的重点由村向城镇转移，消费结构由一般工业品转向所有日常用品包括食品。据调研，伴随着收入的增加，大件消费得到释放，比如电视、电冰箱、电动车甚至汽车等，这些大件商品一般在城市尤其是县城购买；红白消费数额较大甚至造成农民沉重负担，但一般发生在城镇；日常工业品消费实际上变化不大；农业生产资料消费整体数量有所减少，但价格上升了；食品消费数额大幅增加，以前自给自足的食品消费现在主要依赖购买，比如馒头、蔬菜、肉等等。农村市场体系的尴尬在于农村劳动力大量向外转移，抑制了农村消费需求增长，而且农村最重要的大件消费、红白消费一般在城镇市场。日常工业品消费、农业生产资料消费增幅不大，受到收入相对低水平和增收预期不稳定的双重限制，明显制约着农民对未来消费的预期和农民消费支出和层次的提高。当前物价迅速上涨等，各方面的生活消费必需品和服务的成本都在不断提高，严重压制了享受型消费支出的发展。另外农民同时作为生产者，其用于生产投入的成本总体也在不断上涨，但是农业收入却没有相应的增加，所以很多农民减少了用量，甚至出现撂荒。而目前市场建设仍然以村级店为主，农村市场中村级店主要是经营日常工业品，很少扩大到食品等生活用品，农资经营很少根据农业生产的变化实行集约化销售。

另一方面，由于农民的消费能力弱，农村物流成本高，农村市场是一个弱势市场，但却是一个完全竞争的市场，尤其是消费品市场是完全竞争市场，进入壁垒和退出壁垒都比较低，所以在这样的市场中，必然出现原子化的经营主体。在原子化市场经营主体为主的微观市场中出现了假冒伪劣商品屡禁不止，物流成本居高不下等问题。另外，由于当前适合农村消费特点的产品相对偏少、厂商在农村的销售服务网点少，通过互联网购物的不多等原因，农村消费市场流通不畅，流通成本高，农产品以外的多数商品中间环节成本高于城市，导致农村消费品数量少，农民很难买到物美价廉、质量可靠的商品，消费欲望受到消费环境制约，流

— 148 —

通已成为农民消费的重大阻碍。正因为如此,电子商务快速进入农村地区,一方面它超越了传统的原子化经营,更能满足农民多样化、便捷化的需求,但另一方面它也不可避免地面临着物流等难以回避的问题。

1. 电子商务进农村的面临着知识鸿沟和代际差异

农村虽人口众多,但很大一部分人口是尚未被电商激活用户,甚至是还未触网用户。我们可以认定在农村中文盲和小学教育程度是很难进行网上购物的,可以称为"知识鸿沟"。而这一个比例在农村却很大。根据调研,也可以推定在农村中 40 岁以上也很难参与到电子商务当中,可以称为"代际差异"。根据 2006 年农业普查中农村劳动力资源中,文盲 3593 万人,占 6.8%;小学文化程度 17341 万人,占 32.7%;初中文化程度 26303 万人,占 49.5%;高中文化程度 5215 万人,占 9.8%;大专及以上文化程度 648 万人,占 1.2%(见表 9 - 4)。按照这个数据,农村中可能参与电子商务的人员可能可能是 1.75 亿人次,如果在考虑到农村的互联网普及率则农村中可能参与网购的人员就只有 0.78 亿人,这样的市场规模约有 2000 亿元[1]

---

〔1〕 。农村可能参与电子商务的人员是 40 岁以下的初中文化水平以上的农民。这样的算法如果按照 2006 年农业普查数据是 3.21 亿人,这是知识水平上可能达到的人数,再乘以 40 岁以下的人口比例,所以农村中可能参与电子商务的人员可能是 1.75 亿人次。按照当年的人均消费额可以推算市场规模约有 2000 亿元,但实际上会远远小于这个数值。这里仅仅把 2006 年的作为参考值。

✿九、农村电商产业链可持续发展生态圈研究

表9-4　　　　　2006年农业普查中农村劳动力资源总量及文化素质

	全国	东部地区	中部地区	西部地区	东北地区
农村劳动力资源总量(万人)	53100	19828	14582	15142	3548
农村劳动力年龄构成(%)					
20岁以下	13.1	13.2	13.8	12.8	11.1
21-30岁	17.3	18.8	15.4	16.9	18.4
31-40岁	23.9	23.4	23.7	24.5	24.6
41-50岁	20.7	21.4	20.9	19.1	23.5
51岁以上	25.0	23.2	26.2	26.7	22.4
农村劳动力文化程度构成(%)					
文盲	6.8	4.6	6.7	10.7	2.6
小学	32.7	28.3	29.8	41.0	33.2
初中	49.5	53.9	52.0	39.7	56.7
高中	9.8	11.8	10.4	7.5	6.4
大专及以上	1.2	1.4	1.1	1.1	1.1

按照2010年全国人口普查中乡村人口中15岁以上的是5.36亿人,其中文盲人口0.39亿人,镇人口2.21亿人,其中文盲是0.09亿人。也就是说农村中总人口是7.57亿人,文盲人口约0.48亿人,农村中有可能使用电子商务的基本上约7.09亿人,这7.09亿人中,年龄超过40岁以上的乡村人口约2.96亿人,镇约1.09亿人,二者相加约4.05亿人,也就是说农村中电子商务的潜在用户约3.04亿人。按照2013年互联网普及率为45.8%,也就是说能够实现网络购物的农村人口约1.39亿人。如按照中国农村互联网普及率达到27.5%的话,农村可能实现网购的人口只有0.84亿人[1]。按照目前农村人均消费4330元,如果是1.39亿人网购则规模可达6000亿元,如果按照0.84亿人,网购规模可达3600亿元,实际上完全网购是

---

　　〔1〕　中国互联网络信息中心发布了《2013年中国农村互联网发展调查报告》,截至2013年12月底,中国农村互联网普及率达到27.5%,农村网民规模已达1.77亿,占整体网民的28.6%。

不可能的，淘宝网 2013 年发布的《县域网购发展报告》对 2006 个县域地区的网购数据的统计分析报告显示，从报告统计的 2006 个县看，最敢花钱的县是福建清流，2012 年人均网购花费达 20151 元，占其人均收入 72.55%。其次是西藏贡觉、江苏洪泽、黑龙江绥芬河、广东普宁、浙江永康、文成和河北藁城，人均年花费都在 1.1 万元以上。相比之下，在所有的直辖市、省会城市、地级市中，比重最大的是云南普洱市，但也只有 40%。北、上、广、深等一线城市，比重均未超过 27%。我们如果按照 30% 的比例，则农村网购规模在 1200 亿元到 2000 亿元之间[1]。

所以仅仅就目前可能参与电子商务的农民也面临着较大的约束，而且这种约束是长期的，如何改变农民的知识障碍和观念约束很重要。目前，首先要以培育和转化大学生村官、农村创业青年为主的具有较高的文化素质，也懂得农村的实际需求，可以很好地服务农村长住人群。依靠这类人群从事农村电子商务服务事业。其次，引导教育农民从使用手机上网和网上购买农资等简单事项开始，逐步让农户熟悉并信任网上购物。

2. 电子商务进农村物流配送成本较高

农村虽然人口众多，但由于人口分散对于物流来说是个不小挑战。农村物流缺乏是人们公认的发展农村电子商务存在的困难，目前大部分快递只能到乡镇这一级，还到不了农民的家门口。由于农村居住分散，即使快递能到每一个乡村，物流成本将大大增加，网购的低成本优势大打折扣影响了其在农村地区的吸引力。由于农村劳动力成本逐年提高，运输成本不断增长，加之农民消费需求的区域分散、小批次、多品种的特征，带来了农村日用消费品的配送成本逐年递增的现象。据调研，农村市场配送成本主要是运输成本、储存、分拣成本等，为了便于分析我们将配送成本简化为运输成本和人工成本。据山东调研，从 2005 到 2013 年人工成本增长了接近一倍，原来在农村地区每人每天的工资也就 50 - 80 元，现在则涨到 120 - 150 元每天。而汽柴油的价格也几乎增长了一倍，相对来讲，农村购买商品的价格没有太大变化，需求也没有较大增加。另一方面，少量多频次的配

---

〔1〕 2006 年的农业普查和 2010 年人口普查对农村人口素质有一个较好的说明，作者根据相关数据推论，主要来自于国家统计局网站和中国电子商务研究中心。

✱九、农村电商产业链可持续发展生态圈研究

送成本必然较高，尤其是偏远山区的配送成本更高，造成农村地区配送率不高，甚至不配送，河北省的数据就显示截止到2015年加盟店的配送率为59.2%，即使发达省份广州加盟店配送率也只有67%，全国平均配送率也只有63.4%。

3.农村市场秩序缺乏规范

农民消费观念相对滞后，产品识别能力较低，而且绝大部分进入农村的商品没有建立可追溯体系，这为假冒伪劣商品提供了可乘之机。传统电子商务平台所销售的产品价格、品质都有较大差别，让对电脑本身就还不太熟悉的农民在商务网站上从千万种商品中搜寻合适的商品太过复杂。另外，部分农村消费群体的消费观念也增加了其在传统电子商务平台购买劣质产品的风险。

电子商务作为一个虚拟交易的市场，更容易滋生假冒伪劣商品，据工商总局发布的《2014年下半年网络交易商品定向监测结果》，总的正品率为58.7%，其中淘宝网正品率最低，采购样本51个，正品率仅为37.25%。网络购物在农村市场的质量监管更加困难。假冒伪劣产品、翻新产品、非授权正规渠道，含量与宣传不符产品、无3C认证在农村地区还比较普遍。虽然该数据在统计方法上有所欠缺，但也的确反映了网购市场的问题[1]。

根据估算农村未来5年的电子商务销售额到2017年将突破2000亿元，2020年达到5000亿元，届时农村网络零售额将占到10%左右。这样的规模和比例将持续3-5年，到2025年左右农村网购市场会迎来快速发展。

在这样的农村电子商务发展过程中，政府、平台、网商、供应商、服务商五个主体组成部分需求网状交织在一起，电子商务服务是一个全新的服务业态，区别于原来的基础公共服务、社会公共服务、经济公共服务、公共安全服务。但又离不开这些服务，所以就公共服务而言，电子商务公共服务是新生事物，涉及基础公共服务（培训教育、孵化支撑等）、经济公共服务（营销推广、地标树立等）、社会公共服务（解决就业、城乡统筹等）、公共安全服务（食品卫生安全、网络公共安全等），是在互联网发展、科学技术发展到一定阶段的特定产物，应当正确面对，合理建

─────────────

〔1〕 该报告引起了阿里巴巴和国家工商总局的争论。该报告从统计方法上存在一些问题，但也确实反映了网购市场秩序不规范的问题

— 152 —

设。根据电子商务进农村的阶段性的实际需求来因地制宜、因时制宜的承载资源和合理建设推进。

从农村电商体系上，乡镇是电商延伸网络的最佳终端，乡镇综合性服务中心是农村地区电子商务体系的最佳具体经营者。农村电商体系应该是县级配送中心，镇级综合服务站，村一级仍然适合零售实体店和代理店。

（三）农村电商生态的产业链系统

1. 农村电商生态的产业链系统的市场主体

商业生态系统结构分析可以分为核心型企业、缝隙型企业、竞争企业、顾客子系统、支持子系统、环境子系统。在农村电商生态系统中电商企业和农户或者是新型农业经营主体是核心型企业，实体商店、经纪人、批发商是竞争企业，物流服务商等是缝隙性企业。政府是最大的支持系统。不同于城市电商，农村电商最大特点是农户就是顾客也是核心企业，因为他们既要消费日用品、农资，更是农产品的重要提供者。

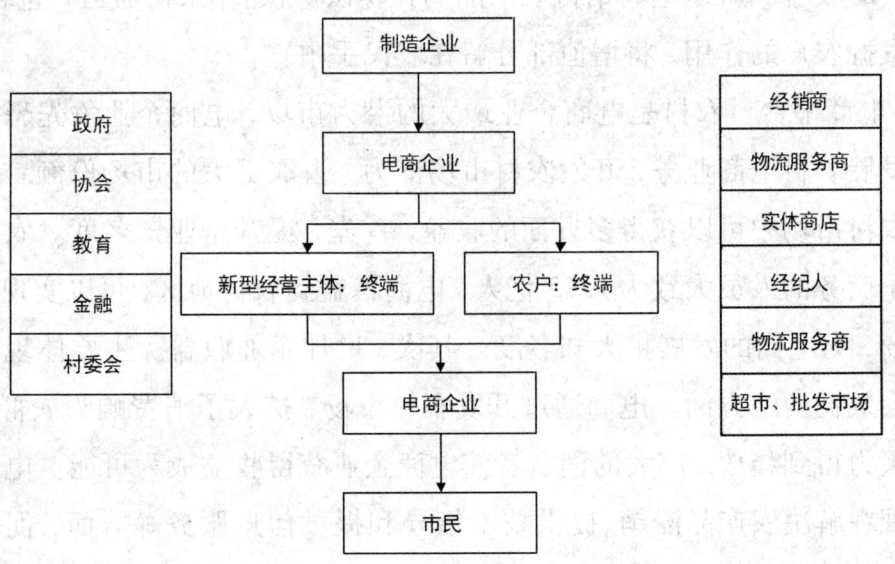

图9-3 农村电商生态系统的内部结构

政府、农户和企业作为农村电商的主体，政府主要采取政策支持和应在良好

✽九、农村电商产业链可持续发展生态圈研究

的社会竞争环境，农户作为生产的主要承担着，提供社会所需要的农副产品，通过销售环节进行农产品的买卖，同时作为农资产品和生活用品的需求方参与市场运作，企业通过提供物流和服务，同时建立销售平台参与农村电商的建设。三大主体通过物流、服务、原料、生产和销售形成农村电商的全产业链结构（见图9-3）。

（1）农户。农户作为生产者和消费者双重身份参与农村电商。作为生产者，农民为社会提供农产品和地区特产，完成农产品的初加工和第一次产权转移。作为农产品产业链的最初环节，农民在整个产业链中的收益最低，根据2014年全国农产品成本调查数据2014年小麦、玉米、稻谷三种粮食的每亩净利润只有124.78元，成本利润率为11.68%，大中城市蔬菜的每亩净利润为2069.78元，成本利润率为50.07%。如果按照人均耕地面积和户均人口计算的一个农户1年的净收入也很有限，辛辛苦苦忙一年不如打工一月挣的钱。电商的加入增加了农产品的销售渠道，甚至成为一个主要渠道，但更为关键的是这种电商渠道能否为可持续的增加农户的收益。所以电商销售农产品的在初次产权转移、初加工和包装等方面，要充分发掘农户的作用，将增值部分留在农民手中。

（2）电商平台。农村是电商企业最大的潜力市场，电商企业争先恐后在农村斥巨资发展农村电商业务，开发农村市场潜力，占取更大的市场份额。电商企业在扩展农村市场中可以获得多方面的收益，首先，提升企业知名度。农村中可能参与电子商务的人员大致为1.75亿人，电商覆盖到农村地区，可以实现更多人口了解电商，为电商的发展扩大知名度。其次，增加企业收益。主要体现在经济利益和社会效益两个方面。电商通过开发农村市场，扩大了消费购买人群，同时农村的购买力得到释放，广大的消费者使电商企业获得收益成为可能。电商的社会效益表现在解决农产品滞销、提供技术指导和提供信息服务等方面，促使社会有序发展。

（3）产业链服务商。在农村电商嵌入农村产业链，可持续发展离不开产业链的融合及增值。产业链服务商主要包括农产品预冷、加工商，农产品冷链服务商等等。过程中主要是向为农民社会提供服务和物流。首先，农产品加工处理，对农产品进行简单的加工，提升农产品的附加值，更好地满足大众的需要，同时对农产品加工后能更好的储藏和运输，保证产品运输的质量。其次，提供专业的物流服务，物流作为农产品运输的核心环节，对保证农产品新鲜和口感有着重要作用，企业提供专业的冷链物流服务，保证农产品在恒温的条件下运输和处理。物流服务商的收益主要来自于制造商和农户的物流费用。电商企业在促进农村电商可持续发展过程中承担着重要责任，首先，保证产品质量，电商企业要定期或不定期对出售产品进行质量检验，减少残次品数量，保证售卖产品的高质量、高可靠性，同时严厉打击假冒伪劣产品。其次，提供优质服务，实现长久可持续发展在于充分满足客户的需求同时提供优质的服务，企业要无时无刻地为消费者着想，为消费者做更多的事实来提升企业形象，更好地发展自己。最后，加强信息化平台建设。

(4)政府。政府在保证市场在资源配置中起基础性作用外，应充分发挥其宏观调控的作用，引导企业向市场化和集约化的方向转型，打破地区保护和封锁、条块分割，真正形成电子商务发展的有利环境。一是加快农村互联网基础设施建设，特别是与电商相关的网络、物流设施建设。二是加大农村电商的宣传力度，推动电商创业。三是探索建立信息交换、联合执法、案件协作等制度，着力构建信息共享、协同监管、无缝衔接、综合治理的工作格局。只有树立互联网思维，以符合互联网特点的方式来依法科学管理，才能为农村电商健康发展提供良好环境。

(5)传统竞争者。农产品经纪人、经销商、农村超市等是电商的竞争者。在农村电子商务快速发展的背景下，这些传统竞争者面临着更加激烈的竞争。在农村电商生态体系中他们可以转型成为重要的连接型企业，成为电商平台的服务商。

2.农村电商生态体系的组织形态

农村电商生态体系内部结构主体复杂，现阶段形成科学的组织形态是关键。根据农村经济社会发展碎片化的现状，可以采取园区、虚拟网络、战略联盟等组织形态。

❋九、农村电商产业链可持续发展生态圈研究

（1）建设农村电商园区。农村传统产业是碎片化经营，无论是农产品销售还是日用品销售都比较分散。园区作为一种新型组织形式，集物流、商贸、流通加工、金融、培训等于一体的产业集群，通过建立电商产业园区，实现传统产业转型升级和集聚发展，成区域性的物流运营中心、信息交易中心、智能仓储中心、分拨配送中心、电商服务中心；对促进企业快速发展、引导传统商贸与物流转型升级，形成流通引导生产的农村经济新模式。

（2）建立农村电商虚拟供应链网络。通过契约、合作等方式围绕电商供应链建立虚拟组织体系，吸收传统的商业要素进入电商生态体系。战略合作是出于长期共赢考虑，建立在共同利益基础上，实现深度的合作。首先要考虑怎么建立共同利益，包括长短期的，所谓战略，就是要从整体出发，考虑相互之间的利益，使整体的利益最大化。合作协议只是一个简单的在部分区域合作的协定。合作还是以各自的利益最大化为主，但不一定是整体的利益最大化。

（3）连锁经营。农村电商短期内之所以亏损，一个重要的原因是碎片化经营，销售量太小。而连锁经营是农村电商生态体系的一个重要组织方式。一方面可以实现经营的规模化发展，另一方面，也可以充分整合正在经营的农村超市。

（4）战略联盟。合作的各方通过合约或者以资金、实物或无形资产等出资，通过组建新经济实体或贴牌生产，特许经营等方式，利益共享，风险共担。也可以通过协会、商会等采取会员制，有一定的组织形式，它为合作各方提供信息，技术，培训等服务。有时也组织一些联谊活动，以加深各方的互相了解和友谊。以便创造更多更加深入合作的机会。

3. 农村电商全产业链关键环节集成协调及利益分配机制

农村商品流通体系涵盖农资、农产品、日用消费品等商品流通。农村电商生态体系只有深度嵌入工业品下乡、农产品进城、再生资源回收等四个流通网络的全产业链条，才能实现可持续发展。对于日用消费品需要从销售终端开始，沿着配送、批发、生产等环节，整合日用消费品供应链，让农民获利。对于农资则需要理顺经销、制造和零售环节的关系，重塑农资供应体系。对于农产品产业链，则要

增加初加工、冷链的环节，确保农产品增值。对于农村的废旧物资回收这个产业链，还没有引起相当的重视，但这也是实现农村再生资源产业化的重要内容，电商介入恰逢其时（见图9-4）。电商要深度介入农资、农产品、日用消费品等产业链条，还要推动这些产业链的深入融合，特别是在市场实体终端建设、物流整合和电商平台等方面需要发挥集成创新的功能，推动农村流通信息化、智能化和现代化。

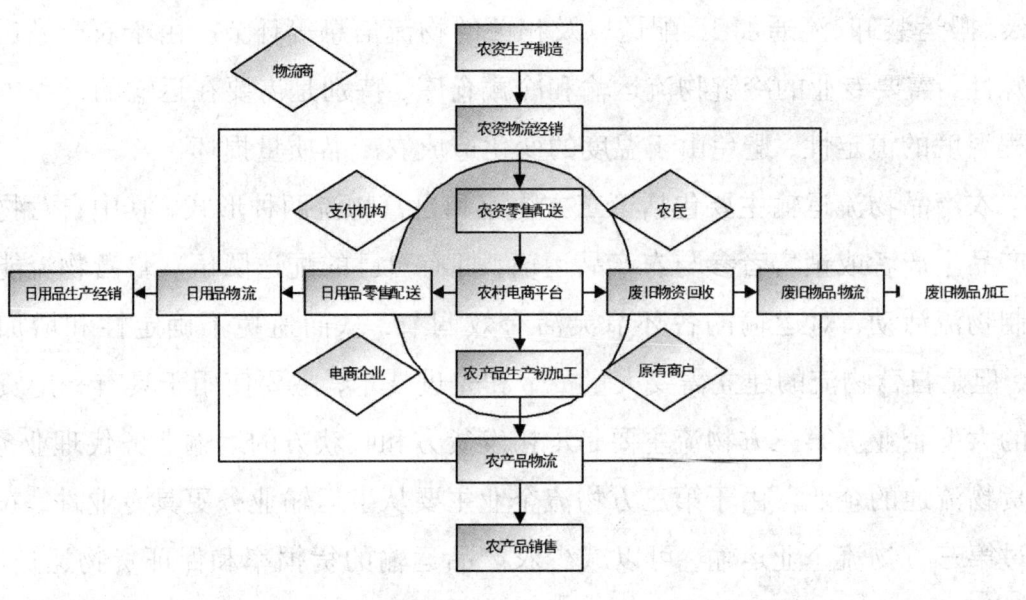

图9-4 农村电商与农村产业链

产业链是一种因提供某类商品，从事具有内在技术经济关联活动的企业之间的网链式联盟结构，通过这种结构，从原材料到最终消费品的所有相关企业有序运作，共同实现价值增值。在农村电商可持续发展生态体系中，存在以下五个环节，包括原材料采购、生产、销售、物流和服务。

一是农村电商实体终端环节。日用品和农资的产业链终端在农村，农民购买使用之后整个产业链条功能实现。对于电商而言，终端实体店是一个重要和关键环节。对于农产品和再生资源产品的起始端在农村，起始端能否实现初加工和品牌化是决定产业链质量的关键环节。传统的日用品、农资的销售终端是离散的、无

✱九、农村电商产业链可持续发展生态圈研究

序的，农产品和再生资源产品的起始端更加无序。电商平台可以有效整合日用品、农资终端，集成的农产品和再生资源产品的起始端，将以上四个产业链的实体围绕电商集成在一起，建设新型的农村产业链融合服务中心。经营性服务和公益性服务并举，满足农村居民生产生活多样化需求，服务功能完善，规模较大，覆盖面较广，经营服务场所相对集中的基层服务组织。

二是物流整合。货物空间上的移动主要是通过物流来实现，包括运输、仓储、包装、搬运装卸、流通加工、配送以及相关的物流信息等环节。由于农产品运输的特殊性，需要专业的冷链物流运输和冷藏仓库，特别是需要在运输的过程中保证全程温度的恒定性，避免由于温度的变化造成农产品质量损坏。

农产品物流运输主要包括第三方物流和自营物流两种形式，其中自营物流是农产品生产者或销售者参与农产品运输，拥有自己的配送队伍。自营物流能有效控制物流活动，对运输的各环节灵活有效调节，从而避免不确定性和增加可控性，但是自营物流的建立需要大量资金和先进技术，主要使用于具有一定资金实力的大型企业。第三方物流主要是承接发货方和收获方的运输业务代理业务，从事货物流通的企业。由于第三方物流企业主要从事运输业务更具专业性，农产品通过第三方物流企业运输，可以减少农产品运输的货损率和保证货物运送质量，但是无法对农产品运输环节全程控制，降低了企业对运输过程的调节力度。

三是带动产业链服务商发展。农村电商可持续发展生态体系的全产业链中的一环，其一，主要体现在电商为农民生产提供产品生产经验和专家指导，电商运用完善的信息收集渠道整理农作物生产的专业信息，为农民生产提供专业性的指导和建议。其二，农民生产的可得性很大程度上依赖天气的变化，农村电商作为信息化平台，为农民提供各种自然灾害信息，及时提出预警和风险防控措施支持农民的生产性活动。其三，生产的低成本和高质量离不开生产加工的设备和技术，电商的信息化平台为农民提供生产的技术指导和加工厂商的生产信息，对产品进行简单的加工，增加农产品的附加值。销售作为产品实现价值的环节，由于销售信息的不畅通，产品无法得到有效供给满足日益增长的需求，造成供需不匹

— 158 —

配现象。我国每年会有大量农产品滞销同时部分地区需求得不到有效满足,严重制约了我国农业经济的发展。公共电商平台可以发挥其大众化、知名度高和覆盖率广等优势实现农产品销售一站式服务,为供需双方提供信息化服务,增加双方的福利,避免由于沟通不畅造成的损失。农村合作社作为一种新型的农产品销售渠道,作为连接农户和消费者的纽带,农村合作社承接消费者的订单提供定制化的服务,同时帮助农户解决农产品的销售问题。农村合作社和电商的结合将成为农村电商发展的趋势,可以有效的实现供需双方的利益。自建电商网络由于需要大量的资金和人员注入,农产品销售中难以得到普及。传统的零售渠道迫于农村电商的压力也开始逐渐转型,采取传统零售和电商结合的方式开拓市场。

农村电商作为完全竞争市场,存在着众多售卖相同产品和服务的企业,要想实现可持续发展,服务质量的提升将成为关注的重点。农民不仅作为农产品售卖者同时作为农资的购买者,满足农民的需求日益成为电商竞争的重要业务。电商的平台信息服务和物流服务作为服务增值的重要途径,将提升企业服务水平。

四是农村电商发展的公共服务环节。主要包括政府的政策扶持,基础设施的建设,电商人才的培养,社会舆论的支持等。全国的农村电子商务尚处于起步阶段,面临缺人缺钱缺配套服务等多重困境,尤其是在基础设施建设、竞争力打造、创业平台搭建、物流体系及相关培训等方面还存在诸多短板。这些短板既不能依靠单个企业去解决,也不能依靠村集体解决,只能依靠政府发挥公共财政的作用,或者采取 PPP 的形式支持农村电商的可持续发展,形成生态体系。

4.农村电商全产业链中市场主体的利益分配机制

政府、农户和企业作为农村电商的主体,政府主要采取政策支持和应在良好的社会竞争环境,农户作为生产的主要承担着,提供社会所需要的农副产品,通过销售环节进行农产品的买卖,同时作为农资产品和生活用品的需求方参与市场运作,企业通过提供物流和服务,同时建立销售平台参与农村电商的建设。三大主体通过物流、服务、原料、生产和销售形成农村电商的全产业链结构。

(1)将产业链在农村的利润留给农户。农户作为生产者和消费者双重身份参

✿九、农村电商产业链可持续发展生态圈研究

与农村电商。作为生产者，农民为社会提供农产品和地区特产，完成农产品的初加工和第一次产权转移。作为农产品产业链的最初环节，农民在整个产业链中的收益最低，根据2014年全国农产品成本调查数据2014年小麦、玉米、稻谷三种粮食的每亩净利润只有124.78元，成本利润率为11.68%，大中城市蔬菜的每亩净利润为2069.78，成本利润率为50.07%。如果按照人均耕地面积和户均人口计算的一个农户1年的净收入也很有限，辛辛苦苦忙一年不如打工一月挣的钱。电商的加入增加了农产品的销售渠道，甚至成为一个主要渠道，但更为关键的是这种电商渠道能否为可持续地增加农户的收益。所以电商销售农产品的在初次产权转移、初加工和包装等方面，要充分发掘农户的作用，将增值部分留在农民手中。

农村废旧物资是农村流通中产值较小的产业，伴随着生态文明建设的推进，农村废旧物资的回收、加工必将成为一个重要产业。目前，电商较少介入再生资源产业链，但毫无疑问，如果电商嵌入废旧资源回收产业链，也应当将一部分收益留给农民。

作为消费者，农民需要农资作为生产的基础，农产品生产的技术作为支撑，专业信息作为指导。农资的费用是农户家庭的主要支出。电商介入农资产业链，最大程度的减少了中间环节，节省了交易费用，通过重塑农资产业链，应该起到平抑农资价格的作用，通过价格杠杆降低农民生产成本。在日用消费品产业链中，农户可以实现生活用品和农资的网上购买，节省生活开支，提升生活水平。其次满足农民多样化需求，电商企业能够提供多样化的产品，还可以实现农民定制化服务。以往农民通过零售实体店只有有限的选择权利，抑制了农民的个性化需求，电商的发展转变了传统的经营模式，给予农民更多的选择，提升其满意度和消费水平。

（2）电商平台企业收益主要来源是收取制造商和城市零售商的接入费。农村是电商企业最大的潜力市场，电商企业争先恐后在农村斥巨资发展农村电商业务，开发农村市场潜力，占取更大的市场份额。电商企业在扩展农村市场中可以获得多方面的收益，首先，提升企业知名度。农村中可能参与电子商务的人员大

致为 1.75 亿人,电商覆盖到农村地区,可以实现更多人口了解电商,为电商的发展扩大知名度。其次,增加企业收益。主要体现在经济利益和社会效益两个方面。电商通过开发农村市场,扩大了消费购买人群,同时农村的购买力得到释放,广大的消费者使电商企业获得收益成为可能。电商的社会效益表现在解决农产品滞销、提供技术指导和提供信息服务等方面,促使社会有序发展。

电商企业的收益主要应来自于整合产业链带来的佣金,也就是收取制造商和城市零售商的接入费,作为日用品和农资的制造商进入农村,电商带来了低成本的渠道,扩大了消费的数量,因此需要收取合理的接入费用。对于农产品和再生资源产品,电商则直接增加了供给,将以前分散、无序的产业链,整合成为了集成的供应链,方便了城市的零售商和加工商,因此需要向城市的零售商和加工商收取合理的接入费用。

(3)产业链服务商的主要收益是产业链增值。在农村电商嵌入农村产业链,可持续发展离不开产业链的融合及增值。产业链服务商主要包括农产品预冷、加工商,农产品冷链服务商等等。过程中主要是向为农民社会提供服务和物流。首先,农产品加工处理,对农产品进行简单的加工,提升农产品的附加值,更好地满足大众的需要,同时对农产品加工后能更好的储藏和运输,保证产品运输的质量。其次,提供专业的物流服务,物流作为农产品运输的核心环节,对保证农产品新鲜和口感有着重要作用,企业提供专业的冷链物流服务,保证农产品在恒温的条件下运输和处理。物流服务商的收益主要来自于制造商和农户的物流费用。电商企业在促进农村电商可持续发展过程中承担着重要责任,首先,保证产品质量,电商企业要定期或不定期对出售产品进行质量检验,减少残次品数量,保证售卖产品的高质量、高可靠性,同时严厉打击假冒伪劣产品。其次,提供优质服务,实现长久可持续发展在于充分满足客户的需求同时提供优质的服务,企业要无时不刻的为消费者着想,为消费者做更多的实事来提升企业形象,更好地发展自己。最后,加强信息化平台建设。

(4)政府。政府在保证市场在资源配置中起基础性作用外,应充分发挥其宏

✿九、农村电商产业链可持续发展生态圈研究

观调控的作用，引导企业向市场化和集约化的方向转型，打破地区保护和封锁、条块分割，真正形成电子商务发展的有利环境。政府大力推进农村电商的发展有着重大意义，首先，促进第一产业发展。我国作为农业大国但是却不是农业强国，中国庞大的人口数量作为需求主体，农业的发展直接关乎到人民的饥饱问题，农村电商得可持续发展可以带动我国第一产业的发展，实现三大产业的协调有序推进。其次，加快小康社会的进程。全面建成小康社会，最艰巨最繁重的任务在农村、特别是在贫困地区。没有农村的小康，特别是没有贫困地区的小康，就没有全面建成小康社会，农村电商的发展将有利于农村地区脱贫致富，推进全面实现小康社会的发展。采取以下对策支持农村电商的可持续发展，首先，政策扶持。政府应对相关企业采取税收减免和资金支持等措施，促进企业更好的发展。其次，出台相关法律。政府制定相关的法律保障市场参与的主体利益，同时规定其承担则责任和义务，为经济和社会的共同进步提供保证。最后，规范市场秩序，营造竞争环境。通过优胜劣汰的适当竞争，企业为了生存获得收益会加强企业技术进步和发展核心竞争力，带动社会整体技术进步和企业组织结构调整。

农村商品流通体系接近于完全竞争市场，在电子商务和新型城镇化过程中经历着复杂的变化，各种外部冲击造成的市场变化对于农村商品流通体系中的产业链造成了深刻的影响，例如利益分配机制不合理、小农户边缘化、食品价格上涨、食品安全问题突出等。农村电商的迅速崛起成为一把双刃剑，一方面可以解决农村市场的便利性，降低农户购买产品的门槛；另一方面，如果没有建立可持续发展的生态体系，一些问题短时期内会被迅速放大，电商体系也可能会遭遇巨大的问题。因此，需要全面认识农村电商的产业链条，充分发挥政府的公益服务和引导作用，发挥企业的主体作用，带动农户的积极性，形成科学合理的利益分配机制，实现健康可持续发展。其政策含义主要体现在以下几个方面：

其一，政府应关注农村电商发展中的关键环节和公益性作用显著的环节，制定政策。农村电商体系中物流环节、产品检测环节、加工服务环节等是较为关键的环节。政府应加大对农户和企业开展物流服务、加工包装服务等环节给与支持，

一方面促进电商发展，另外可以将更多的收益留在农村。政府的扶持可以集中基础设施建设，教育体系建设等方面。

其二，企业尤其是电商企业是农村电商可持续发展的关键。要建立良性的平台战略，整合物流、加工、配送等环节，建立生态体系。更多关注农村消费者的多样化和个性化需求，甚至通过 C2B 方式引导制造企业生产适合农村消费特点的产品。将企业的发展和农村社区的经济社会发展结合起来，承担更多的企业社会责任，树立良好的企业形象。

其三，农户是农村电商的最终用户，一是要积极利用农村电商迅速发展的态势，鼓励农户开展创业，围绕电商开展物流、加工、配送等服务，通过创业增加收入，带动农业发展。二是积极融入电商，通过网络促进农业生产，带动农产品销售，提高生活品质，使得农村电商真正服务农民。

十、产业链视角下农村商贸服务网点研究

农村市场体系对农村经济社会发展具有重要的作用和影响，随着国家各种惠农政策和措施的实施，农民收入日益提高，由此带来的消费需求变化，已经使原有的商品流通模式不适应时代发展变化的需要。我国农村消费品流通体制改革从计划经济时期的统购统销体制到市场经济体制的过渡，既有传统的店铺销售，也有依赖于批发市场，零售终端特别是连锁体系拉动的，更有与信息网络密切结合的电子商务渠道。因此，旧的农村流通体系已经完全打破，新的市场主体迅速发展，新的业态迅速扩张，新的网点覆盖面扩大，但成长起来的是节点，现代化流通体系尚未建立，还没有形成统一开放、竞争有序、安全高效的现代市场体系[1]。我国的国情决定了农村市场具有一定的独特性，农村市场是中国市场的基础，开拓农村市场应转变观念，以产品为纽带构建新农协，以农民为主体因地制宜地建立多层次、多元化、多样式的农村市场结构，抓住最佳切入点，促进农村连锁商业的发展（黄国雄，2007，2013）[2][3]。消费特征对零售业的经营发挥着主导作用（杨海丽，2006）[4]。李刚，汪旭辉（2010）认为改变农村商贸流通业落后面貌需要进行破坏性创新行为其实是一种适应农村消费需求，满足市场空隙的主动过

---

〔1〕 张喜才，张利库曾经在农产品流通体系建设中提出类似观点，详情请参看《中国食物与营养》2014 年第 1 期的论文中：国农产品流通体系建设研究。

〔2〕 黄国雄.开拓中国农村市场的几点思考团[J].广东商学院学报，2007（2）:72

〔3〕 黄国雄.转变观念，构建多元化的农村市场结构[J].商业时代，2013（4）:4 - 5

〔4〕 杨海丽.我国连锁零售企业跨区域扩张研究[J].商场现代化，2006（10）:3 - 4.

程,需要更深刻地把握农民消费需求的潜在特质[1]。农村公共交通设施落后,农村居民居住过于分散且购买力有限,因此为解决农村零售业地区发展失衡问题,农村零售业应根据自身特点进行合理化网点布局(曾伟,宋晓东,2013)[2]。通过对农村消费者的调研,认为专业店和超市在农村有较好的发展前景(汪旭辉,2009)[3]。黄漫宇(2011)根据零售进化综合模型,分析农村现有零售业态间的竞争与冲突、零售环境、农民偏好等,认为标准化的连锁便利店等是农村零售市场发展的重要业态[4]。原生梅,弓志刚(2005)分析了农村商品流通的若干劣势,提出应以连锁经营加电子商务的方式作为未来农村商品流通的主体,实现流通企业低成本的扩张,通过成本优势和质量控制在较短的时间内改变农村商品流通的传统格局[5]。我国县、乡、村一级的农村商业多数处于单店和个体经营的状态,竞争能力和服务能力都比较弱,依靠农村商业自身力量很难发展成为具有较大规模的连锁企业。城市大型流通企业通过连锁方式与城乡结合或向农村延伸是未来农村流通业发展的一大趋势(张如意,张鸿,2011)[6]。卜森(2012)分析了农村连锁企业扩张的优势和劣势,总结了苏果模式、新合作模式、上海农工商模式、徽商模式、红旗模式和好日子模式等几种农村连锁模式,提出了网点扩张、业态扩张、品牌扩张、功能扩张等四种扩张路径[7]。高柳珍、吕文鹏(2012)从渠道创新的视角分析了农村商品流通的立白模式、联想的"1+N+N"模式和九禾模式[8]。零售企业凭借技术和组织创新逐渐成为深化农村流通体制改革的重要力量。通过对以沃尔玛和苏果为代表的中外零售企业在农村市场创新扩散行为进行的比较研究,

---

〔1〕 李刚,汪旭晖.农村商贸流通服务业破坏性创新战略的影响因素及实施效果[J].兰州学刊,2010(7):98-101

〔2〕 曾伟,宋晓东.中国农村零售业发展研究[J].财经问题研究,2013(3):88-92

〔3〕 汪旭晖,徐健.农村零售业态创新:一个基于东北地区农民消费行为的探索性研究[J].农业经济问题,2009(5):44-49.

〔4〕 黄漫宇.中国农村零售业态变革分析[J].农业经济问题,2011(9):72-76

〔5〕 原生梅,弓志刚.论现代农村商品流通体系的构建[J].财贸经济,2005(3):81-83

〔6〕 张如意,张鸿.城乡统筹视角下农村商贸流通主体的培育[J].商业经济与管理,2011(10):27-32

〔7〕 卜森.农村连锁企业市场扩张模式与路径分析[J].求索,2012(6):33-35

〔8〕 高柳珍,吕文鹏.渠道创新视角下的农村商品流通模式[J].改革与战略,2012(5):109-111

✽ 十、产业链视角下农村商贸服务网点研究

结果发现，成功的零售企业都充分重视城镇在城乡中心地流通体系中的链接作用，在引入和成长阶段采取传染扩散模式，并充分利用规模、范围和密度经济实现公司的低成本扩张。在农村市场发展的不同阶段，成功的零售企业也不断提升影响公司发展的重要因素，并注重流通创新属性与市场环境的匹配[1][2]。

张喜才、陈秀兰(2014)通过分析农村商品流通渠道，梳理了供销合作社、大型零售集团等主导的流通网络，提出整合农村商品流通体系。

连锁企业在农村发展的研究很多，然而农村连锁经营企业也出现了一些困局：据调研，农村配送成本高，很多超市企业开始逐步放弃加盟店，甚至退出农村市场，农村市场组织化程度依然较低。首先，农家店生存困难。随着城镇化的快速推进，村级人口快速向县镇集中，部分地区空心村不断出现，前几年所铺设的村级农家店的留存问题凸显。农家店经营者素质普遍较低，重硬件轻软件，信息化水平依然较低，经营管理不善的问题一直存在。其次，连锁企业的经营压力依然较大。由于农村市场范围广、需求分散，店铺建设密度较城镇低，且道路交通等基础设施建设不健全，导致配送成本依然很高。由于农村市场假冒伪劣猖獗，农民对价格的敏感度较高，对质量的敏感度较低，受到假冒伪劣商品的影响，产品销售困难，无法回收高额配送成本。一些农家店为提升销路加盟连锁超市，但并不经销流通企业配送的商品，甚至销售一些假冒伪劣产品，经营不规范，给连锁企业带来高昂的管理成本，管理难度很大，甚至由此产生各种纠纷。配送成本高、管理难度大、利润水平低，加之政府对农村连锁企业的支持力度逐步减弱，流通企业的经济效益实现难度增大。长此以往，流通企业必然会离开农村或者从事其他行业。在山东济宁、山西襄汾调研中一些连锁企业反映经营压力较大，在网点开拓、统一配送等方面动力不足。比如，山东兖州新合作连锁公司是"万村千乡"市场承办企业，由于加盟店私自从其他渠道进了一些假冒伪劣商品，造成了

---

〔1〕 荆林波，丁宁.中外零售企业在农村市场创新扩散的比较研究——基于沃尔玛与苏果的案例分析[J].河南大学学报，2012(11):62-67

〔2〕 张喜才，陈秀兰.农村商品流通网络的整合发展研究[J].中国流通经济，2014(04):20-26

— 166 —

不好的影响，最后兖州新合作不得不承担了由此造成的损失。他们已经意识到加盟店的问题，正在逐步减少加盟店。因此，我们深入分析了农村连锁企业遇到的新问题，梳理了连锁企业拓展农村市场的主要情况，概括了连锁企业如何进入农村零售行业的5种模式，最后提出了政策建议。

（一）大型流通企业拓展农村情况分析

农村市场体系连接着城市和乡村、工业和农业，是有效配置资源的重要基础。我国农村市场消费潜力巨大，消费结构不断升级。据第六次人口普查全国总人口为13.4亿人，农村人口有9.5亿多，占总人口的73%。社会消费零售额占整个零售总额的40%左右。据商务部和中国农业大学对全国1万户农民家庭抽样调查显示，想要购买冰箱、电脑、洗衣机、摩托车、空调、手机的农民比例在20%以上。农村人口每增加1元钱的消费支出，将对国民经济新增2元的消费需求，农村家电普及率每提高一个百分点，就可以增加238万台（件）消费需求。农民的消费能力、消费意愿的不断提升，使得农村市场已经成为巨大的、现实意义上的市场，潜力巨大。

近两年，一、二线城市零售业竞争日趋激烈，一些区域零售市场趋于饱和，单店销售增长难度加大，经营成本大幅上涨，租金和人工成本显著增加等方面因素叠加，零售企业在一、二线城市扩张的速度明显放缓；而三、四线城市需求潜力较大，租金和人工成本低，经营效益和效率一般好于一、二线城市，加之国家实施"万村千乡市场工程"以及一些地区相继出台有关优惠政策，加快了零售企业向三、四线市场发展的步伐，一些大型连锁企业纷纷向中小城市及农村地区延伸渠道，在县镇及乡村设立零售网点明显增加。2012年连锁百强企业在一二线城市门店数量平均增幅仅2%，平均销售增幅为6%，而在三四线城市上述两项指标分别高达17%和18%，零售企业在三、四线城市扩张步伐加快[1]。

---

〔1〕 本数据来自由中国连锁经营协会和商务部发布的《中国连锁经营年度报告2012》。

党和政府大力支持农村乡镇连锁经营的发展，支持城市流通企业经营网络向农村延伸。2005 年 3 月，商务部下发了《关于开展“万村千乡”市场工程试点的通知》，正式启动“万村千乡”市场工程。其目标就是从 2005 年开始，用三年时间使标准化农家店覆盖全国 50% 行政村和 70% 乡镇。力争年内再建成 10 万家标准化农家店，东部地区试点县市比例由 30% 提高到 70%，中西部地区由 20% 提高到 60%，具备条件的地方采取“整县推进”的方式，争取到“十一五”期末，标准化农家店覆盖 65% 以上行政村和 85% 以上乡镇；2005 年 4 月，商务部、财政部和国家税务总局联合下发《关于开展农产品连锁经营试点的通知》，在发展农产品连锁经营的目标和类型、支持试点的政策措施、试点企业申请条件及程序以及加强组织领导等方面做了具体规定，出台资金支持政策，明确对试点企业配送中心贷款予以贴息扶持，中西部地区贴息率可不超过 3%，东部地区贴息率可不超过 2%，对在乡村新建和改造的农家店予以直接补助，每个乡级店补助 2000 元，每个村级店补助 3000 元，中西部地区每个农家店分别增加 800 元。2006 年国家又提高了对农家店的扶持标准，每个乡级店补贴 3000 元，村级店补贴 4000 元，中西部地区分别再增加 1000 元，适当提高配送中心贷款贴息率，并向中西部地区倾斜；同时，国家开发银行专门下发评审指导意见，对商务部推荐的重点企业及项目，向各分行下达支持计划，推动“万村千乡市场工程”使用政策性贷款；中国农业银行等金融机构也主动参与进来。

与此同时，各地政府为鼓励连锁零售业在新农村的发展也出台了一些支持性措施。如浙江省义乌市规定，从 2005 年起，凡市内连锁经营企业，在农村集镇每新设一个符合要求的连锁超市门店，财政给予 5 万元补助；新设立一个连锁便利店给予 3 万元补助。此外，在用电方面还提供优惠政策，对连锁企业配送中心附属的大型冷冻、冷藏设备，经电业部门确认后，按其用电设备单独计量，执行同业电价，而且还安排一定的仓储用地指标。对年度销售额 6000 万元以上、纳税额 200 万元以上、总部注册在义乌的连锁经营企业建设配送中心，可安排一万平方米以内的仓储用地指标，地价按照工业用地标准进行出让；北京 3 年共安排 4300 万元资金，对每个乡级店补贴 3 万元，每个村级店补贴 1.5 万元；天津对农家店每平方米补贴 100 元，每个配送中心补贴 20 万元；广西对每个农家店补贴 1200 元；湖南安排 1000 万元作为农村市场体系建设专项资金；山东、浙江、安徽等省的地方政府将农村流通网络建设作为领导班子考核的指标；江苏、浙江、安徽、河南、湖南、广西、四川、湖北、河北、新疆生产建设兵团等地政府，还出台了土地出让金、农家店税费优惠等很实际的政策。党中央、国务院的一系列重要指示，以及各地政府的鼓励措施，给连锁零售企业发展带来了千载难逢的现实机遇。据商务部估计 2014 年连锁化农家店将达 62 万家，覆盖全国 80% 乡镇和行政村；供销合作社系统的数据则显示其拥有 100 多万个农村商品流通网点，其中县及县以下达到 61 万个；邮政系统则称其拥有大约 24 万个为农服务网点。

随着农业产业化结构的调整，居民的收入全面提高，农村消费者的消费领域逐渐拓宽，消费层次也逐渐提高。在农村市场也出现了追求实用、时尚、创新、效益的新观念。农村消费产品必将朝着高档化、品牌化方向发展。随着农村消费观念的升级，人们更加注重追求舒适的购物环境、优良的服务、优质的商品和低廉的价格，农村商业"黑屋子、土台子、劣商品"的消费环境已不能满足不断提高的消费需求。不断升级的农村消费趋势和落后的消费环境呼唤现代连锁零售企业。城市零售商采用连锁化经营，开拓农村市场，可以借助总部强大的采购、管理、品牌、服务等优势，提高农村商业的现代化水平，改善消费环境，顺应新时期农村消费求真、求廉、求便、求全、求美的发展趋势。农村市场对大型流通企业进军农村很有诱惑，政府也非常鼓励其向农村延伸。但另一方面，农村市场是一个天然的弱质行业，由于农村物流成本比城市要高，投资回报周期长，农民的消费能力又明显弱于城市居民。农村市场的中小流通企业处于这样的行业中利润率本来就不高，所以生存压力也就较大。总之，农村连锁超市的覆盖范围仍然有限。

伴随着经济发展，外出打工的农民数量逐年增加，据估计，每年大约 2.4 亿农民工在城乡之间流动，很多地方农民出现"空心村"。由于农村留守人口多是儿童、学生和老、弱、病、残者，日常消费主要是"老、少"用品，形成消费对象"老少化"，消费结构单一化。很多村级超市生意冷淡、销售下降，商品陈列、卫生状况及购物环境退化，有些已经停业、转让或转行，村级市场不断萎缩。另一方面，新农村建设的加快推进，新型农村社区中传统的农村商业网点不得不随之出现搬迁和变化，新型农村社区的出现对商业网点的服务功能也提出了更高的要求，不仅要把日用品、农资销售出去，还要求把农产品收上来，能卖出去，增加终端网点的综合服务功能。这些都对农村市场网点建设提出了新挑战。

在这种形势下，大型连锁企业如何利用资本市场、电子商务等新模式拓展农村商业网点，整合农村流通体系成为一个亟待解决的重大问题。

（二）大型连锁企业拓展农村市场的主要模式

1. 兼并收购模式。

与城市渠道趋于饱和相反，农村商业流通市场却极端分散。所以一些大型超市通过兼并收购进入农村市场。2008 年物美集团全资附属公司杭州天天物美商业有限公司收购绍兴县商超投资有限公司，从而间接持有浙江供销超市 54.09%股权。浙江供销超市注重农村市场开拓，在 25 各市县拥有大约 2000 家直营和加盟店。之后，浙江供销超市与湖州老大房超市有限公司已正式签订"强强合作协议"，收购后者 51% 股权。老大房超市是浙江省千镇连锁超市龙头企业，更倚重农村市场。1998 年创建第一家门店的"老大房"，在湖州拥有直营店 37 家、农村放心店 350 家，年销售额约 1.2 亿元。与浙江供销超市门店数合并之后，物美集团在浙江省将拥有 130 家直营店和近 2000 家农家店。另外，2004 年，华润集团就通过两次股权收购，控制了当时江苏省供销社下属果品食杂总公司的苏果超市 85% 的股权。截至 2012 年，苏果网点总数 2098 家，覆盖苏皖鄂鲁豫冀等 6 个省份，员工总数 10 万人，年销售规模 425.6 亿元。苏果 60% 的网点开设在县及县以下农村，50% 的销售来自农村市场。目前，连锁网点不断向镇村延伸，推进网络下沉,将商品供应服务做到了农民家门口[1]。

2. 资源整合模式。

供销社系统是农村网络最大、最完整的流通渠道,拥有各类超市门店达40万个,年销售额在5000万以上的日用品超市公司就有240多家。城市零售企业在农村发展连锁店,可以充分利用供销社已有的商业网络和人才基础,迅速实现连锁规模的低成本扩张。而来自供销社系统自身的整合也在加速。2005年,供销合作总社成立新合作商贸连锁股份集团,江苏悦达集团、高盛投资、沃银德克赫然在列。之所以能够整合众多资源源于新合作商贸连锁集团在农村商业流通市场的优势地位。新合作公司已在全国16个省份的800多个县域市场完成布局,拥有3家直属公司、25家区域子公司、30多个大型物流配送中心、1200多家直营店,经营总面积300多万平方米,辐射、带动10万多个农村超市,形成了城乡结合、合纵连横的连锁经营网络,构建了联合采购、区域采购、门店自采三位一体的采购配送体系,被全国供销总社列为系统联合发展的重要平台和"新网工程"的示范网络。公司的宗旨和任务是坚持"走向农村,贴近生活,服务农民,帮助农民"的方向,积极探索发挥供销社优势、实现供销社联合发展、为农服务的路子,运用现代流通方式,对全国供销社系统原有传统的经营网点进行改造、整合、提升、优化,重点在县(市)建立中心店和配送中心,并以经济区域辐射带动县以下的供销社农村零售网点和社会各类商业网点入网加盟,形成城乡结合、上下贯通、合纵连横的"新合作"连锁经营网络,通过"共同采购、统一配送",秉承"小商品,大事业"理念,一方面把质优价低的日用消费品送下乡;另一方面把优质特色的农副产品带进城,为农民提供综合服务[2]。

3. 资本扩张模式。

2001年2月底,欧尚集团和润泰集团在香港注册成立香港太阳控股公司,它

---

〔1〕 一些数据来做网站的整理资料,作者也曾到苏果等超市进行过调研,并对一些数据进行了整理
〔2〕 作者专程到新合作集团进行了调研,作为供销合作总社的社有企业新合作集团在资源整合方面具有独特优势,其已经整合了湖北、江苏、甘肃、河南、山东等地的供销合作社企业

十、产业链视角下农村商贸服务网点研究

将50%的股份分别投入到新组建的欧尚中国公司和上海大润发有限公司,分别持有两家公司35%的股份。大润发是台湾润泰集团投资创办的大型连锁超市,1998年7月在上海开了第一家店。其后,大润发并没有像外资零售巨头那样固守大城市,而是采用了"农村包围城市"的策略,首先在二、三级城市布点。短短10年时间,大润发异军突起。截止2009年上半年,大润发已经成功在中国大陆地区开了115家门店,员工总数超过十万人。大润发走"农村包围城市"路线,主要选择在二三线城市开店。跟家乐福、沃尔玛等大超市选址主要集中在一线城市,位处繁华路段、商业区、步行街等不同。大润发有意避开与这些外资大鳄正面交锋,进驻零售业相对空白的二三线城市甚至县级市,针对中低收入人群。仅2011年1月中,大润发新开的10家门店就有7家布局在二三线城市。直到2009年5月,大润发才在北京开设第一家店,标志着大润发进入"占领城市"的发展阶段。

大润发"农村包围城市"策略的成功,在于它精准的角色定位,一线城市被外资零售商所占据,而二三线城市相对空白,而大润发所处的行业是零售行业,老百姓对于日用百货、食品属于刚性需求,市场需求巨大;在"占领农村"阶段积累的大量经验和资金也为其制衡外资零售商实现"占领城市"夯实了基础。为了激励员工,大润发还在内部实行全民持股。所有的员工,只要他们具备正式入职6个月的条件就都有权利持股。

4. 专业性产业扩张模式。

我国农资流通行业集中度不高,呈现"大行业、小企业"的格局。辉隆公司采取"配送中心+加盟连锁"的经营模式,迅速做大,2012年业务规模全国第四、安徽第一。"配送中心+连锁店"一方面减少厂家到零售终端的流通环节,在产品价格和售后服务上上取得明显优势,同时借助加盟店的人力、物力和财力,实现终端网络低成本的快速扩张。截止2013年,公司已在安徽、黑龙江、吉林、河南和江苏,建立80个区域配送中心(安徽省内47家),发展了2862家连锁加盟店,覆盖全国15个省区,在安徽省内市场占有率达到20%左右。配送中心是公司开展连锁经营的核心模块,是公司业务拓展的"桥头堡",除主要负责发展、管理和服务辖区内连锁加盟店外，同时承担着向区域内种植大户、农民专业合作社等大客户直接销售并提供农技服务的任务；部分区域配送中心还承担着向辖区内企业客户及境外客户销售的任务。连锁加盟店为自主经营、独立核算、自负盈亏经营实体，与公司没有股权关系；公司对加盟店未收取加盟费，也没有返利；在公司允许下加盟店可以同时销售其他供应商的产品。辉隆股份从2003年开始探索连锁经营模式，经过多年发展，连锁经营初具规模，考虑到农资连锁行业的现状，为在竞争激烈的市场中继续扩大份额，巩固品牌优势，公司未收取连锁加盟费。加盟店向公司进货，主要采取银行汇款、转账和现金结算进行，实行现款现货、款到发货。连锁加盟店一般采取以销定购的经营方式，顺价销售，实现合理的利润。公司对加盟店不存在返利行为。我们认为"配送中心＋加盟店"一方面减少厂家到零售终端的流通环节，在产品价格和售后服务上上取得明显优势，同时借助加盟店的人力、物力和财力，实现终端网络低成本的快速扩张，1698家辉隆连锁店的商品配送数量、价格信息进入信息化管理系统，实现了动态化管理。连锁网络的优化升级强化了网络的整体功能，提高了对终端市场的掌控力，提升了网络分销、服务和创利能力。

5.一体化模式。

黑龙江倍丰农业生产资料集团利用连锁农资农家店收购水稻、玉米、大豆，既帮助农民解决了农产品销售问题，又保证农民买到价格便宜、质量优良的农资产品，实现了企业效益和社会效益双丰收。由于农资产业链涉及主体较多，协调难度大，价格波动大，市场动荡剧烈。因此，倍丰集团加大产业链纵向一体化整合力度，在农资销售中大力推广农资连锁模式，在上游通过连锁店向农民提供种子农药化肥以及技术服务支持，农民负责提供土地和劳动，再由连锁店实行双向流通，回购农民生产的农产品，收回农产品进行深加工。对于农民来说，大大降低了农业生产的风险；对于企业来说，既赚到了化肥的利润，也能赚到农产品深加工带来的新的收入。在全球农业的背景下，国内化肥流通连锁企业应该加强产品科技研发，创新营销模式，引导产业整合，在自身成长壮大的基础上带动农业整体发展。

（三）大型连锁企业拓展农村市场的主要问题

1. 农村市场配送成本居高不下

由于农民低收入水下的低消费能力和普遍存在的个体商户，使得农村日用消费品的安全质量不达标现象普遍存在；由于农村劳动力成本逐年提高，运输成本不断增长，农民消费需求的区域分散、小批次、多品种的特征，带来了农村日用消费品的配送成本逐年递增的现象。据调研，农村市场配送成本主要是运输成本、储存、分拣成本等，为了便于分析，我们将配送成本简化为运输成本和人工成本。据山东调研，从2005到2013年人工成本增长了接近一倍，原来在农村地区每人每天的工资也就50~80元，现在则涨到120~150元每天。而汽柴油的价格也几乎增长了一倍，相对来讲，农家店商品的价格没有太大变化，需求也没有较大增加，很多农家店需求还不断加少，所以配送的效益较低，尤其是偏远山区的配送成本远高于配送利润，直接的后果就是日用消费品价格高，造成不实惠和农家店的竞争力不强；间接的后果就是加盟的农家店的配送率不高，甚至不配送。河北省的数据就显示，截止到2012年加盟店的配送率为59.2%，即使发达省份广州加盟店配送率也只有67%，全国平均配送率也只有63.4%。另一方面，大中城市周边的耕地越来越少，南菜北运，西果东送等大范围远距离的运输成为农产品流通的常态，高油价、高人工成本等使得农产品流通进入高成本时代。据调研，新疆的哈密瓜运到北京，其成本要占到总价值的2/3。因此，需要加速对农村日用消费品市场进行的规范化进程，进一步提高农村日用消费品的安全质量，同时缓解配送成本逐年增长的现象。

2. 农村市场秩序仍然失范

目前，农村商贸流通企业进货渠道主要是批发商和区域代理商，增加了其进货成本；农村日用消费品的进货渠道不规范，使得农村成为假烟、假酒、私盐、假冒洗涤用品以及走私的二手家电、服装等商品的主要销售区。而且由于农村消费者识别真伪的能力低于城市消费者，再加上制假者的窝点多半设在农村，使得农村日用消费品无法溯源，农村消费者权益受损严重。据调研，局部地区假冒伪劣商品在农村市场约占20%甚至更高。这些问题的存在，使得农村日用消费品市场规范化进程由快转慢。

我国政府每年都会进行专项农资打假行动，如"红盾护农"行动，虽然取得了一定成效，但由于缺乏制度化的长效机制和市场变化适应机制，在巨大的利润诱惑面前，假冒伪劣农资现象仍屡禁不绝，各种不规范现象亦体现出新的趋势，即假标识、假包装、假证书和假广告。据国家质检总局发布数据的2012年全国化肥产品质量抽查结果显示，复混肥料、磷肥两类主要化肥产品的抽查合格率分别为87.7%和94.3%。而且农资市场已经由假证书、假标识、假宣传、假包装和假许可到更加隐蔽的"偷含量"、"偷营养"发展[1]。这些都给农业生产带来了极大的危害，损害了农资市场的繁荣与稳定。

3. 农村市场连锁经营企业经营压力依然较大

一是农村市场自身弱质性。由于农村物流基础设施相对城市要落后很多，因此物流成本比城市要高，而农村地区居住分散，农民的价格承受能力和消费能力又明显弱于城市居民，而且大约有2.5亿的农民常年在城市打工，农村的消费能力也有所萎缩，导致在农村地区零售市场投资回报周期较长。而且农村零售行业是劳动密集型行业，必须有专人负责，专人管理，也会带来较大的机会成本。因此，农村市场的中小流通企业处于这样的行业中利润率本来就不高，机会成本大。从某种意义上讲，农村市场特别是基础设施建设具有一定的公益性。

二是税费负担较重。根据我国农产品经营的有关规定，目前农贸市场的农产品经营户只需交纳定额税，农民或农民专业合作社自产自销不需交增值税和营业税，而连锁超市经营农产品却要按规定交纳增值税和营业税，税收负担要比农贸市场高得多，虽然连锁超市购进农产品可以抵扣13%的进项增值税的政策，但目

---

〔1〕 根据调研所谓的偷营养和偷含量主要是指一些企业在包装中故意虚报营养含量，或者在加工过程减少某些关键营养要素的含量

前执行起来困难重重。其原因一是农户或合作社往往无法开具足额增值税专用发票。二是连锁企业大多是跨区经营，但我国目前还存在地区分割，全国没有统一的农产品收购发票，各地自行制定的发票，无法实现跨区抵扣。三是根据税务部门现有的规定，超市公司可凭农民和农民合作社自产自销证明，开具收购发票抵扣增值税进项，但实际上有些农产品经纪人不具备自产自销条件，根本无法抵扣。这就增加了连锁超市的税收负担，影响其开展"农超对接"的积极性。因此，税收负担的高低直接影响着连锁超市经营农产品的成本，税负重不仅难以降低超市公司农产品的销售价格，而且直接影响连锁超市农产品经营的竞争力。再就是农村连锁超市承担的各种费用达20种之多，涉及收费的相关部门都比照城区连锁店的标准和要求收取费用，缴纳费用451元，农家店因销售额提高而增加的利润相当一部分用于缴纳各种费用。另一个连锁超市的重要成本主要是房租，一般连锁超市在农村及乡镇都是通过租赁获得经营用房，近几年房租大幅提高，也成为农村消费品市场规范化进程的主要成本之一。

三是人才缺，融资难。一方面，从事农村流通业的专业人才极度缺乏。零售业、餐饮业、门店店长、专职采购、营销策划等高素质复合型人才严重不足，许多企业招聘难，甚至有的流通企业高管岗位缺编率达到15%以上；另一方面，流通企业大多是小微企业，资金来源渠道较窄，经营资金基本靠自有资金、经营薄利、亲属借款、地下钱庄、高息贷款等渠道获得，造成流通企业，特别是小微企业融资风险较大。一些配送中心的扩建由于征地困难、融资能力差及后续经营成本大而难以落实。已建成的配送中心配送规模小、技术水平落后、配送不合理，加之农家店点多面广、单店订货量小、配送距离远等原因，无法实现配送的规模效益，配送成本居高不下。如果这种状况不能得到改善，配送中心必然处于亏损状态，后期发展乏力。

4.网点管理难度大

农村商业网点建设没有标准，过多过滥，竞争激烈，好店形不成销售规模，难以提高，差店勉勉强强也能维持。我们在双城市新盛村调研时发现，一个千人左右村现有各类农家店 15 家，较好的只有一家。"万村千乡"工程实施以来，我国农村农家店快速发展，但大多数均是加盟店。一些企业快速扩张，扩大规模，难免有套取国家财政资金的嫌疑。近一段时间以来，我们在各地调研均发现，大多数企业在调整加盟店的策略，要么弃之不管，要么改为直营店。都将企业的主要精力用在了直营店。加盟店无论在进货、财务、制度能方面均存在漏洞，难以管理。

(四)农村商贸服务网点拓展政策建议

1. 协调出台政策支持中小商贸企业拓宽融资渠道。

设立省级政策性农村商贸融资担保机构，对符合条件的农村商贸流通项目提供投资担保或贷款贴息等;鼓励各类商业银行进行农村金融产品和服务的创新，加大对农村市场建设贷款的投放力度;对支持农村市场建设的商业银行给予利差补贴、税收减免等优惠政策。鼓励地方商业银行等金融机构针对流通产业特点，创新金融产品和服务方式，开展动产、仓单、商铺经营权、租赁权等质押融资，努力解决融资难问题。研究农村市场特别是农资、日用品等连锁企业的税费结构，对于农村连锁企业的水电费、房租税等进行减免。

2. 加强市场治理体系建设，完善现代农村市场标准化体系和信用体系。

建立并不断完善城乡一体的农村市场标准体系，包括基础标准、建设标准、经营管理标准和服务标准等，也包括供应商标准、采购标准、物流标准等。其次，建立农村现代市场信用体系，建立黑名单制度，凡是供应出售过假冒伪劣商品的市场主体都将进入黑名单，这样可以逐渐净化农村市场。

3. 加大对乡镇购物中心的支持力度。

目前的乡镇是城镇化的牛鼻子，也是农村市场体系建设的牛鼻子。建议重点支持乡镇综合体建设，建立集日用品销售、农产品收购、初加工、农资销售等综合服务中心。既可以解决规模经济的问题，也可以提高流通效率。协调支持农村城镇商贸中心建设的土地问题。在城镇化建设过程中，优先安排商贸流通业用地;

✱十一、农村流通产业链整合研究

地方政府支持乡镇所在地现有的旧厂房、闲置仓库等设施及土地使用权有限转让或租赁给商贸企业建设有关项目;农村土地整治的增量部分优先用于农村市场的建设;对符合乡镇商业网点布局规划要求的农村市场建设用地在土地审批方面优先办理。

4.加大农村市场人才培训支持问题。

对于农业、农村商贸业、合作社、农民经纪人等行业急需的和当地经济发展长期需要的技术人才,实行吸引、留住政策,在安家补助、工资待遇、社会福利等方面政策优惠,鼓励大中专学生和各类高端人才在农村流通企业或其他经济组织就业,力争解决农村缺人才的难题。

十一、农村流通产业链整合研究

传统农村物流面临着双柠檬市场，低水平均衡，主体力量不均等，市场和政府双失灵等困境，因此，发展现代农业首先要构建现代农村物流，通过产业链的延伸和优化来发展现代农业。赵绪福，王雅鹏（2004）从产业化经营的需要分析了农村物流的构建：1.从产业化经营目标来看，需要不断拓展和延伸产业链；2.从产业化经营的宗旨来看，需要使农民进入产业链；3.从产业化经营的实现方式来看，需要产业链协调顺畅；4.从提高产业化经营绩效来看，需要产业链有竞争力的龙头企业和科技支撑。而"风险共担、利益共享"是构建农村物流组织的基本原则（王凯，颜加勇，2004）。王凯（2004）从战略的高度提出了整合我国农村物流的对策：1.采用多种形式发展农村物流组织，使农村物流组织从松散到紧密，从生产为主到销售为主，从单一到综合，从短到长，从小到大，从内到外；2.通过发展品牌产品链、特色农产品链和竞争优势农产品链等方式，不断凝聚农村物流组织发展壮大的内在动力；3.建立健全包括价值链、信息链、组织链和物流链的农村物流管理系统；4.为农村物流创造宽松的法律和政策环境。针对传统农村流通的困境，下面从产业链主体、内容和组织形式来具体讨论如何构建现代农业发展的产业链。

（一）现代化农村流通产业链的建设主体——谁来整合？

现代化的农村流通是由一家企业建设还是由产业链条上每个产业主体共同建设？新产业组织理论广泛使用博弈论对企业的策略行为进行分析，发现信息不对

※十一、农村流通产业链整合研究

称在产业链整合过程中增加了协调成本，交易费用大大提高，而且各个不同的市场主体因为拥有各自的利益而存在双重加价的价格扭曲（Double Marginalization），每个主体在每个阶段都加上自己的价格——成本边际，导致整个产业链的利润大大降低。因此，以龙头企业为主体，通过纵向一体化来建设完整的产业链条，这样可以责任明确、利益清楚、降低交易成本。

农村流通条上的市场主体众多，有就加工企业、经销商、农户等等，从上文的论述可知农业企业是农村物流条中实力最强的主体。相对其他主体而言，企业拥有更加超前的经营理念、现代化的技术水平、强大的资源整合能力和较高的市场营销水平，可见，农业企业和食品企业更容易建设成功的产业链。从整个链条的方便性上看，由于农业企业处于整个链条的中间，而且业务交叉更多，因此，农业龙头企业组建产业链最合适。

（二）现代化农村流通产业链的构成要素——整合什么？

1. 产业环境与农业企业资源的联动优化

产业组织理论（包括哈佛学派和芝加哥学派）充分强调了市场竞争和产业定位的重要性，主张通过市场充分竞争就能达到提高行业集中度、实现产业可持续发展的目的，但事实并非如此。主要原因：一是传统组织理论忽视了企业资源的异质性，把企业当成一个"黑箱"，只知道企业可以通过产业链整合提升竞争能力，不知道产业链的竞争优势到底来自何处，而且也没有考虑产业链整合的交易费用。二是产业组织理论忽视了国情因素和产业环境，正是不同的国情和产业具体环境的因素打破了理想的市场竞争的结局。三是产业组织理论由于源于新古典经济学的竞衡分析框架，导致这套理论从本质上说是静态的，即使进行了动态的努力，也是从一个均衡点到另外一个均衡点的比较分析。企业能力理论认为企业的持续竞争优势被模仿以后仍然能在均衡点上保持持续的竞争优势，但是这个均衡点是均衡模型中的"逻辑时间"，跟现实的日历时间没有任何的联系。我们处在这个十倍速变化的时代，产业链分解整合的速度越来越快，产业组织理论必须要重视企业内部资源与外部产业环境的互动。基于以上分析，我们认为现代化的农村物流的基础要素就是产业环境与企业资源的联动优化。产业环境包括混沌（Chaos）[1]环境和可持续发展。

2.搭建现代农业的公共行政信息平台

现代化的农村流通要想各个环节都能形成一个整体，提高控制和协调的效率，就需要建立公共行政信息平台。首先，企业要通过现代化的电子信息网络，建立产业链各环节共享的信息平台，让各环节的信息共享实现全方位、零距离。其次，通过内部媒体、流通网络和培训系统等多种形式，大力宣传产业链发展战略、广泛深入宣传农业管理法规、政策和农业安全使用技术，突出宣传种植、养殖和科学消费的知识，促进和提高农业生产和消费水平。

3.完善一个利益共享、风险共担的产业链条

在产业环境与农业企业资源联动优化的基础上，将原料采购与贸易、畜禽种苗提供、农业加工生产、农业园区建设与服务、农业流通模式、农产品收购、农产品加工生产、农产品销售等八大环节联结起来，形成现代化的产业链。

（三）现代化农村流通产业链的建设方式——怎样整合？

1.建立混合纵向一体化的链接机制

从制度经济学的角度看，产业链组织的形成是一种制度选择和制度创新，对此是需要付出成本的，这种成本是一种交易费用。市场结构通常是不完善的，企业具有以内部一体化替代市场组织的作用，能够以市场交易"内在化"来克服市场结构的缺陷。产业链组织中的"龙头"企业支配资源配置，将市场交易内部化，可以节省交易费用。根据企业能力理论，任何企业不可能拥有无限的资源来支配整个农村物流的各个环节，必须引进专业的经济实体以利益为纽带将其连接起来，

---

[1] 当今企业面临的环境处于动荡复杂之中（图3—1之单元三），这种企业环境动荡复杂、预测困难、随机无序，美国《发现》月刊称之为混沌（Chaos），列为当今十大科学难题之一

✿十一、农村流通产业链整合研究

过去大多数产业化一条龙企业失败的根源就是单独一家企业支配整个产业链无法控制风险。多个产业链的成员企业作为一个个独立的经济体，又客观存在自我利益的追求，相互间在进行产品或服务供需交换、谋求共同战略利益的同时，也存在利益差异与冲突。因此，为了实现农村物流合作企业的共同战略利益，使加盟产业链的企业都能受益，就必须形成一种长期合作博弈的机制来加强成员企业间的合作，使得成员企业能够风险共担、利益共享。这种机制就是混合纵向一体化连接方式。这种模式就是以一家农业龙头企业为主进行产业链设计，按照专业、高效和运作经验的原则，将某些环节以某一利益主体独资、控股或参股的形式参与产业链各环节的投资经营，而又与其他利益主体在某一（些）功能环节以合同契约进行联结。

2. 建立"公司＋农业园区＋市场"的组织形式

传统的"公司＋农户"模式出现了很多问题，主要是农户组织程度不高造成交易成本巨大，而且各方违约严重影响了小农户的利益。农业园区的建设解决了一系列的问题，因而具有先进性。

3. 建立"品牌＋标准＋规模"的经营体制

农村流通成功与否取决于整个产业链的效益，而产业链的效益取决于"品牌＋标准＋规模"的经营体制。其中品牌是终端产品实现价格增值的主要手段，没有终端产品的品牌溢价[1]就没有整个链条价值的提升，风险就无法避免。传统农村物流失败的原因之一就是各链条的行情风险无法因为品牌溢价而避免[2]。

标准化是品牌的保障，正是由于标准的严格执行品牌才能有溢价的空间。规模化就是将产业链模式复制放大，取得规模效应。

---

〔1〕 品牌溢价就是畜禽产品因为名牌而引起的价格提升
〔2〕 品牌溢价使得产业链有了资本积累，一旦某个链条出现亏损，食品终端的资本积累就起到了蓄水池的作用而化解

(四)现代农村流通产业链的一般框架

对中国农业产业作了深入考察和分析,认为建立一个基于联动优化的新的农村物流有助于现代农业的建设和农业产业的可持续发展(见图11-1)。

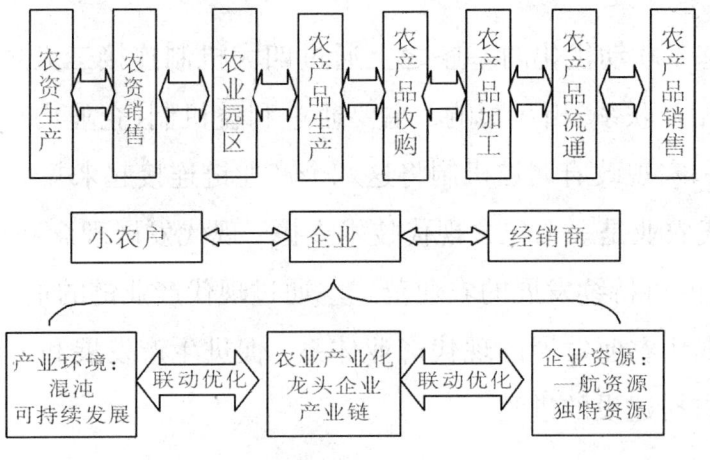

图 11-1　基于联动优化的现代农村流通产业链框架

第一,与以往产业组织理论静态研究不同,这是一个基于产业环境和企业资源双向连动优化的动态理论框架。连动,就是产业链中任一要素与存在该系统中的其他要素是互相关联,又是互相制约的,它们之间某一要素如果发生了变化时,则应对其他相关联的要素也要相应地改变和调整。优化,就是指整个产业链达到一种投入最少产出最多、风险最小机遇最大、统筹兼顾的理想状态。从系统科学上说,优化就是找出在某些约束下变量取最大或最小值(极值原理(extremum principles))的系统状态。实际上,优化就是系统整体结构或功能最优。连动和优化是一对相辅相成的对立统一体,两者密不可分。产业链中要素之间只有实现连动才能达到这个系统结构或功能最优;而产业链要想优化也必须实现要素的连动。

第二,与以往产业组织理论重视市场竞争和交易成本不同,这个理论框架还强调中国农业的产业环境和不同企业的资源禀赋。中国农业产业环境包括混沌和可持续发展。混沌环境的内容有非确定性(行情)、非有序性(竞争)、非对称性(小

十一、农村流通产业链整合研究

散养户与农业企业）、非物质性（竞争的关键）；可持续发展要求农业产业的生态化、规模化、集约化和食品安全，农村物流必须解决混沌现象并且要实现可持续发展。企业资源包括一般资源与独特资源两种，独特资源具有价值性、稀缺性、不可模仿性和不可替代性四个特征。农业企业正是凭借自身的独特资源才能整合产业链的各个环节。

第三，在基于联动优化的基座之上通过四大机制连接三大主体和八大环节。八个产业环节相互联系、相互影响，主要通过利益机制、企业内部协调机制、行业结构调整机制和宏观政府调控机制将这八个产业链连接起来并适时调整。

总之，现代农业是一个包含现代技术支撑，现代发展理念和现代产业体系的综合性、多功能的可持续发展的农业范式。通过现代产业链的重新构建、调整和优化整合，建立现代农业发展的现代产业体系，促进生产发展和生活富裕，进而推动社会主义新农村建设的进程。

（五）我国农村流通产业链的整合工具

1. 连锁经营的现代流通方式

新时期的农村消费趋势为连锁超市的发展创造了市场潜力。目前，中小城镇和农村的日常消费主要集中在吃、用两大方面，而价格低廉、质量保证、服务优良的商业形态在当地的缺位率相对较高。随着农村消费观念的转变、消费心理的成熟和消费需求的提高，人们更注重于购物环境的和谐、方便、自由和休闲。连锁超市这一新颖经营业态和销售模式的出现，正顺应了新时期农村消费求真求廉求便求全的发展趋势，具有较大的市场潜力。农村连锁超市，其经营模式是以设立在城市的总连锁店为核心，不断向本区域的各个乡镇以及附近区域及其部分乡镇辐射，通过规范化经营，实现规模效益的。由于连锁经营在降低采购成本、销售成本、管理成本行的同时，提高了企业的品牌形象和信誉，降低了竞争风险，因此也取得了较高的成功率。

与传统的大型百货商场相比，发展连锁店无论在店址选择还是内部装潢上要

— 184 —

求均相对比较低,可以大大降低资产的固定投入;开架销售、电子化管理和各门店之间统一采购,可以减少人力物力支出、加快资金周转速度、压低商品进价;更重要的是通过加盟连锁形式,可以极大地减缓总部的资金压力和风险。通过农村超市连锁的形式进军农村市场不但取得经济效益稳步增长,而且还可取得的社会效益明显进展,同时用现代流通方式,走连锁经营之路,无疑是新时期开拓农村市场一条切实可行的途径。但是,农村连锁超市在持续发展的进程中,依然存在着各个方面的问题。连锁零售业的运营是以追求规模为目的的,往往掩盖着运营管理方面的问题,在资源整合和管理方面形成越来越多的潜在危机,企业向各种业态全面扩张使资源处处短缺,特别是物流配送环节,受主观客观因素的限制,很难充分发挥其存在的巨大潜力。所以,这些有待加强的地方,需要我们的分析,并提出合理的对策。

一般作为连锁企业其根本要求是实现"六统一":即统一进货、统一配送、统一核算、统一管理、统一信息。但是作为主攻农村市场的农村连锁店,从整体看,特别是统一进货、统一配送属于物流范畴的这两方面最难实现,农村连锁超市在物流配送环节体现出比较明显的不完善。

2. 供应链管理的现代管理方式

随着我国加入世贸组织,并放开零销市场国外的零售企业正加快占领或瓜分中国零售市场的步伐,加之我国零售业态的变化,这就大大加剧了国内零售市场的竞争。无论是超市、大卖场、便利店,还是专卖店、百货商场都将走上连锁之路,这也是经济全球化的大势所趋。要发展跨地区的大连锁,如果没有现代化的管理手段,不依靠计算机信息系统进行管理是不可想象的。信息系统不仅是一种管理工具,而是企业的管理理念、思想和管理模式的一种载体,是形成企业核心竞争力的的有效手段。供应链管理成为关系企业生存和发展的关键,在国外,供应链管理已成为企业的"第三利润"来源,但在中国,供应链管理几乎尚未开始。供应连管理就是优化公司的整体行为,以创造产品和服务的组合。其目标是管理和协调整个过程,从原材料供应商到最终用户,而不是仅局限于特定的业务部门的优化,是创造出一个非常具有竞争力的价值链,并使参与协调的各方获得双赢的结果。供应链管理的概念是:对供应链中的信息流、物流和资金流进行设计、规划和控制,从而增强整个供应链中各各成员的竞争力,提高供应链中各成员的效率和效益。

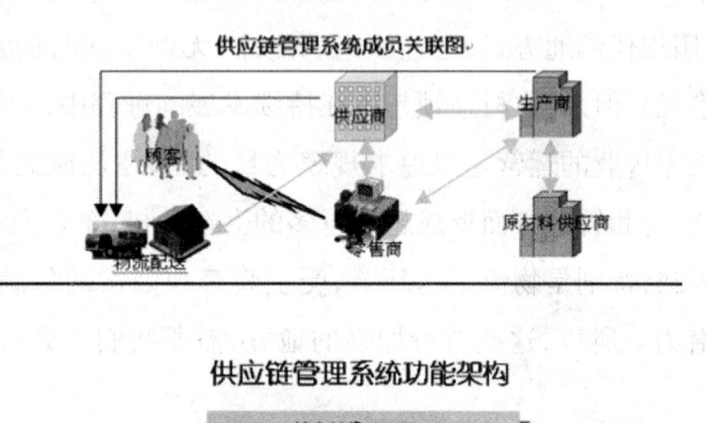

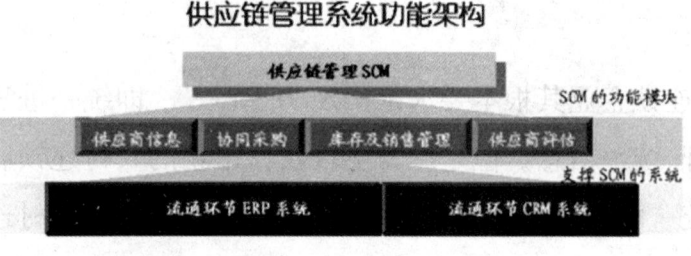

图 11 - 2　供应链管理关系图

3. 资本运营的现代运作方式

我国农业发展面临的最大难题是资金缺乏,这是造成农业发展滞后的根本原因之一。资金的缺乏完全靠国家、集体和农户的投入是难以解决问题的。无论从近期看,还是从中长期看,农业发展与资金瓶颈的矛盾都是存在的,只是资金短缺的程度不同而已。农业产业要获得较大发展,农业综合生产能力要有大的提高,我们必须在改造中低产田,开发农业资源,加强农田水利建设,加快农业科技推广,建立政府支持和保护农业体系,农产品深加工,农业商品基地建设,农村市场体系及设施建设等各个环节上努力,这些都需要巨额的资金支持。建立家庭联产承包责任制以后,我国农业发展的资金来源主要是农户自有资金的积累、政府财政预算支出和国家金融机构的贷款。与其他产业相比较,农业产业资金来源渠道狭窄，投入数额十分有限，形式也很单一，更为突出的是现有的各投入主体对农业的投入都严重不足，难以满足农业产业化经营发展对资金的巨额需求。

众所周知，完全依靠原有的投资渠道来解决农业产业发展的资金缺口是不现实的。解决农业投入不足的问题，必须要有新的思路。要构造多元投资主体，在全社会范围内，多渠道、多形式吸收资金流向农业。实现这一宏观战略设想的重要举措就是利用资本市场，广泛吸引工商企业和城乡居民进入农业领域，并进行投资。无论种养业、还是农产品加工企业，都存在着非常广泛的适合中小企业进入的空间。因为，目前我国农业呈现出一家一户的分散经营和农业资源紧缺的状况，只能也比较适合中、小企业进入农业领域，但是，我们还应采取积极的措施，争取在农业领域内培育出大型或巨型的农业产业集团。

大量事实表明，无论是大型工商企业，还是中小工商业，在进入农业领域方面都面临一个共同的难题，也就是自有资金严重不足，企业负债率过高。根据我们调查的情况看，一些已经进入农业领域的工商企业，为了解决自有资金不足的问题，一般都从以下四条渠道获得资金：一是通过合资或在海内外发行农业开发债券，引进资本；二是争取国家的优惠贷款和财政、税收上的支持；三是采取股份制和股份合作制进行资产整合，壮大资产实力；四是组建农业类开发集团公司，争取上市发行股票，筹集社会资本。这些形式都是行之有效的，而第三、第四条渠道的筹资效果一般都优于前两条渠道，其效果还不仅只反映在筹资方面，它还有利于农业组织形式的改造与升级，将现代企业制度引入农业领域。

通过发行债券，股票等资本市场筹资，把一部分城市居民手中分散的资金集中起来，汇小成大，集液成裘，直接转化为发展农业的资本，这是我国农业产业发展的一种有效途径和崭新模式。据相关专家调查分析，利用资本市场将一部分市民引入农业领域，用城市居民的资金来发挥农业的前景是不可以低估的。我国城市居民手中有大量的资金。虽然我国的国债和证券市场等都有了很大发展，但城市居民投资渠道仍然有限。对城市居民来讲，农业领域存在着潜在的投资机会。第一，虽然农业生产受自然风险和市场风险的双重制约，但由于农产品需求

✳十一、农村流通产业链整合研究

相对稳定，名优特农产品仍很畅销，与其他产业比较，农业产业竞争相对较弱。特别是农业还受到政府的重点保护和支持，这充分表明，农业产业投资风险较小，且盈利是相对稳定的。第二，虽然农业产业的比较效益在总体上偏低，但农业产业中存在着许多投资小、见效快、效益好的行业或项目。在种植业中的经济作物、养殖业的草食畜牧业、农产品的保鲜和精加工、设施农业、旅游观光农业等领域，都潜在着大量的投资回报较高的项目。如中国饲料第一股的"正虹科技"和中国米业第一股的"金健米业"就以十分明显的绩效吸引了大量投资者。国内大量农业龙头企业的成功经验表明，只要能将农产品生产、加工和销售等环节上通过一定的组织形式有机地连接起来，农业比较效益偏低的状况是可以得到明显改善的。第三，"民以食为天"，农业是国民经济的基础，这是不可能改变的，即使今后农业人口减少、农业经济份额下降，农业仍是一项长盛不衰的朝阳产业。农业投资的上述特点正好与城市居民投资行为的特点相吻合。这也就有力的表明，把城镇居民手中分散的资金转化为农业产业化经营的资本，是大有希望的。如果我们利用股票形式，将城市居民手中资金的5%吸引到农业领域，那么一个省将会有几百亿元的资金投入到农业发展中来，这对于财政的投入来讲是不可以想象的。当然要将这种可能变为现实，还需要一定的条件，其中最重要的是必须有一个中间载体，农业类公司上市发行股票则是一种比较理想的途径。因为，绝大多数城镇居民一方面投资欲望与农业投资特点吻合；另一方面，他们又缺乏投资知识，更缺乏具体运作农业投资项目的能力。而上市公司正好可以在这些方面发挥有效的积极的引导作用。

利用资本市场直接融资进行农业产业化经营，不仅可以分散投资风险，减轻政府与银行的压力，具有融资额度大、成本低、操作灵活等优点，而且可以有效地促进经营机制和经营理念的转变，还可以凭借资金优势和成功经验，通过收购兼并，资产重组和产权交易等手段进行资产重组和改造，提高资源的配置效益，获得低成本、超常规地发展。

4. 信息化的现代技术方式

尽管我国物流信息化发展较快，但是不得不承认，与国际先进水平相比，整体水平尚处于较低层次，特别是中小物流企业的信息化水平很低。一方面，先进的信息技术应用较少，应用范围有限。调查显示，在国外物流企业得到广泛实用的条码技术、RFID、GPS/GIS 和 EDI 技术在中国物流企业的应用不够理想。同时，立体仓库、条码自动识别系统、自动导向车系统、货物自动跟踪系统等物流自动化设施应用不多。另一方面，信息化对企业运营生产环节的渗入层次较低。记者经过调查发现，在信息化水平较高的大中型物流企业，其企业网站的功能仍然以企业形象宣传等基础应用为主，作为电子商务平台的比例相对较少，大约占 16.67%。同时，已建信息化系统的功能主要集中在仓储管理、财务管理、运输管理和订单管理，而关系到物流企业生存发展的有关客户关系管理的应用所占比例却很小，大约是 23.33%。

事实上，目前较低的信息化应用水平已经成为制约我国现代物流发展的重要因素，我国物流业迫切需要提高信息化水平，以提升国际竞争力。据了解，一辆丰田轿车的零件有 3 万个之多，但是丰田汽车公司却是零库存企业，"以信息替代库存"可谓丰田公司制胜的法宝之一。可见，中国物流业要想提升竞争力，仅依靠提升"运力"是不够的，必须大力应用和发展现代信息技术。

"大物流"急需物流信息化实现"两化"。在经济全球化的大趋势下，随着信息技术的迅速发展和竞争环境的日益严峻，要大幅度降低我国企业的物流成本，增强企业的国际竞争力，就必须以信息技术和信息化管理来带动物流行业的全面发展，构建全社会的"大物流"系统。这就迫切需要物流信息化在信息资源上实现共享化、在信息网络上实现一体化。

——物流信息资源共享化。以往，物流企业的信息化建设十分看重硬件投入，随着企业发展的需要，信息资源的整合开发日显重要。事实上，开发物流信息资源既是物流信息化的出发点，又是物流信息化的归宿，同时，信息整合也会推动物流行业相关资源和市场的整合。我国著名物流专家陆江曾在接受采访时表示，目前，我国物流企业信息化水平较低，能利用信息技术优化配置资源的企业

十一、农村流通产业链整合研究

还不多。特别是公共信息平台的建设滞后，物流信息分散，资源不能有效整合，形成了大大小小的"信息孤岛"。我国要发展现代物流，抓住全球化和信息化带来的发展机遇，必须加强物流信息资源整合，大力推进公共信息平台建设，建立健全电子商务认证体系、网上支付系统和物流配送管理系统，促进信息资源的共享。调研数据显示，在当前物流企业的信息化发展中，对公共信息网络平台的需求比例大约为56.67%。有关专家建议，物流信息化应纳入国家信息化发展的总体规划，统筹考虑、协调发展，从体制上打破条块分割和地区封锁，从信息资源整合入手，抓好物流资源的整合。

——物流信息网络一体化。随着经济全球化以及国际贸易的发展，一些国际大型物流企业开始大力拓展国际物流市场。而物流全球化的发展走势，又必然要求跨国公司及时准确地掌握全球的物流动态信息，调动自己在世界各地的物流网点，构筑起全球一体化的物流信息网络，为客户提供更为优质和完善的服务。加入 WTO 以后，我国的物流企业要想适应国际竞争并在竞争中盈利，建立全国性乃至全球性的网络系统同样必不可少。通过一体化的网络，物流企业可以产生特殊的规模经济效应，更有利于吸引用户、降低成本。

5. 战略联盟的现代合作方式

我国现有的物流企业虽然数目众多，但是大多数的特点都是规模较小，服务单一，甚至有些仅仅是挂着物流企业的名头，实质上只是一些仓储公司、快递公司，根本不具备第三方物流企业所要求的服务能力。对于我国的这些物流企业而言，每个企业的资源都是有限的，但是这些有限的资源相对于不同类型的物流企业来说又都有着其特定的优势，这些优势资源分散开来互相竞争，互相打压，不但导致物流资源的浪费，而且严重影响了我国物流业的发展。而现阶段，大多数的物流公司都没有足够的资金以并购的方式扩大企业规模，建立完整的物流服务体系，所以我国的物流企业要想在激烈的竞争中得以生存和发展，就应当以企业之间结成战略联盟为侧重点进行物流资源整合。

所谓战略联盟，从资源结合体的角度界定，是指参与企业根据各自已有资源的特异性，本着互利互惠的原则，结合资源的互补性，追求共同利益的行为。而物流企业的战略联盟，是指两个或多个第三方物流企业，或其他公司的自营物流部门，为了适应市场需求、实现资源共享、发展企业规模等特定的战略目标而签订的长期互利的协作关系。

物流服务由于其运作的复杂性，再加上一个企业的物流资源往往是有限的，单一的物流服务提供商根本没有办法满足物流服务的全球化与综合化发展需要，难以实现物流服务整体的有效控制与管理，难以实现物流全过程的价值和经营活动的最优化，难以实现低成本、高质量的物流服务，因而也无法使客户感到满意。而物流企业之间建立战略联盟，可以最大限度地发挥企业各自的特点，扬长避短，在未进行或无法进行大规模的融资的情况下，利用伙伴企业的优势资源完善各自的服务体系、增加物流产品的服务品种、扩大物流网络的覆盖面，同时还可以使物流资源信息在各合作企业间共享，从而在本系统内，做到服务一张单，对客户的需求，可以提供采购、仓储、配送等供应链上的一条龙服务。这样既节约了物流企业自身的运营成本，又提高了企业的竞争力。

虽然在物流企业之间建立战略联盟可以有效地降低企业的物流成本、减少企业的运营风险、扩大企业的物流服务范围、提高企业的服务水平，提升企业的竞争力。但是，在战略联盟实际的操作上也存在着一些需要注意的问题。

首先，要选择合适的联盟伙伴。物流企业战略联盟的成功与否，在很大程度上取决于合作伙伴的正确选择。在这里最重要的是要看所选择的合作伙伴是否具备自己所需要的资源和能力，来帮助自己更好地满足客户的需求。因为只有通过优势互补，才能真正做到取长补短，实现整体最优化，真正达到建立物流战略联盟的目的。所以，在选择合作伙伴的过程中，就要注意到资源的互补性，以此为标准来选择。比如发展侧重仓储的物流企业，就应选择发展侧重运输、包装的物流企业。而服务网络在东部地区比较密集的物流企业就可以选择网络在西部比较密集的物流企业，等等。

其次，物流企业之间所建立的战略联盟必须转变原有企业的观念，明确自己

❋十一、农村流通产业链整合研究

的市场定位,同时利用各自的资源优势开展附加的物流服务,完善联盟的物流体系。而不能只把自己看作是一个简单的仓储、运输或者货运代理企业,更不能认为联盟仅仅只是运输、仓储、保管、配送等不同公司的简单叠加。所以,对联盟内的每个企业来说,要适应企业身份的转换,必须尽快把握物流真正的内涵,转换服务观念,努力发掘自身物流服务的潜力,在求得自身发展的同时和联盟内的其他企业共同进步。

再次,在结成战略联盟后,要保持稳固的信任关系。在企业之间进行联盟的过程中,合作方的不信任将会直接导致联盟关系的破裂,信任是战略联盟的前提。这就要求诚信机制的建立。一方面,联盟伙伴之间必须具有长期合作的意愿,保持相互信任;另一方面,应通过建立对双方均有约束的规章制度,使联盟伙伴之间建立稳定而持久的信任关系。这样不仅可以节约甚至避免大量的交易费用,更有利于合作关系的发展,从而提高联盟合作的成功率。

第四,企业文化也是结成战略联盟后将面临的主要问题之一。不同的企业有不同的文化,企业文化往往决定着企业的行为,只有企业文化大体相同的企业才有可能在行为上取得一致,从而结盟。但是,在物流企业战略联盟的建立中,难免会有企业文化之间的冲突,在这种情况下,就要求各方尊重对方的企业文化,同时找到双方或各方在文化上面的切入点,务实地解决联盟将面临的问题,在面临共同的竞争时,要保持求同存异的策略,回避次要矛盾,在共同的利益面前,利用各方的共同点来维持物流服务体系的正常运作。

第五,处理好战略联盟中企业间的合作与竞争关系。物流系统是由两个以上的要素组成的,单个要素不成为系统,因此,单纯的运输和仓储只是物流管理过程中具体的功能性活动。而目前我国物流业中存在的实际问题就是,存在很多这样的只有功能性活动的中小型物流公司,缺少大型的、综合的、专业的第三方物流企业。这同我国急速增长的经济形成了矛盾,同时也无法使我国的物流企业在与国外物流企业的竞争中获得优势。所以,必须针对我国物流业的发展现状,对现有的中小物流企业进行以战略联盟为主的资源整合,从而解决我国物流资源浪费，重复建设严重的问题，在谋求企业生存的同时也促进我国物流业的发展。而在联盟的过程中，虽然它们出于一种合作的关系，但由于各个物流企业的服务重心和利益不同，也存在着一定的竞争，这时就要处理好合作与竞争之间的关系，发现并解决它们之间可能存在的问题，充分发挥各企业的能动性，扬长避短，优势互补，以求在战略联盟的各个物流企业之间实现双赢或多赢。

总之，农村流通尤其是互联时代和新常态下的农村流通不仅仅是某一个环节的发展，而是全产业链的整合及优化，通过资本市场、供应链管理，战略联盟等方式，整合全产业链是推进供给侧改革和联通供给侧和需求侧的"有效一招"。

❋十二、互联网时代农村商品流通产业全产业链模式

十二、互联网时代农村商品流通产业全产业链模式

（一）农村流通产业链整合的思路

目前，我国农村物流主体众多，既有供销社、邮政等传统的国企，也有阿里、苏宁等大型企业，还有重要的中小和个体企业。本课题将建立寡头环境下的物流网络建设模型，提出企业的竞争策略和政府管制措施，提出农村物流网络整合的模型和措施。

与城市物流、工业品物流比较而言，农村物流尤其是农产品物流更为复杂。推进农村物流发展，比发展城市物流困难更多。农村物流是新型工业化、城镇化、信息化、农业现代化"四化同步"发展的组成部分。中国当前最大的商机在新农村，特别是新农村的互联网化。真正服务中国农村 9.5 亿人口的大商业平台，以及物流载体，这是绝对的一个 1000 亿级估值的公司。要真正搞懂农村互联网化的商机，一定需要具备互联网＋电商＋新农业＋物流等跨界思维。众所周知，交通运输、农业、供销、邮政这几个部门的职能和资源，是构建农村物流供应链的有机组成部分。农村是生产与消费的统一体。农民生产农产品，消费农业生产资料和日用消费品，产生可再生资源。农产品、农资、日用消费品、再生资源四大物流系统是农村物流的主体。围绕农村的生产和消费，这几个部门各扬所长、各有建树;不足之处就是各自为战、缺乏协同。多年来，交通运输、农业、供销、邮政等部门立足各自职责，通过加快农村公路建设、推进"菜篮子工程""新网工程""快递

— 194 —

下乡工程"、发展农村邮政物流等措施,对改善农村物流基础设施和农村物流体系建设发挥了积极作用。但是,由于各部门之间政策缺乏协调,没有形成推进农村物流发展的合力,导致资源整合利用不足,农村流通效率不高,物流成本居高不下。因此,加强部门协调配合,促进资源优化配置和整合利用,有利于推动农村物流健康发展。

"统筹规划"是农村流通健康发展的前提。将分属各个部门的农村物流基础设施规划衔接,实现统筹布局、资源互补,共同开发;县、乡、村三级农村物流节点体系实现"多站合一,资源共享"。推进农村物流枢纽站场建设,加快县级农村物流中心建设,完善乡镇农村物流服务站布局,健全村级农村物流服务点,这些农村物流"硬件"设施都需要统一规划,统筹布局。现在的问题在于,经过多年的建设和发展,交通运输、农业、供销、邮政等部门在农村都有大量存量资产,还有其他部门的物流资源。在统筹规划下,盘活并发挥这些存量资产的作用,以及新的增量资产与存量资产的衔接与融合,将是农村物流统筹规划的重要内容。科学规划是健康发展的前提。基础设施和网络体系是农村物流的"舞台"。"舞台"搭好,才好"唱戏"。

按照资源互补、利益共享、风险共担的原则,积极探索跨部门共建共管,跨行业联营合作发展的新机制,大力推进"一点多能、一网多用、深度融合"的农村物流发展新模式。如果能在"跨业融合发展模式"的探索中有所突破、有所建树,那将对农村物流以至整个物流界合作共赢产生积极推动作用。鼓励农村商贸流通企业、供销合作社整合分散的货源,外包物流服务业务,与农村物流经营主体开展深层次合作。这是基于"物流外包"重申了供销合作社"分购联销"的传统业务;至于农产品流通中的农批对接、农超对接、农社对接、直供直销等物流服务新模式,各地近年来积累了不少成功的经验。这诸多"对接"以及上述的"跨业融合发展",核心内容是整合资源,逐步发展产、运、销一体化的物流供应链服务。

供销合作社系统农资、农产品、日用消费品、再生资源等物流系统各自内部整合尚且不易,将交通运输、农业、供销、邮政各自的农村物流资源整合成统一高效

✱十二、互联网时代农村商品流通产业全产业链模式

的物流系统，则更加不易，何况农村物流还涉及到土地、金融、税收、环保、人事等部门和相关政策。将这些资源和物流要素整合成为推动农村物流健康发展的合力，更需要做好顶层设计、统筹规划，同心协力、不懈探索，总结经验、稳步推进。农村物流又是随着"四化同步"发展而不断发展的。所以，对农村物流的实践和认识、探索和提升，也要与时俱进，适时集成、优化、强化，才能推动农村物流发展不断跃上新的台阶。积极推动农村物流发展，因地制宜探索多种农村物流新模式，通过"农村货运班线、客货联盟、多部门资源共享、交农共建、交邮共建、产业化对接、公共物流信息网"等试点示范引路，分类推进，较好解决农村物流"最后一公里"和"最初一公里"问题。

（二）完善农村流通产业链网络体系

1.加快现代农村综合物流园区建设

物流园区和区域分拨中心是农村物流体系的中枢，其承载着仓储、配送、中转、分拨、包装、分拆、加工等物流功能。农村物流园区必须是综合性的园区。充分挖据农业生产资料、农副产品、日用消费品等农业资源，发挥园区的交通优势，构建粮食、蔬菜、瓜果、肉类、农资等主要农产品的物流系统，初步实现农业生产生活物资的散储、散运、散装、散卸和整个流通环节的供应链管理，并以此推动适合农村特点的结构合理、柔性好、响应快、流程简明、技术先进、设施配套、信息共享、运行效率高、用户满意度高的农村物流体系建设，使园区成为农村农业物资的货运流通、信息配载、仓储配送、餐饮休闲、停车住宿、车辆维修、办公配套于一体的大型专业物流园区。成为区域农村电子商务物流园区，须要基于"电商 + 物流"，发展成为区域农产品集散中心、区域原料统一采购平台、区域电子商务物流平台。

2.推进以公路货运站场为依托的县级农村物流中心建设

农村物流需要抓住县级这个基点。对于当前各大县级物流老板进行整合，他们具有本地化的运营能力，也具有本地化的资源和人脉基础。公路是农村物流的主要交通媒介。村村通公路工程经过十几年的建设，整体效果还是不错的，据相

关媒体报道，交通运输部发布的《中国农村公路发展十年（2003年—2013年）》白皮书指出，截至2013年年底，全国农村公路总里程达到378.5万公里。99.97%的乡镇和99.70%的建制村通了公路，其中97.8%的乡镇和89.0%的建制村的公路是沥青路、水泥路。全国98.6%的乡镇和92.8%的建制村通了客运班车，农村客运站总数达到24.6万个，客运班线数量9.6万条，平均日发车班次117万次。随着电商的发展，农村道路基础设施不断完善逐渐成为电商的标准配置——物流，迎来大发展的基础，这是农村电商发展另外一个重要原因，有效降低了电商下乡的前期性成本。因此，依托公路货运场站建设县级物流中心，健全县市农村物流中心与上下游枢纽节点间的运输组织网络，扩大了向农村地区的延伸和覆盖。

3. 完善乡镇村农村物流服务站的布局和建设

结合本地物流实际需求，打造"上接县，下联村"的农村物流中转节点功能，支撑了农村各类物流的中转仓储和分拨配送。镇村物流服务站主要功能是完成集货功能，按公司统一运价收取费用，联系通村客车完成村到乡镇的货物转运工作。构建县、乡、村三级农村物流节点，在县城建立物流（配送）中心、乡镇新（改）建农村综合服务站、乡村设立物流配送点，形成了以物流配送企业为中心、以乡镇农村客运站为节点、以村级供销网点为终端的运行平台。建立秭归农村物流供求信息的收集、整理、发布平台，使信息资源共享，将农村物流信息进村入户，最大程度地解决农民"卖难"和"买难"问题，实现"农民不出村，信息服务送上门"，让广大农民享受现代物流发展带来的方便，促进农民增收。农村物流不仅仅是农村电商物流，农资物流也是重要的一部分，这一部分主要还是在线下，如果要推动农村物流的整合，需要从村级站为基础，从县级物流平台为入口做全面的网络整合。

农村物流网络平台建设最好以创业孵化形式。带动全国各地县级城市物流老板进行创业，不要控股他，你只作为参股，帮助他们实现规范的经营管理，统一品牌、系统管理等。农村物流不是一家快递、零担企业的机会，而是靠另外一个具

❋十二、互联网时代农村商品流通产业全产业链模式

有新思维的整合驱动着去布局。

（三）农村流通产业链整合的组织模式

1."农村货运班线"模式

开通"定时、定点、定线"农村货运班线，创新思路把"货运班线"与"村村通客车"结合，通过"客货联盟"打通农村物流"下乡与进城"双向快捷通道进行了宣传报导。在实际运输组织管理中，由于村级配送涉及物流企业、客运公司、村级服务站、客运驾驶员等多方，为规范运作，对客户承担责任，各方签订合作协议，明确责任和义务；在费用结算上，货物运输费用由物流公司确定统一标准，其他参与方不另行收取费用，通过提成获取收益；通过班线货运的运行，当地农村物流成本下降30％。

2. 货运班车总站运输模式

为加强区域农村物流服务网络与干线物流网络的有效衔接，积极引导物流园整合已入驻的物流企业，探索试行公路港"货运班车总站"运输组织方式，逐步整合零担专线，推行"定点、定线、定班、定时"的服务模式，与农村货运班线结合，打通市县乡村四级服务网络体系，实现城乡物流市场对接，提高农村物流集约化和组织化水平，发展以城带乡，城乡一体的农村物流共同配送模式。

3. 创新多业融合发展模式

推出交通、商贸、供销、邮政"四点合一"的发展模式，按照统筹规划，集中投资，避免重复建设的思路推进当地农村物流发展。推进综合服务站建设；开展农资和农产品仓储、经销和配送业务。

4. 整车配送一装多卸模式

初期发展起来的互联网物流企业以平台为主，主要解决了传统物流服务站信息不对称的问题。随着进一步的市场探索，各企业逐渐开始在货物集散端思考更多可行方案。最普遍的做法是，互联网物流企业搭建平台，平台一端对接客户，另一端对接司机。平台的价值更多体现在整合了离散的货源，完成了集货功能。

然而，以平台为基础，并没有解决集货困难、成本高、周期长、一流货源难寻的问题。整车配送，一装多卸模式其实只做到了最基本的表层重构，完成了对信息、货物的聚合与分发，并没有从根本上改变物流行业供应链链条。

5.平台招投标模式

此种模式用户可以通过平台发布货运需求，司机在平台展开竞价，用户根据报价选择性价比合适的司机进行接洽。以此模式发展起来的互联网物流企业，更加看重的是平台对供应链的控制价值，企业一旦可以掌控供应链管理技术，那么后期将有很大的市场想象空间。

互联网本质是公开透明的，互联网物流企业的货运报价也会越来越接近刚性成本，那么在平台竞价的压缩空间就会变的有限，货运物流交易效率要求较高时，竞价就会失去优势。物流企业如果想通过补贴拉低竞价来扩展市场份额，长远来看这种烧钱模式很难持续发展。

6.立体生态模式

商业模式中最大的赢家是链主企业，供应链从单独一条链向多条链整合过后就延伸出平台模式，如果有多个平台的建设和整合，那就成为了立体的经济模式。互联网物流企业将基层的末端配送运营、干线整合、全国仓储圈地、信息平台建设、大数据战略、金融服务、延伸到制造代工等，这一系列就会组合成物流的立体生态经济模式。立体生态经济模式最终会掌控整个商业生态，成为最大的供应链链主平台。

从我国目前物流行业整体来看，空运、铁路的主体运力在国有，而公路物流运力散乱。因此立体生态模式的整合难度非常之大，因此立体生态模式物流骨干网的"骨干"整合将成为其重要短板。

（四）农村流通产业链整合的市场主体分析

流通主体是农村物流的关键所在。有了农村物流经营主体，推广应用"先进的农村物流运作模式"就有了基础，因为运作模式不过是企业与企业之间经营活动的相对固定样式;供应链一般有一个主导企业。有了骨干龙头企业,整合资源,打造产、运、销一体化物流供应链就有了依托。还应该说,"提升农村物流信息化水平",很大程度上是农村物流主体运作经营所需要的信息化水平,包括县级农村物流信息平台、乡村物流信息点服务功能,也主要为了物流企业与服务对象的互联互通、高效服务。尽管农村电商只是从2014年才开始被提出的一个概念,但是,截止今日,全国四万余个乡镇已几乎被各家物流公司瓜分干净。在这个几乎空白的电商市场里,"物流先于商流"成为开拓市场的关键命题,毕竟网络可以通过一根网线连接全世界,但物流却需要一个节点一个节点地落地建设。

1. 阿里巴巴农村菜鸟网络

阿里宣布3～5年内投资100亿元启动千县万村计划,建立1000个县级运营中心和10万个村级服务站,覆盖全国1/3县及1/6农村。阿里的村级服务站是将农村电商代购、农村物流融为一体的布局,愿景很美好,但马云靠的是整合模式,目前国内尚未有一张绝对能够支撑的大网帮助马云实现,只在浙江的部分地方试点。当然,阿里的菜鸟与日日顺、邮政是有战略合作,这也是阿里摄入农村的重要通路。在农村,菜鸟网络已经建立起一张覆盖200多个县,10000多个村服务站的农村末端网络,农民可以享受到和城里一样的电商物流服务。菜鸟网络并不直接配送这些货物,而是利用数据系统将各地的落地配物流公司组织起来,在农村搭建了一张密度更为广泛的配送网络。现在大部分快递公司只能覆盖到县城的配送,县城到农村部分缺乏有效的电商物流解决方案,菜鸟网络的农村物流系统解决了这一难题。通过菜鸟的这套网络,县域到农村的全国平均时长控制在13.4个小时。沿海地区大概8个小时就能送达,而甘肃、新疆等地则要长于13.4个小时,而平时基本能在24小时内送到。

2. 京东帮服店

2015年4月,京东对外宣布,目前招募和签约的乡村推广员突破万名,县级服务中心超过100家,预计今年计划开设500家县级服务中心。从2014年11月开布局的京东帮,启动到目前不足半年,这样对农村的布局是让人刮目相看。京东农村电商战略最核心的两大模式就是县级服务中心和京东帮服务店。

县级服务中心采用公司自营的模式，房源租赁、房屋装修、家具采买、办公设备和中心人员都由公司负责，服务中心的负责人为乡村主管。乡村主管可以根据业务量自行分工，乡村主管对其负责区县的业绩负责。"若想成为一名乡村主管，需有乡村生活经历或者非常熟悉乡村生活，且具备一定市场营销能力，还得有与客户面对面沟通的经验。"据了解，服务中心主要承担了代客下单、招募乡村推广员、培训乡村推广员和营销推广等功能。目前，在沭阳县想要签约成为乡镇推广员的人数众多，已签约的推广员就已达到70多人，其中30岁左右年轻人居多。京东县级服务中心一般选址在县级城市的繁华地段，面积约在150平方米左右，由京东自主经营。自去年年末第一个县级服务中心成立以来，解决农村最后一公里的这一方式正在快速"扩充地盘"。

京东乡村推广员如同京东无数的"神经元"，活跃在全国各个村落，这些"神经元"由县级服务中心统一管理，统一培训，统一考核。记者了解到，目前京东乡村推广员数量正急速增长，按照计划，2016年3月初京东乡村推广员将突破3000人，服务中心将达到30个，覆盖50个以上县城。就乡村推广员的招募，根据自身提出的2015年电商下乡总目标：京东新开业500家县级服务中心、招募数万名乡村推广员。目标背后，是京东服务7亿农民的大梦想。作为京东电商下乡的统管中心，县级服务中心是实现"京东梦想"的落脚点，为广大推广员提供服务、宣传、物料支持，而这些中心则全部是京东直营店形式。

"县级服务中心是京东由线上向线下拓展的尝试，它是一个多业务承载模式，管理人员包括配送站长和乡村主管。由乡村主管对当地乡村推广员进行培训、管理，乡村推广员既是销售员、售后服务员、物流配送员，也是京东的信贷员。乡村主管还将协调县服务中心与京东帮服务店的功能匹配，让两者相互协作，共同解决农村消费者购买网购商品的'最后一公里'配送难题。"另外，按照京东的规划，服务中心日后也会发展在外务工的京东快递员回乡打理。"一方面，快递员能就近就业，另一方面，这些快递员对京东业务相对熟练。"

✽十二、互联网时代农村商品流通产业全产业链模式

京东帮服务店。京东帮提供大家电服务需求在京东下乡上，除了县级服务中心，力撑电商下乡的就是"京东帮"模式，与县级农村服务中心的自营方式不同的是，加盟京东帮服务店这种方式解决电商下乡"最后一公里"问题。京东集团华东首家大家电"京东帮服务店"也同样在沭阳县正式开业，业务范围覆盖沭阳县辖下6个街道、25个镇、8个乡，覆盖面积近2300平方公里。"京东帮"服务店同样面向4－6级市场（一二线主要城市以外的三四五六线城市乡镇），但只经营大家电业务，此业务不在京东县级服务中心的经营范围内。它针对大家电产品在物流、安装和维修上的独特需求，依托厂家授权的安装网络及社会化维修站资源的本地化优势，通过口碑传播、品牌宣传、会员发展、乡村推广、代客下单等形式，为农村消费者提供配送、安装、维修、保养、置换等全套家电一站式服务解决方案。"京东帮"服务店与京东之间属于合作关系，但其承载的则是京东的自营家电业务。

具体来看，京东县级服务中心是京东针对县以下的4－6级市场打造的市场营销、物流配送、客户体验和产品展示四位一体的京东服务旗舰店，为客户提供代下单、配送、展示等服务。一个县级服务中心将管理该区域所有乡镇的合作点，通过招募乡村推广员、扩建京东物流渠道等，使京东自营配送覆盖至更广阔的农村区域。

由于农村消费者居住比较分散，订单密度比较小，很多物流公司都无法触及，农村消费者很难享受到与城市消费者同样便捷的送货上门和售后服务。同时许多农村消费者对网购不熟悉，对商品和售后服务政策不了解，对网购仍有疑虑，这都是电商企业下乡面临的难题，也正是京东县级服务中心和"京东帮"服务店击中的农村电商服务的痛点。

3. 日日顺物流

日日顺打造的虚实结合的O2O送装一体的物流＋服务网络，为了更好地为农村市场提供服务，日日顺物流不断拓展自身布局，并将物流网络及渠道下沉至农村市场。日日顺物流通过搭建开放的第三方大件物流平台整合社会化资源。在全国拥有9个发运基地，90个物流配送中心，仓储面积达200万平方米以上。同

时已建立 7600 多家县级专卖店，约 26000 个乡镇专卖店，19 万个村级联络站。并在全国 2800 多个县建立了物流配送站和 17000 多家服务商网点。依托遍布全国的 3000 多条客户配送专线，在全国串成一张送装同步的"大"网，做到"销售到村，送货到门，服务到户"。9 万辆"车小微"资源可以保障全国无盲点覆盖，用户即使身处偏远山区，也能配送到户。车小微要做到的是"你有需求，货物就已在路上"。在日日顺的车小微中，每一辆配送车都将是一个小微公司，符合条件的家电服务点、经销商，以及物流公司、个人等都可以加盟。以加盟模式吸引各资源方主动进入，给加盟商订单，给他们运营系统、派工系统、结算系统等，从而搭建自己送装一体化服务平台。让加盟商的车变成了小微公司，车主自己创造价值、维护价值，提升效率的同时降低日日顺自身的成本，实现平台的价值最大化，用"轻足迹模式"使 9 万辆车变成 9 万个小物流公司。

作为国内唯一能够实现进村入户的大件物流配送平台，日日顺物流行业价值逐渐被客户和用户认可。通过提供差异化的物流服务体验，日日顺物流目前已经吸引了天猫、亚马逊、创维等 500 多家企业前来合作，成为国内五大电商平台首选物流商。

4. 顺丰物流

从 2014 年开始，顺丰就开始推动城市快递员回乡创业计划，通过农村快递员的回乡创业，带动顺丰农村网络的布局。一方面解决了老快递员创业的梦想，又解决了顺丰人员管理中的负担，同时又实现了农村网络的布局，这是王卫下的很好的一步棋。目前看来，顺丰的节奏还没有加快，不过比三通一达布局农村要快多了。顺丰服务覆盖的县级市或县区已经超过 2300 个，占到全国 80% 以上。

5. 中国邮政

据 2013 年邮政行业发展统计公报显示，中国邮政业务范围遍及全国 31 个省（自治区、直辖市）的所有市县乡（镇），通达包括港、澳、台地区在内的全球 200 余个国家和地区，拥有快递服务营业网点 11.8 万处。这是唯一一家最具备有农村物流网络的平台，可惜体制问题错过机会。邮政国企体制导致了全国有超过 50

十二、互联网时代农村商品流通产业全产业链模式

万农村网点的平台未能激活。各省独自经营，各地百花齐放，导致了邮政的战略上下不一致，思维不统一。这个给民营企业留下了诸多机会。中国邮政与阿里达成合作，并联合菜鸟网络，将中国邮政的5000个网点向民营快递开放。这个规模令基于网购发展起来的民营快递公司望尘莫及。在干线资源上，除了数以万计的铁路、公路资源，中国邮政还拥有国内快递专用货机54架，快递服务汽车15.7万辆。

6. 供销合作社

供销合作社是农村商品流通的重要渠道，是推动农村经济发展和社会进步的重要力量。但目前供销社系统企业处于多而散的状况，由于社有资产分级所有，全系统企业虽然队伍庞大，但因产权分属、网络分割、各自为战，难以对发展农村新流通新物流形成合力。在新形势下，供销合作社系统需要不断深化体制改革、创新经营机制、拓展服务链条。

新中国成立以后，党和政府十分重视合作社的发展，1949年11月，成立了中央合作事业管理局。1950年7月，在北京召开了中华全国合作社工作者第一届代表会议。这次会议标志着供销合作社由分散到统一。会议通过了《中华人民共和国合作社法（草案）》、《中华全国合作社联合总社章程（草案）》等若干重要文件，通过了成立全国合作社的中央领导机构——中华全国合作社联合总社，负责统一领导和管理全国的供销、消费、信用、运输、渔业和手工业合作社，负责主持中华全国合作社联合总社的工作。1954年7月，在北京召开了中华全国合作社第一次代表大会。会议通过了总社章程，成立中华全国供销合作总社，负责统一领导全国供销合作事业。这次会议，标志着我国供销合作社正式成为一个独立的全国性的组织系统，截止上世纪90年代，经过40多年的曲折发展，供销合作社顽强地生存下来了，证明它是合乎中国国情的一种经济组织，具有强大的生命力，供销合作社已成为服务我国农业生产，活跃城乡经济的一支重要力量。1995年2月，中共中央、国务院作出《关于深化供销合作社改革的决定》，进一步指明了供销合作社在社会主义市场经济条件下的发展方向，要求供销合作社真正办成农民

群众的合作经济组织,在解决我国农业、农村和农民问题上发挥应有的作用。根据中央的决定,1995 年 5 月恢复成立了中华全国供销合作总社。2009 年国务院出台了《国务院关于加快供销合作社改革发展的若干意见》(国发[2009]40 号)指出,供销社对拉动农村消费需求具有重要意义,也为供销社改革明确了方向,提出在加快改革的过程中要构建运转高效、功能完备、城乡并举、工贸并重的农村现代经营服务新体系。

改革开放以前,农村市场流通主体主要是通过供销社和国有商业部门。改革开放以来,随着国民经济市场化步伐的加快和农民收入水平的提高,农村消费品流通体系也得到了很大的改观,农村商品流通渠道和流通主体格局也发生了深刻变革,多元化趋势日益明显,形成了多种经济成分和市场主体共同发展的格局。特别是在消费品流通中(包括工业消费品和农副产品),农民个体运销户、经纪人日趋活跃、农民合作经济组织、农业产业化龙头企业日益重要。

在农村消费品商品流通体系中,农贸市场长期以来一直承担着农副产品零售环节流通的任务,发挥着不可替代的作用。改革开放以来,城乡农贸市场在经历文革时期被勒令关闭的萧条期后,得到了迅速恢复和发展,市场数量和交易额都大幅增加。1978 年全国城乡集市有 33302 个,交易额 125 亿元,其中农副产品交易额为 47.6 亿元;到 1984 年发展到 56500 个,交易额 470.6 元,其中农副产品交易额为 218.4 亿元;1998 年城乡集市数为 95379 个,贸易额为 19835.5 亿元,其中农副产品贸易额为 29152.5 亿元[根据《中国统计年鉴》(1985-1999)数据整理,2000 年统计指标发生变化,城乡集市贸易一项删除,故而没有以后的数据]。据全国城市农贸中心联合会的调查数据,2006 年我国共有农贸市场 2.6 万家,其中有 1.5 万多家在农村。特别是食品流通中,农贸市场长期占据农村食品市场第一位,截止到 2007 年,这一比例仍为 44.4%[三绿工程工作办公室,《2007 年流通领域食品安全调查报告》]。近几年来,随着城市建设的升级和人民生活水平的提高,经过各级政府的治理规范,现在主要大中城市的农贸市场已经基本完成了"退路进厅"。农村农贸市场也正在逐步走向规范化。

❀十二、互联网时代农村商品流通产业全产业链模式

（1）供销合作社新网工程的重大意义

供销合作社是为农服务的合作经济组织，是推动农村经济发展和社会进步的重要力量。加快供销合作社改革发展，对于活跃农村流通，完善商品流通体系，建设现代农业，拉动农村需求，推进社会主义新农村建设，促进形成城乡经济社会发展一体化新格局，具有重大意义。

一是加速城乡物资交流，发挥城乡发展一体化的先导作用。

在新网工程资金扶持下，各地供销社抓住机遇，抢先布局，充分发挥城乡发展一体化的先导作用。宁夏自治区供销合作社制定专门规划，成立领导小组，在实施生态移民工程中布局网点，政府解决土地，供销社负责建设，大大促进了城乡商品流通。山东省供销合作社在城镇化进程中针对农民社区性、综合性服务需求，充分发挥供销合作社贴近"三农"的服务优势，利用建设农村现代流通服务体系产生的凝聚效应，全力建设以现代商品经营为基础、集各类生产生活服务项目于一体的农村社区服务中心，不断夯实供销合作社在农村的发展基础，受到了农民欢迎，得到了各级党委的重视和支持。

二是促进农村商品流通，成为农村流通现代化的重要途径。

供销合作社积极利用连锁超市、配送中心、物流园区、商贸综合体、电子交易等新型流通方式改造传统经营网络，发挥产业聚集效应，大大促进了农村商品流通。河北省供销合作社积极推动"一体两翼"网络布局，在县城中心位置开发商贸综合体，搞"商贸＋住宅"。在县城周边，分别搞一个农产品交易市场，一个再生资源分拣中心。现已经与151个县签订了战略合作协议。在固原、承德等地都得到了县政府的大力支持。天津市供销合作社在静海县投资建设的子牙再生资源基地占地1300亩，2012年加工废旧资源200万吨，营业额达到100亿元。

三是增强为农服务水平，成为服务农业农村农民的重要力量。

新网工程增强了供销合作社基础设施建设能力，改变了供销合作社以往破破烂烂的形象，提升了为农服务水平。青海省供销合作社农资市场的占有率达到90%，政府主动委托供销合作社开展测土配方施肥项目。广西自治区供销社积极

在边远贫困少数民族山区开展日用消费品布点，原来农民买一瓶酱油就得跑几里地，供销合作社网点进去后在家门口就买得到。

四是传播乡村商业文明，成为净化农村市场的重要抓手。

山西省供销合作社通过省级社建设物流园区，市县建设配送中心，乡镇建设直营店，村建加盟店或者综合服务中心的网络发展，改善了农村居民传统的购物环境，改善了农民的生产生活环境。"大连锁，小超市"的战略布局促进了现代商业文明在乡村的传播。

五是提升供销合作社地位，成为供销社发展壮大的助推器。

通过新网工程的持续投入和发展，供销社形象地位进一步提升，各级政府对供销合作社日益重视，涉及农村流通的工作，都非常重视征求供销合作社的意见。重庆市的农资公司一直归口国资委，2011年又重新划为供销合作社管理，为此，重庆市供销合作社开展了重庆市农资经营网络布局规划，农资网络有了明显起色。四川省供销合作社主导的农业社会化服务体系规划成为政府规划，政府每年投入4000－5000万财政资金支持供销合作社网点布局。

（2）供销合作社新网工程的主要问题

一是缺少顶层设计，约束较多难以融入政府经济社会规划。

供销合作社虽然制定了一些规划，但真正发挥作用的还不多。一是规划基本上自说自话，没有顶层设计，缺乏与发改委、商务部门和农业部门充分沟通协调，没有融入政府经济社会整体规划，执行过程中难度较大。二是规划过程中缺乏可行性研究，没有考虑到土地、资金等各个要素的限制，导致执行难，没有充分融合中央各部门支持政策，扶持较少。江西省供销合作社规划了一个占地40亩的再生资源分拣中心，2009年32亩土地已经到位，但是仍有8亩土地难以获批，导致项目一直搁浅。

二是缺乏系统资源整合，各自为战难以发挥整体合力。

供销合作社系统不仅有中字头企业，也有省级企业和市县级企业，还有基层社；新网工程也有农资、日用品、农产品、再生资源四大网络。一是系统内各个层级的企业如何联合合作，充分优化资源，加强资源横向和纵向连接，发挥合力。比如，近年来电子商务发展出现热潮，各个省都做得很多，投入较大，问题是规模较小，整体竞争力不强。二是新网工程农资网点、日用消费品网点、棉花网点、农副产品网点交叉重复，存在资源浪费现象，如何加强各个网络之间的联系，"一网多用"，新网工程规划必须考虑。

三是缺乏龙头企业带动，小散弱乱难以产生重要影响。

供销合作社系统企业不可谓不多，但是小散弱乱难以产生重要影响，整合资源。龙头企业的带动作用十分明显，安徽辉隆集团通过与海南农资公司的合作，通过资金联合、制度联合、品牌联合大大提升了海南农资的经营管理水平，2012 年销售化肥 29.4 万吨，创历史之最。但是系统内像辉隆这样的上市企业凤毛麟角，新网工程资金需要加大对重点龙头的扶持。

四是缺乏项目监督管理，"撒胡椒面"削弱资金杠杆作用。

新网工程规划发展过程实际上就是总社资金、省社资金向基层延伸的过程，资金只有这么多，如何用活用好，充分发挥新网工程资金的杠杆作用，必须加强项目监督管理。不考核，有相当一部分是编故事。反正是没有人检查。一些企业刻一个小章，说供销合作社占股34%，然后就扶持，给资金。还有一些企业每一年的利润远远低于补贴，拿新网工程的钱是直接冲减费用了。因此，对新网工程的考核能否制度化，实行项目终身负责制。建立科学的考评体系，做好的要奖励，下一次申请可以优先扶持。做的不好的要惩罚，收回资金，甚至取消申请资格。

五是缺少现代管理人才，老旧观念制约供销社长远发展。

无论是新网工程规划发展，还是资金申请申报，项目可研报告，还是项目后期的管理监督，都需要专门的经营管理人才。各地供销合作社恰恰面临人才短缺的问题，江西省供销合作社 35 岁以下人员仅占 18%。广东省供销合作社也面临人才缺乏，引进人才困难的问题。

（3）对策建议

一是综合协调将新网工程规划纳入中央政府发展规划，提升规划影响力

充分考虑到变化中的新形势，把握机遇，从指导思想、顶层设计、网络功能、布局等方面，体现新思路、新模式和新路径。从总社角度将规划纳入国家发展规划。突出规划的公益性，与政府支持相结合。加强联合合作、优势互补、协调合作。解决一些我国经济社会发展中的热点、难点问题。提升规划的影响力。

二是顶层设计明确各级供销合作社战略定位，整合资源做强做大

兼顾长远，立足当前。充分体现供销合作社特色，体现为农服务的特点，站在全行业的角度，全国的角度，优化资源发挥整体优势。准确定位各级供销合作社的战略重点和布局，整合各个层级不同企业、不同网络、不同网点的资源，明确目标明确，便于操作。

三是扶优扶强支持重点行业、重点企业、重点项目，提升杠杆作用

重点扶持农资、日用消费品、再生资源产业、农产品流通等重点行业，强化转型升级，提升全产业链水平，打造知名品牌、获取市场话语权。建立重点龙头企业的可持续扶持机制，加大扶持力度，建立合作项目专项扶持资金，鼓励联合合作。抓重点产业的龙头企业的重点项目建设，提升重点项目的辐射范围和知名度。

四是分类指导加强项目管理监督考核，建立可持续支持机制

分类指导，通过新网工程规划明确东中西部地区供销合作社的重点任务和重点项目，明确城市供销社、省级供销社、县域供销社发展重点。

实行项目终身负责制。建立科学的新网工程项目考评指标体系，完善新网工程考核机制，建立激励惩罚机制。做好的要奖励，下一次申请可以优先扶持，甚至是连续扶持，鼓励企业做大做强。做的不好要惩罚，建立黑名单制度，收回资金，甚至取消申请资格。一是政府引导。吸收有实力的农副产品市场和农产品流通企业，发挥骨干流通企业在农村商品流通改革与市场建设项目中的作用。鼓励企业充分利用原有供销社和农业技术推广站、种子站、植保站等基层商业网点，整合资源，降低建设成本。指导企业开展多种经营，拓宽经营范围，将书刊、家电、

— 209 —

✱十二、互联网时代农村商品流通产业全产业链模式

服装等引入连锁超市，发展服务型、综合型农家店，保障市场繁荣，提高经济效益。二是优化网点布局。为促进流通企业有序竞争，提高试点企业的运行质量，尽快启动农村商业网点规划的编制工作，结合小城镇建设规划，编制乡镇商业网点规划，确保合理的试点企业数量，实现有序竞争和商业网点的合理布局，促进农村流通业的健康、协调发展。三是相较于供销社系统，各大零售商的优势体现在其规模优势、资金优势、先进的经营管理方式和现代商品流通方式等。其劣势主要在于各大零售商在城市零售市场发展比较成熟，而进入农村市场比较晚，对于农村市场的特殊性和差异性不太熟悉。另外供销社系统拥有完善的经营网络系统，而各大零售商在这方面还需要重新开始，经营成本和风险更大。四是强化监督检查。强化对企业的监管，建立市场准入退出机制和规范化的企业档案，在企业的选址、申报、改造、配送及服务等方面加以规范；重点加强村级店、加盟店的监管，对不符合要求并经整改后仍未达标的连锁店，坚决摘牌，维护农村流通市场的严肃性。五是开展职业培训。大力开展连锁企业经营管理人员的业务培训，特别是重点培养一大批当前最为缺乏的职业经理人和基层连锁店店长，提高他们的经营能力和业务素质，推进连锁企业规范化、科学化管理。

7. 首农集团的京津冀全产业链模式

首都农业集团在畜禽良种繁育、养殖、食品加工、生物制药、物产物流等方面具有行业明显优势，业已形成"从田间到餐桌"的完整产业链条，拥有 5 家国家级重点农业产业化龙头企业和"三元"、"华都"、"双大"三个"中国名牌"，具有较强的行业引领力和辐射带动力。首都农业集团紧紧围绕首都经济发展内涵，大力发展现代农牧业、食品加工业和物产物流业，构建京津冀全产业链。在提高综合生产能力和经济效益的同时，强化服务"三农"的意识和社会责任，成为提供绿色健康食品的、在国内同行业具有龙头地位的、首都标志性的都市型现代农业产业集团。

养殖环节。首农集团借助京津冀一体化进程，将养殖业向河北、山东等地扩展。京津冀一体化是一个契机，北京城区扩大很快，环境成本和生产成本都在上升。在包括北京、河北、内蒙古、黑龙江等地区建有种植基地。在北京周边地区种

植蔬菜，确保首都市场的新鲜蔬菜供应，也能够稳定新鲜蔬菜在首都市场的价格，支持民生发展。首农在内蒙古种植土豆，在黑龙江的双河农场建立了50多万亩的粮食种植基地，那里现在种植有20万亩水稻、10万亩玉米和10万亩杂粮。此外，首农集团还建立了农业加工厂。首农集团在河北省定州地区有一个循环农业基地，从事一体化的农业生产、养殖和技能培训。现在，已经在河北省规划了十来个地区，准备建立大型的循环农业产业集群。同时，首农集团自有奶牛7万头；年出栏优质北京鸭1000余万只；种猪存栏8万头，"北京黑猪"具地方优良品种资源不可复制的优势，形成以SPF技术为核心的优质种猪繁育体系；肉鸡年引进祖代种鸡45万支，年产肉鸡商品代合格种蛋6500万枚，年提供商品代雏鸡近2亿只，自主研发培育出具有自主知识产权的"京红一号""京粉一号"蛋种鸡。集团的养殖业和屠宰业水平都是全国一流的。

在京津冀协同发展的大背景下，首农集团正在三地重新部署产业，其中北京地区计划外迁奶牛不低于2万头，生猪外迁不低于3万多头。目前正在河北定州规划建设的首农现代生态循环农业示范园区，奶牛养殖规模可达到3万头。北京市民消费的农副产品中，三分之一以上由首农集团供应。为契合京津冀协同发展的战略部署，首农集团制定了"首农新战略"，加快北京地区农牧业外迁、加大在津冀两地的投资力度。

由于在首都经济调整中受到诸多限制和约束，畜牧养殖和加工企业往京外搬迁也是首农的一项重要工作，而北京及周边地区的数十个奶牛场区就被列入这一规划当中，因此调整迁移和转型升级的任务日益迫切。加之农牧业自然灾害、疫病、社会风险高，比较效益低，成本增长较快等不利因素，首农已确定了加快农牧养殖业外迁工作，向北京周边和河北等地转移的部署。北京地区的奶牛外迁应不低于2万头，生猪外迁3万余头。目前正在河北定州规划建设的首农现代生态循环农业示范园区，奶牛养殖规模可达到3万头。

食品加工业环节。首农集团囊括了包括三元、八喜等食品业品牌，具有很强的市场声誉。通过合资合作，实现了高效率的品牌建设，确立了首农集团在中国

✤ 十三、城镇化背景下国外农村流通体系建设的经验借鉴

市场上的主导地位。多业并举，向多元化发展：目前甚至将来一段时间，国家特别的经济增长速度仍会较快，基础设施投资规模较大，为企业赢得了良好的发展机遇，但同时应看到建筑业受国家的宏观经济政策影响较大，市场管理还不尽规范，为了提高企业的抗风险能力，有效化解市场风险，在企业的产业发展战略上突出主打业务，将其做强做大，形成品牌优势，同时向其他产业领域延伸。

物流环节。首农集团目前正在提升改造寿光市的蔬菜生产、供应模式，建立了从生产基地到北京市场，到市民家中封闭的、安全可靠的绿色蔬菜供应链。同时，首农集团计划在环京津地区投资建设 11 个蔬菜批发市场，邯郸市是其中之一，这将进一步带动和吸引首农集团在本市投资建设优质蔬菜生产和深加工基地。此外，首农集团对邯郸市大名的花生和馆陶的禽蛋产业给予了肯定，表示了投资合作的愿望。首农集团奶牛、肉禽、油品的优势也将对该市相关产业起到带动作用。

首农集团将打造"环京城"农副产品物流圈，它依托于京津翼协调发展的大背景，在未来几年的时间里首农将在京津翼三地建设 3000 家社区便利店，先去将在北京建设 500 家，完善从农场到餐桌的"最后一公里"。此次社区便利店将以售卖首农集团生产的农副产品为主。此外，首农还与中国标准化研究院共同制定了 50 多种农副产品的准入标准，称为"首农标准"。为了丰富便利店的产品种类，所有进店产品必须符合"首农标准"，才可进店售卖。

而且，在未来 10 年内，首农集团还将在京津翼三地投资 500 亿元，用于发展养殖、牧业、水果进出口，以及建设农副产品项目基地等。此外，首农的环京城物流圈叶子加速建设中。

最后，在构建全球战略价值链的过程中，首农集团融合优势管理战略，在扩展合资合作伙伴关系时，不仅要提高产品的市场占有率，更要通过合资合作，吸收行业内最先进的技术与管理手段。首农集团先是通过合资合作，全面融入到国际化市场运营中，再发挥本土资源优势，走出去，打造首农的集团品牌，建立全球价值链体系。

十三、城镇化背景下国外农村市场体系建设的经验借鉴

（一）地多人少，大农场背景下的美国模式

美国是城镇化水平较高的国家之一，2013年，城市化率已经超过85%，基本达到城乡一体化。随着城镇化的快速推进，尽管美国是农业大国，但农业产值仅占美国经济1.2%。美国有3亿多人口，其中住在农村地区的人仅占约2%，从事农业生产的人不到1%，其中又只有半数将农业作为主业。根据美国农业部的数据，目前，美国的农场数量只有203万个，农民数量也只有300万左右。农场年平均净收入达到9.6万美元，远远高于美国家庭年收入5~6万美元的平均水平。实际上，美国基本上没有农民，主要是农场主。农民已经融入到整个美国城镇化的文化和消费市场中了，农民购买日常用品、娱乐服务等与市民差别不大。因此，美国的农村市场体系主要就是农产品和农资市场体系，其日常用品主要在超市购买，与城镇没有太大的差别。

美国模式的主要特点是直销直供、虚拟经营（信息化、期货电子商务）、配套完善（冷链、技术、法律法规健全）。

1.直供直销，扁平化经营。

美国的农业生产和零售规模很高，生产者可以面向大型超市或顾客直接供货，通过农场主与超市直接建立联系，全美近80%的农产品是从产地经物流配送中心直接到达零售市场。农资以农场主直接购买为主，供应商会将产品直接送

✺十三、城镇化背景下国外农村流通体系建设的经验借鉴

达,并且提供喷施等专业服务。美国日用消费品则是采用连锁经营的大型零售终端直供,渠道的层级结构缩短。

2. 虚拟化经营,信息化程度高,电子商务和期货市场发达。

目前,美国农村市场体系采用了多种信息化技术和设施,包括数据交换、信息管理、物联网等现代技术和设备。在广泛的技术和设施支撑下,加上美国农场主的素质相对较高,因此,农村电子商务总量也较大。

美国信息服务体系较为发达。建立了以国家为主体的农业信息体系可为市场提供涵盖 120 多个国家、60 多个品种的农业信息,具备规范的农业信息处理制度和严格农业信息发布制度。美国农业信息的第一手资料大多依靠农业部有关业务局的抽样调查得出,对抽样数据按照一定比重推算得出全国的数据,然后依照普查数据验算校正。美国农业信息的分析和发布有着严格的制度和规定。美国国会要求,美国农业部每个月都对世界农产品的供求形势进行一次预测。对这些信息进行收集整理和分析的主要目的是对全球市场进行预测。美国国会要求,美国农业部每个月都要对世界农产品的供求形势进行一次预测。此外,据统计,美国约有 300 个信息服务系统可为农户提供农业信息,各种信息咨询公司、农业网站也成为农民了解农产品市场信息的重要途。另外,在美国存在很多农业服务公司和信息咨询公司,为农场提供各种可以相互印证的市场信息,为农场决策提供智力支持。

美国期货市场发达。美国拥有芝加哥农产品期货市场等大型期货市场,既可以影响世界范围内的农产品价格,也可以为美国农场主决策提供支持,而且成为分散农业经营风险的主要途径。当前国际期货产品有 1000 多种,美国上市期货期权品种高达 500 多个,美国芝加哥期货交易所平均 45 天就上市一个新品种,仅芝加哥期货交易所就有上市期货期权品种 90 多种,其中农产品期货 27 种,期权交易品种 23 个。在美国,60% 的粮食生产经营企业和 10% 的大农场主直接进入期货市场进行套期保值交易,中小农场主则间接进入期货市场。美国政府也鼓励支持农场主利用期货市场进行套期保值交易,不断扩大套期保值者队伍。美国芝

— 214 —

加哥期货交易所(CBOT)农产品期货组合交易总量的提高主要归因于电子交易平台交易量的增长。2007年4月份，CBOT农产品期货交易总量中的58%是在电子交易平台上进行的，CBOT电子交易平台上的农产品期货与期权日均交易量为383155份合约，较2007年第一季度增长了43%。2007年1月份至4月份，农产品期货组合日均交易量为666756份合约，较上年同期增长了52%。

总之，美国农村市场的虚拟化经营程度较高，这一方面为农场主决策提供了充分的依据，规避了农村市场的风险。

3. 冷链、配送、法规等配套齐全。 美国冷链仓储配送物流体系建设已日趋成熟。冷链仓储配送设施总量大。2011年全球冷链市场的收入达到755.6亿美元，其中北美市场的贡献率达到整体收入的40%，美日两国的冷库总量占到世界的40%。冷链仓储配送链条较为完善。美国将冷链定义为"从贯穿农田到餐桌连续过程的维持正常温度，保障食品质量，减少食品损耗"。美国冷链仓储配送企业实力强。美国冷链运营商通过联合并购，前五强企业的冷库总量占到全国的64%，集中度非常高，产品在运输环节的损耗率控制在2%~3%，高于西欧国家的5%的水平，冷链技术的运用确保高效和安全的流通体系。

另外，美国农产品市场管理体制比较完善，已经成了补贴、贷款、休耕等制度体系。法律法规健全，建立了基于全产业链条的法律法规体系。执法比较严格，有效了保护了农场主和消费者的利益。

总之，美国的市场体系是建立在系统化的设施、法规和管理体制基础之上的，这为美国农村市场的可持续发展奠定了基础。

（二）人多地少，高度组织化下的日韩模式

日韩都是典型的东亚小农国家，2012年日韩的城市化率分别达到95%和91%。在高度的城市化背景下，日韩的农村人口很少，农村市场相对规模也不大。日韩农村市场最大的特点是合作经济组织发挥了主导性作用。日韩农协都建立了基于金融、物流、营销为一体的综合农协，经营农资、日用品、农产品等农村市

✷十三、城镇化背景下国外农村流通体系建设的经验借鉴

场体系的方方面面内容。建立了从中央到地方的经营体系,覆盖了从批发到零售的各个产业链环节。绝大部分农户都是农协的会员。

1. 农资和日用消费品市场

日韩农协是农村市场中农资和日用品的主要供应者。由会员向农协提出需求,综合农协为农户提供定制化的农资供应。农协还为会员提供日用品派送,满足农村市场老龄化的需求。当然,也有厂商直接配送的,也主要依赖农协的网点。这种趋势在不断的加大。

2. 农产品市场建设

(1)批发市场是农产品流通主渠道。目前,批发市场依然是日韩农产品流通的绝对主渠道。在日本,蔬菜的批发市场内的流通量占到蔬菜总量的81%,果品占到72%;在韩国,农场品的批发市场内交易量占到67.8%。日韩的农产品批发市场一般都有商品分级整理、保管、加工、冷藏、配送等设施,还有质检、结算、信息提供、代办保险等配套的辅助服务设施,服务集约化程度高,并灵活运用计算机信息处理技术,成为农产品物流中心。

(2)农协建设生鲜食品"集配中心"实现"农超对接"。农协为了进一步降低农产品物流成本、减少物流环节的耗费并提高所销售的农产品质量,开始采用农产品直销方式,并且在全国范围内建立生鲜食品"集配中心"。"集配中心"采取预约订货、交易双方议价等方式,直接向超市、生活协同组合、各种小规模生鲜食品零售店提供农产品。一般都设有低温仓库、常温仓库以及农产品包装加工设施等,货源全部来自农协系统。"集配中心"负责对农产品进行进一步的加工、小包装分解、分等分级及包装,同时开展农产品电子商务、配送等服务。在我国,也可以鼓励大型的流通企业和农民专业合作社成立"集配中心",对农产品进行进一步的加工包装等,直接配送到批发市场、超市、零售店,同时可以开展电子商务和配送等。

(3)产地直销所完善农产品流通。日本的产地直销所主要建在城乡结合部或都市近郊,主要销售两类产品:一是超出农户自家消费量的剩余农产品,或者是

食品、手工加工品、工艺品;二是以前经由农协大规模出货时,无法通过严格的出货规格的产品。直销所具有缩短流通环节、调动农村剩余劳动力、加强农村与城市交流、利于消费者和生产者良性互动等功能特点。

(4)基层农协的综合服务。日本生活协同组合主要是消费者为维护自己利益、避免中间商盘剥而依法共同出资建立起来的消费合作社。会员们自己出资、自己利用、自己参与管理并利益共享。目前有地区生协、单位生协、学校生协、医疗生协、互助住宅生协等。一般情况下,生活协同组织有三种组织物流的方式:

一是以"班"为单位的预约共同采购,这种形式和通常是以近邻的三户以上人家组成班组进行采购,一个星期后以班组为单位送货,这种形式不需要店铺经营,而且能够直接送货上门,不仅成本低、方便会员,而且由于无库存,食品保鲜度好;二是直接利用生协开设商店销售农产品;三是以电子商务方式销售农产品。生活协同组合作为消费者自己的组织,对农产品的安全要求很高,通常都设有专门的农产品品质管理部分负责对农产品的检查。

(三)人地均衡,中小型农场下的欧洲模式

欧洲是工业化的策源地,工业化带动城镇化迅速提升,2012年英国、法国、德国的城市化率分别达到80%、86%和74%。城镇化高度发达的欧盟,农业生产的最基本单位是独立家庭农场,它是构成农村市场体系的基础。

欧盟农村市场体系一个突出特点是大型连锁企业网点深入农村地区。欧洲地区法国的家乐福、欧尚,英国的TESCO、百安居(BQ),德国的麦德龙、阿迪(ALDI)超市等大型超市集团。这些企业普遍在农村地区设有网点,在农村市场中具有较大的影响力。

欧盟的合作组织也比较发达。农民介入市场活动的基本组织形态是各种形式的农民合作组织,欧洲很多国家建立了从农资采购、农产品销售、日用品零售、保险、金融等合作社,有的是综合性,有的是专业性的,还有一个农户参加多个专业化合作社的情况。高度发达的合作组织体系实现了农村市场体系的广泛覆盖,可

❈十三、城镇化背景下国外农村流通体系建设的经验借鉴

以为农户提供从农资采购到农产品销售的全部活动，基本可以满足农户的生活需求。而且合作社都严格按照合作性质进行运作，成为欧洲地区农村市场体系建设的一个重要部分。

现代农业高度发达，农产品加工业发达，连锁企业规模大，各种专业合作社发挥重要作用。荷兰的鲜花、家乐福、麦德龙等。中小型农场生产水平高，农牧结合和集约化水平高为重要特点。主要种植麦类、玉米、马铃薯、蔬菜、瓜果、甜菜、向日葵、亚麻等，小麦产量约占世界总产量的50%，大麦、燕麦约占60%以上。园艺业发达，主产葡萄和苹果。畜牧业在欧洲农业中占重要地位，以饲养猪、牛、绵羊为主。法国、英国、荷兰、丹麦等国都有发达的农牧业。现代化中小型农场具有普遍适用性，在人口相对密集的区域，基本上无法发展大型化农场，而中小型农场则可以依托，各个地区的特色优势，因地制宜机动灵活的发展并带动当地农业，由粗放型个人各家零散经营无法主导市场等不利因素向集团化、基地化、集约化转变，为农村以及农业发展带来革命性转变，因此发展中小型农场，积极全面整合农村各种资源，中小型现代化农场可以极大的沟通连接城市与农村之间的各项交流和合作，可以促进城乡的优势互补缩小城乡差异实现最大化的共同发展，从而为加强各国交流以及粮食食品安全等关系提供了广阔的发展平台。

欧洲连锁经营的发展已成为流通业中的主流趋势，超市业态的连锁处于领先地位。法国的家乐福、欧尚，英国的 TESCO、百安居（BQ），德国的麦德龙、阿迪（ALDI）超市等。这些大型连锁企业以其规模实力、品牌影响在商品流通中有着举足轻重的地位，具有很大影响力。

在大多数欧盟国家，独立的家庭农场是最基本的农业生产单位，构成农村市场体系的基础，各种形式的农民合作组织则是农民介入市场活动的基本组织形态，他们把分散的农民整合成有竞争力的市场主体。

法国农民流通合作组织诞生于 20 世纪初期，其宗旨是实现农产品流通的组织化、标准化和规范化。首先建立的是农资合作社，通过共同采购降低价格，解决"买难"。随着生产力发展，农产品"卖难"逐渐突出，又建立了农产品收购、销

— 218 —

售合作社,有综合类的,也有按品种、按环节分类的。小的合作社只有几个农户,规模大的已经发展为集团。

法国政府大力支持合作社的发展,一直实行优惠税率,并且长期规定合作社只能为社员服务,不得收购其他经济组织的农产品。1972年后放宽了对合作社交易对象的限制,但仍规定同非合作社的交易额不能超过20%,且这部分交易不能享受税收优惠。目前,非社员也可以投资合作社的企业,但非社员在股东大会的表决权不能超过20%,以充分体现合作制的性质,保护社员的利益。在优惠政策推动下,目前法国90%的农民以不同的形式入社,合作社专职工作人员数量15万人。合作社收购初级农产品的比重达到60%,占全国食品加工业营业额的23%。

在欧洲农业合作社下的农业产业链高度整合,消费合作社下的城乡商业连锁服务一体化,以家庭为主的小农牧主组织了合作社,生产和流通开始摆脱分散经营的状况,向高增值和集约化发展,农牧民也逐步致富。其中,消费合作社作为合作社的一种形式,极大地活跃了城乡间的商业经济。为了给社员的农产品找到合理的出路,消费合作社以社员股金和贷款,批量购入生活必需品,再按低于市场零售价供应给社员。这是农户早期入股合作社的形式。消费品的批发价与零售价之间的差价即合作社的盈利,先从这些盈利中提取一定比例作为合作社的积累金后,其余部分按社员的入股金和份额进行分红。这种组织形式使农牧民在市场经济中免受了不公平的伤害。政府也乐于依靠合作社的组织形式管理乡镇、建设乡镇。

随着经济的发展,各类合作社不仅围绕其专业生产逐步走向现代化,同时也有了提供系列化服务的能力。合作社围绕农业生产和农民生活,从农资供应到农产品销售,从信贷、保险到医疗、培训,提供系统性的综合服务,降低了农户生产、生活成本,增加了农户的收入。在这一过程中,联邦、州、乡镇、合作社和农户共同出资,大大完善了乡村的生产、生活、文化和消费的基础设施。

1."共同":体现在《欧盟共同农业政策》。

✱十三、城镇化背景下国外农村流通体系建设的经验借鉴

农村发展政策与农业市场支持政策是其两大支柱。政策中"稳定农产品市场，保持农产品合理的销售价格以及确保农产品的供应，确保食品质量和安全，保护农村地区环境和动物福利，在不扭曲世界贸易的前提下帮助欧盟农民提高全球竞争力，维护和增强农村社区的活力和可持续性。"此外，欧盟对商品质量安全控制有着自己的一套较为有效、严密的体系，以确保商品的质量在此政策的指导下，欧盟农村市场得到法律法规的保护，可以自由交易，保持农村市场的活力。

2."强大"：体现在欧盟国家批发市场规模大、辐射强。

欧盟国家都拥有发达的农产品批发市场，市场占地面积和投资规模很大。德国的麦德龙批发市场，英国的博罗批发市场，尤其是法国拥有欧洲最大的鲜活农产品批发市场"汉吉斯"，是欧洲最大鲜活产品的综合批发市场之一，总投资规模4.9亿欧元，占地面积232公顷，市场辐射半径包括巴黎周边150公里范围，供应近1800万消费者，满足巴黎区50%的海产及鲜鱼，45%的水果蔬菜，35%的肉类食品。强大的批发市场直接影响着农村市场商品的流通，带动农村市场发展。

3."快达"：体现在欧盟国家商品物流快捷、交通四通八达。

起源于美国，发展在日本，成熟与欧洲。欧盟主要通过加强农村流通基础设施建设和利用法律手段来促进农村流通体系建设。在欧盟，纵横交错、四通八达的高速公路网已经扩展到广大农村，村镇几乎都有高等级的公路与高速公路相连接，确保农产品市场商品流通的便捷。

4."健全"：健全的市场信息服务覆盖农村市场。欧盟国家拥有发达的农村信息服务体系，完善的信息服务体系在农产品流通中发挥着越来越重要的作用。德国的农产品产销信息系统分别由两个体系完成，国家统计局负责生产信息的调查和收集，为保证信息的完备和准确，从联邦——州——县——乡都有相应的统计信息机构，市场信息由非赢利性的农业和食品市场价格信息报告中心负责调查和收集。主要农产品的价格由第一次购买者——直接进行加工的企业上报；蔬菜价格则是由生产合作社直接上报；农产品批发价格主要由大型商业企业和协会报告；零售市场的价格信息是由全国700多个零售商店、超级市场上报。如此健全的市

场信息系统可以让农村市场更好的运行。

5."**安全**":**严格的卫生安全制度**。2002 年欧盟成立里欧盟食品安全局,并实施《食品法》。欧盟国家实行严格的农产品卫生安全制度,为市场提供安全、健康的农产品,不仅保护了消费者的健康,维护了消费者的利益,赢得了消费者的信任,而且保证了农产品的信誉,减少了农业企业的损失,增加了农产品的价值。让农民吃得放心,买得安心,用得开心。

6."**合作**":**依靠合作组织提高农村市场主体竞争力**。在大多数欧盟国家,独立的家庭农场是最基本的农业生产单位,构成农村市场体系的基础,各种形式的农民合作组织则是农民介入市场活动的基本组织形态,他们把分散的农民整合成有竞争力的市场主体。法国农民流通合作组织诞生于 20 世纪初期,其宗旨是实现农产品流通的组织化、标准化和规范化。首先建立的是农资合作社,通过共同采购降低价格,解决"买难"。随着生产力发展,农产品"卖难"逐渐突出,又建立了农产品收购、销售合作社,有综合类的,也有按品种、按环节分类的。小的合作社只有几个农户,规模大的已经发展为集团。法国政府大力支持合作社的发展,一直实行优惠税率,目前法国 90% 的农民以不同的形式入社,合作社专职工作人员数量 15 万人。合作社收购初级农产品的比重达到 60%,占全国食品加工业营业额的 23%。合作的方式让农村市场更具有力量。

十四、互联网时代农村流通产业发展的政策建议

随着我国经济的快速发展，人均 GDP 和农村居民人均纯收入有了明显增长，恩格尔系数总体上降低。目前，我国人均 GDP 已突破 8000 美元大关，达到 8866 多美元，接近中等发达国家水平，农村居民人均纯收入接近 9000 元，比上年名义增长 17.9%，农村居民家庭恩格尔系数逐年降低，2012 年首次降低到 40% 以下，只有 39.3%。在这种情况下，农村的消费能力提高、消费结构变化、消费层次提升，进而对农村商品流通提出了新的要求，表现在消费环境的舒适化、产品的多样化、质量的适中化、价格的合理化、购物的方便化、服务的综合化。这必然要求流通方式、渠道、业态、设施、管理、服务都必须与此相适应。

面对新的形势，农村商品流通建设必须与"四化同步"相适应，认真研究农村消费需求的变化，科学规划网络布局，系统梳理和分析农村商品流通链条各环节之间的关系，整体上破解发展农村现代商品流通中的难题《全产业链进行管理创新》。

农村中原有的"小生产、小流通"格局、地产地销、短距离运输、一买一卖的产销关系已发生很大变化。当前，农村商品流通中产销关系表面上是量的矛盾，实质上是生产和流通主体之间的矛盾，多种因素交错复杂，表现在日用消费品产销能力不匹配，农产品产销主体地位不对等，农资行业利益格局不稳定。表现在：一是日用消费品的产业集中、产能过剩和品种丰富并存，农村日用消费品流通网络由于其设施落后、配送成本高、销售配送能力有限，工业品下乡变成"大水量和

小管道"的矛盾。二是农产品的分散经营局面短期内无法改变，农民专业合作社组织化程度低，无论是产量、质量、物流组织都无法根本上适应农产品大流通的要求，农业生产的弱势地位难于改变，农产品产销关系地位的不平等难于消弭。三是农资商品的资源约束性和消费的显著季节性，销售旺季和价格高企时，农资生产者往往自建销售体系、控制销售渠道，农资流通企业为了掌握资源只好向上游延伸，农资的产销关系变得复杂化，产销共赢共生的局面难于维持。

在当前农产品市场由卖方市场向买方市场过渡、消费结构决定生产结构的情况下，市场控制权已经由生产领域转向流通领域，流通在引导消费和延伸生产增值方面的作用日益强化，进一步创新农产品流通机制，构建有效的流通主体，将流通增值的隐性地位"显性化"，流通增值的分配对象"农民化"，应成为解决农民增收问题的关键着力点。

国有资本参股控股的股份制大型流通商业为主导，民营商业为主体，引进外资商业做示范，保持个体、小型商业为补充。在具有市场导向作用的大型流通企业当中，必须保证国有资本的适量存在。这不仅涉及到市场的稳定和繁荣，而且涉及到新兴工业化道路的有序推进和国家的经济安全。供销合作社一直在农村商品流通中发挥着重要作用，2015 年销售额占到县及县以下社会消费品零售总额的12%。因此，发挥供销合作社在农村商品流通中的主导作用，有利于市场的稳定和繁荣，有利于新型城镇化道路的有序推进和国家的经济安全。广大中小流通企业和农民专业合作社更适应农村商品流通点多、面广、变化大的特点，所以应以其作为商业体系主体和基础。引进外资只是为起到示范性、引导性的作用，决不能由其占据主体性、支柱性、主导性的市场地位。另外，我国人均收入水平低下、收入分配不平衡、东西部和城乡差距较大、低收入群体庞大的国情决定了个体商贩、集市、小商品市场，必须长期存在。因此，在四化同步尤其是城镇化快速推进的过程中需要加大农村商品流通网络的整合力度，形成以供销合作社为主要渠道，中小流通企业、农民专业合作社为主体，引进外资商业做示范，保持个体户、农家店为补充的农村商品流通网络。以供销合作社为主的多元化组织建构由于既能发

十四、互联网时代农村流通产业链发展的政策建议

挥统一主体的综合协调作用，又可发挥多元组织主体的广泛性，所以这样不但能及时掌握情况和反馈信息，而且能有效实现各种农村流通组织主体间的互补。民营商业资本比国有商业资本更适应商品流通点多、面广、变化大的特点，所以应以其作为商业体系主体和基础。另外，我国人均收入水平低下、收入分配不平衡、东西部和城乡差距较大、低收入群体庞大的国情决定了个体商贩、集市、小商品市场，必须长期存在。现阶段就采取"取代""限制""改造"等过激政策是错误的，它们的市场补充作用还需要进一步挖掘。

农村零售商业业态结构应当以百货店为主导、以各种超市为主体、以专业店和专营店群为辅助，有条件的地区适当地发展购物中心，许多地区特别是欠发达地区则应长期保留夫妻店、小商贩、小生产商等传统形式。

（一）政府加强顶层设计

充分认识农村商品流通的重要作用，在完善法律法规的基础上，理顺各方之间的关系，加大投入力度，科学规划网络布局，大力发展新型流通业态，积极引入现代流通方式，规范市场秩序，建立"布局合理、规范有序、高效畅通、管理科学"的现代农村商品流通新体系。

1. 充分发挥市场调节的基础作用，完善政府调控机制。

鼓励各种市场主体充分发育，发挥市场自组织作用，建立健全中小微型流通企业的扶持机制。研究界定农村商品流通的经营性和公益性、明确宏观调控的范围尺度，不断完善宏观调控的组织工具和经济手段，通过透明的、规范的市场准入管理方式，规范市场秩序。

2. 加大各种政策协调整合力度，充分发挥政策组合效应。

从整体上理顺和协调农村商品流通链条各环节主体的利益关系出发，清理整顿并制定法律法规，制定统一的农村商品流通规划。整合财税、金融、土地等政策，出台相互配套、紧密衔接的农村商品流通的法规、规划、政策、标准规范，充分发挥政策组合的系统效应。

3. 建立专项基金制度，向农村流通的关键节点和薄弱环节倾斜。

变"撒胡椒面"的扶持方式重点区域、重点市场、物流设施、检测检疫、质量追溯、信息化等流通链条关键节点倾斜转变。对于东中西部，尤其是东北、西北、东部沿海等差异较大的地区实施不同的政策，同时，加大对网络薄弱县、空白县的扶持力度，鼓励农民专业合作社的联合合作，提高市场主体的组织化程度，实现重点突出、均衡发展的流通格局。

4. 着力提升农村流通主体的组织化，扶持农村流通主渠道。

一是要引导农产品经纪人规范发展，提高农产品经纪人的行业素质、诚信水平和经营规模，鼓励其与农民建立稳定的购销关系。二是要大力发展农民专业合作社，鼓励专业合作社开展联合，鼓励合作社与大型生产流通企业对接，进一步提升生产和流通的组织化水平。三是要充分利用在农村流通中占有主导地位的供销合作社等经济组织，加大对供销合作社等传统农村流通组织资源的支持力度，发挥其在农村的网络、组织和人才优势，节约建设成本，提高资金使用效率，建立起以供销合作社为主导的农村商品流通体系，并将其培育成政府调控农村市场的有力抓手。

5. 积极扶持推进一网多用，提升流通网络的综合服务功能。

积极引导，加大扶持，因地制宜，"一网多用"，综合经营，努力把"农家店"构建成集日用消费品销售、农资品经营、科技信息服务、农产品收购营销、文体健身于一体的综合服务中心。充分发挥各个产业网络优势，形成相互融合，相互促进，一网多用，双向流通的物流网络体系。通过物流平台而实现农资、农产品、日用消费品、再生资源网络的融合，特别是扶持大型物流园和第三方物流配送中心，可实现不同产品的物流配送，季节平衡和双向流通。通过支持电子商务信息网络的渗透而实现农资、农产品、日用消费品、再生资源网络的融合，实现一网多用，相互促进。

6. 推进财税金融扶持政策的改革发展，创新农村流通金融扶持方式。

要加大对农村流通中公益性基础设施建设的扶持力度，进一步增强财政政策和扶持资金的针对性和连惯性，提高财政资金使用效率。要尽快研究制定连锁企业统一纳税后地区间财政利益的调整和补偿办法，完善流通物流企业增值税抵扣政策，进一步扩大农产品增值税免税范围。要努力探索财政资金与金融服务的有机结合，通过财政资金担保、资金互助社、小额信贷等方式支持农民专业合作社。支持供销社农资、棉花流通企业开展供应链金融试点。

7. 完善农村商品流通信息监测机制，充分发挥行业协会的引导作用。

建立政府各个部门之间，政府与行业协会之间共同参与的信息监测机制。重视行业协会等第三方发挥更大作用，鼓励成立各种农村流通领域的行业协会，完善行业协会的功能作用，充分发挥行业协会的指导、协调、引导、自律及行业维权作用。

（二）建好农村电商平台

建好一个电商平台。近年来，农村电商迅速崛起，近百个各类电商平台下乡，上千个县开启了农村电商进程，其推进速度不可谓不快，但模式简单、不接地气、难以盈利等问题也同样需要反省。整个农村电商的模式依然需要再深化、再细化，各大平台的农村电商模式也需要差异化，各个不同区域的农村电商也需要特色化。对于农村电商而言，它有其自身的特殊性。农村电商一定要从农村的实际出发，合适的才是最好的。

农村流通产业链建设需要电商平台充分挖掘整合线下庞大的实体网络和其他社会主体的有利资源，构建具备便民业务代办、涉农信息收集发布、农产品网上交易、大数据分析处理、物流智能化调度等功能的农村电子商务平台。

（三）搭建园区—综合体—门店网络体系

农村流通产业链建设应该建立园区-综合体-门店的网络体系。市县级要建设现代物流园区，镇要建设综合体，村则要建门店。搭建"四位一体（电商公司、电商协会、运营中心、中转物流）"的物流网络运营构架。组织农民专业合作社、家庭农场、行业协会、农产品批发市场、农业经纪人等市场主体，参与物流网络建设。全国的快递网络都能够到达县级城市，但要从县级覆盖到村级的物流，这是当前所有快递的一大软肋，不仅仅是普通快递包裹，还包括大家电等品类的物流需求。建立县级物流园区，承接对三通一达、顺丰、宅急送等快递企业县级网点合作，单一一个县的包裹流量相对来说是比较少的，如果做县级物流园区，在县到村的配送方面，如果包裹量集中，可以采用小货车配送，或者借助社会化模式整合资源，完全可以采取 Uber、滴滴打车的众包模式。镇级综合体则是包含了电商、超市、体验店等为一体的服务综合体。乡镇商贸综合体可以是传统网点升级改造，也可以是大型企业统一开发，也可以是当地企业开发，或者是走公司合作（PPP）的开发模式。根据各区域的特点，商贸综合体以连锁超市为主体，涵盖农产品展览展示交易厅、办公楼、休闲购物、特色餐厅、健康美容、休闲书店等业态，实现商业、休闲、展示等综合性功能。村级农家店通过"统一采购、统一配送、统一标识、统一规范服务"输出品牌、管理模式、商品货源等，用直营、加盟等方式将现代管理理念、营销方式。

（四）整合村级物流及流通服务终端

建设村级物流服务终端。推进村级综合服务社信息化改造和提档升级，完善网上便民服务功能，规范经营服务、考核办法和信用评价体系，实行在线管理。按照村级综合服务社新的"四有"（即有公益性、经营性、电子商务、助农金融服务）标准，制定店面建设规范，承担电商代购代售、快递代收代发和农资商品需求信息、农副土特产品购销信息、物流信息的收集、发布等终端功能。将村级综合服务社与"农民办事不出村"、"美丽乡村"建设、"村村通客车"、农村养老、医疗和农村地区公共取送点建设对接，推进服务创新。

（五）物流金融融合服务

依托村级物流综合服务社，着力打通金融普惠的"最后一公里"，解决金融服务"村村通"的问题。利用手机移动终端,农村居民足不出村,就可实现小额取款、现金汇款、转账汇款等基础金融服务,同时执行免账户管理费、免收年费、免收开卡工本费、免跨行汇款手续费、免收短信通讯服务费等金融服务。

(六)第三方物流综合服务商整合供应链

加强与交通运输、农业、商务、邮政等部门及其它主要快递物流企业的合作,按照"统筹布局、资源互补、共同开发"的原则,合力推进农村物流基础设施建设,逐步完善以县级配送中心、乡镇物流中转站、村级综合服务社物流服务点三级物流节点为支撑的农村物流网络体系,打通农村电商物流最后一公里。加快连锁经营、物流配送等现代流通方式运用,以县域配送中心为龙头、乡镇超市为骨干、村级综合服务社为终端的三级流通网络体系进一步健全,物流配送能力得到提升。通过将一部分或全部的农产品物流活动委托给专业的第三方农产品物流企业。把生产者分散的农产品集中到物流配送中心,然后由物流中心再统一配送到整条供应链的各个节点,实现农产品的快速高效配送,减少流通环节,提高农产品的新鲜度与质量。实现整条农产品供应链资源的优化配置,实现价值增值。这些网络资源通过系统整合,都能够为电子商务平台所用。推进全省新农村现代流通服务网络工程升级提质,健全农资、农副产品、日用消费品、再生资源等经营网络,加快形成连锁化、规模化、品牌化经营服务新格局(如图14-1所示)。

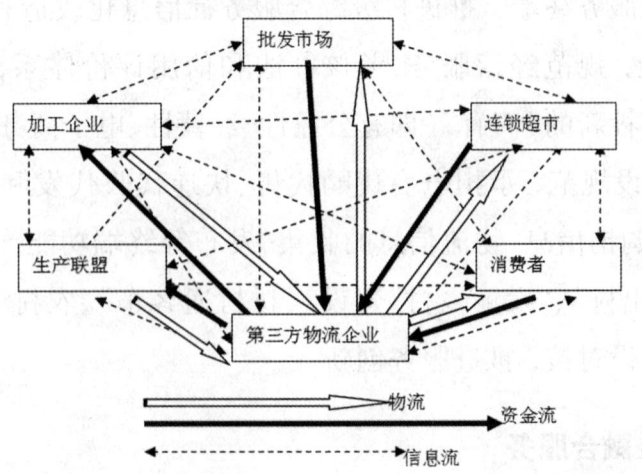

图14-1 第三方物流实现农村供应链资源的优化配置

（七）建立一个物流公共信息服务平台

打造公益性的物流公共信息服务平台。信息平台的农村供应链信息管理系统由综合信息平台、生产协调系统、物流配送系统、采购与需求管理系统组成。综合信息平台集各种信息汇总发布的门户网站也是产品电子商务交易发生的场所。以供销合作社为核心的农产品生产经营信息网络系统如图14-2所示。

建立农产品质量检验检测和可追溯体系，推行农产品市场、农作物病虫害和土壤环境的监测和预警。通过村级综合服务社网点采集农产品、农业生产资料、农村消费品价格供求信息，进行大数据分析处理，形成和发布价格指数。利用村级综合服务社信息化终端和全省一体化网络体系，设立信息终端采集点和信息发布渠道，建立与全国联网的全省农产品及农业生产资料信息发布系统和预警机制。

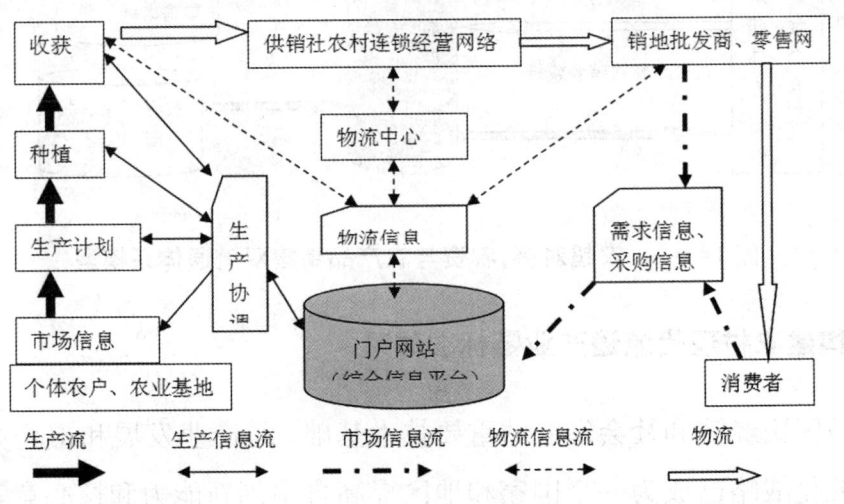

图14-2　以供销合作社为信息平台的农产品供应链信息管理系统

（八）积极参与农村物流深度经营保证农民增收受益

农村物流市场深度经营是在物流服务中引入某些现代因素，如知识、技术、信息以及现代市场组织体系，注重对本地特色网销产品的开发和培育，加强对品牌基地的命名和宣传，塑造品牌，培育"三品一标"（绿色、有机、无公害、地理标志）

产品，逐步形成特色网销产品聚集地和产业带。培育发展一批电子商务明星村，村级综合服务社通过裕农网，实施公益性代理服务和普惠金融服务，引导和带动村民开展特色明显、品种聚集、品牌突出、物流配套的网络交易活动。在城市，整合百货商场、连锁超市、农贸市场等销售网络，实现农超结合，减少流通环节促进农产品的销售。各地区可以根据当地农业发展经济状况以及零售企业根据自身条件选择以下几种不同的农超结合形式："超市＋农民专业合作社＋农户"、"超市＋龙头企业＋农民专业合作社＋农户"、"超市＋基地＋农民专业合作社＋农户"。图14－3是农超对接，农资与农产品销售双流通体系模型。总之，通过深度经营农村物流保证农民增收受益。

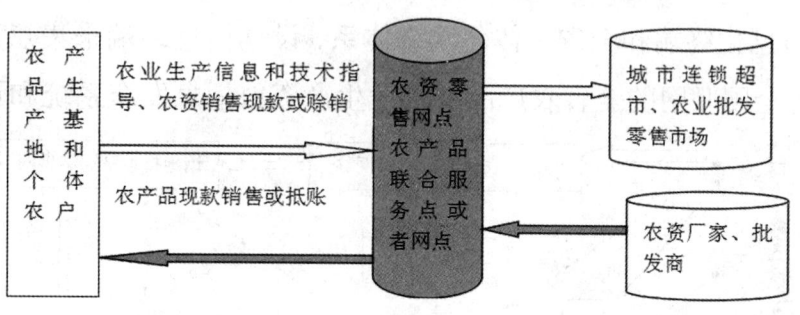

图14－3　农超对接，农资与农产品销售双流通体系模型

（九）构建农村现代流通产业链标准体系

标准是国民经济和社会发展的重要技术基础，是产业发展和市场竞争的核心要素。标准化战略已成为一个国家和地区提高自主创新能力和核心竞争力的重要战略之一。标准化工作是调整产业结构、转变发展方式的重要手段，是实施质量兴业战略、增强自主创新能力的重要内容。农村现代流通网络要广泛、规范发展，就需要标准化提供强大的技术支撑。

1.构建农村现代流通网络标准体系是完善农村市场体系、促进农村现代流通体系建设的必要途径。

开展农村现代流通网络标准体系及关键标准研究，将有利于发挥标准对建立和完善农村现代流通网络体系的技术支撑作用，促进农村现代流通网络的规范化建设、提升农村流通业的现代化水平，为推动农村现代流通业科学发展、满足农民消费日益提高的精细化需求发挥重要作用。

2. 构建农村现代流通网络标准体系是实现"标准统一、管理有序、运营规范"的新农村现代流通网络的重要内容。

要健全农村市场体系，发展适应现代农业要求的流通产业，要实现和发挥好"流通产业链"的效益，关键在于提高网络运行的质量和水平，确保网点建设质量好、运营质量高。农村流通体系要在网络运营、业态发展、组织建设、企业管理、形象设计等方面，从根本上摆脱零散、陈旧、土气等形象，就要研究制定目标明确、条理清晰、符合实际、可操作性强的标准和规范。

农村现代流通网络标准化及标准体系的建立和完善，一方面可以为农村现代流通网络的规范化发展提供重要的技术指导，有利于提升农村现代流通网络的运营质量，另一方面也可以为"流通产业链"项目质量实施监管提供必要的依据。

3. 构建农村现代流通网络标准体系是净化消费环境、杜绝假冒伪劣商品的重要保障。

当前农村市场上，假冒伪劣商品损害农民利益的现象屡禁不止。净化农村市场，规范农村市场秩序，改善农村消费环境，是促进农业稳定发展、农民持续增收、扩大农村消费的迫切要求。通过加强农村流通网络的标准化建设，加大对经营门店的商品质量管理与监督，规范经营服务行为，才能促进农村市场秩序的规范，才能更好地保障农村消费者对农资商品、农村日用消费品的安全消费，才能更好地保障城市消费者对农产品的安全消费，才能推进放心商品下乡进村，有效解决农民消费存在着的"不安全、不方便、不实惠"问题。

4. 构建农村现代流通网络标准体系是推进行业标准建设的重要内容，是农资网络标准化研究的积极探索。

在农村现代流通网络标准体系中，相关的标准之间存在客观内在的联系，它们相互依存、相互制约、相互衔接、相互补充，构成一个有机整体。农村现代流通

❋十四、互联网时代农村流通产业链发展的政策建议

网络标准体系的建立可有效确保标准编制工作的科学性，减少标准之间的重复和矛盾，同时又为指导当前及今后一定时期内标准制定、修订立项及科学管理提供科学依据。

最近几年，相关部门加大了与连锁经营网络相关联的标准的制定、修订工作，取得了一定的进展。但目前，针对农村流通网络标准体系还没有部门进行相应的研究并制定相应的标准，此项研究成果将填补国内现有标准研究在农村流通建设标准化上的空白。

农村现代流通网络标准体系的组成单元是按其内在联系形成的科学的有机整体的一系列农村现代流通网络的标准，用以表达农村现代流通网络行业标准体系的构思、设想、整体规划。从理论上看，标准体系（表）应是促进一定标准化工作范围内的标准组成达到科学合理化的基础，是一个包括现有、应用和预计发展的标准的全面蓝图，并将随着实践的发展而不断得到更新和充实。从实践上看，标准体系（表）一旦形成并被批准采用，它将是编制标准制修订规划和年度计划的主要依据。

建立和完善科学、统一、适用的农村现代流通网络标准体系，努力使农资、农村日用消费品、农产品、再生资源回收利用流通过程中每个环节有标准可依、有规矩可循，为实现提高农资、农村日用消费品、农产品、再生资源回收利用流通效率、降低流通损耗和成本、建立完善高效、畅通、安全、有序的农村现代流通网络标准体系提供有力的技术支撑。农村现代流通网络标准体系的构建应遵循以下原则：

一是整体性。整体性指的是构成标准体系的各标准不是独立的要素，而是相互联系、相互作用、相互约束、相互补充，从而构成一个完整统一体。农业生产资料、农村日用消费品、农产品、再生资源回收利用等网络标准体系的建立要对技术、管理、服务和信息等所有需要标准化的要素进行统筹考虑，系统分析网络的各个环节中所涉及到的技术、管理、服务等内容，保证标准之间的统一、协调一致，形成一个系统完整、逻辑清晰、类别层次分明的标准体系，确保各个环节和关键节点有标准可依、有规范可循。

— 232 —

二是目标性。任何标准体系的建立都有明确的目标，都是围绕特定标准化目标而成的，农业生产资料、农村日用消费品、农产品、再生资源回收利用等网络标准体系的建立是为了规范网络的建设、运营和管理，推动农村现代流通网络标准化，提高网络运营的效率和效益，净化农村市场环境，满足农村居民的各种需要。因此，建立标准体系时，应围绕网络发展目标，加强现有标准的研究，制订、修订系列标准，使建立的标准体系目标明确、科学有效。

三是扩展性。扩展性指的是根据外部环境的发展变化，可以通过添加新标准或修改完善现有标准来实现网络未来规范发展。标准体系只是建立一个大的框架，在这个框架包涵了现阶段的各项标准，其中，有些标准可能还没有制订，也有些标准随着环境的变化可能需要修改完善，还有些领域的标准没有涵盖进来，因此，标准体系要能根据对象的变化、技术或者管理水平的提升制定、修订或废止相关标准。

四是适用性。标准体系的适用性指的是用来评估所提出的标准对外部环境的适应程度，以及在特定条件下适合其规定用途的能力。这就要求标准体系结构合理、级别适宜、内容科学合理，能真实反映我国总体生产水平并且能够体现国际标准水平，标准之间相互协调配套。

五是先进性。农村现代流通网络标准体系要能反映农村现代流通网络的基本规律和内在要求，标准反映行业中上发展水平，具有一定的引导性，从而能够引领行业发展水平。并且，要积极采用国际标准和国外先进标准，加强与国际有关标准组织的交流与合作，学习和借鉴国外先进的标准化经验，实现我国农村现代流通网络标准体系更好的与国际标准接轨。

构建农村现代流通网络标准体系的目的主要是：

第一，农村现代流通网络标准体系是指导当前及今后一定时期内农村现代流通网络标准制定、修订立项及科学管理的基本依据。 完整、合理而科学的农村现代流通网络标准化体系可以全面描绘本行业标准发展的蓝图，可以科学、规范地编制农村现代流通网络标准的制、修订规划和计划，便于寻找与国外标准的差距，明确标准更新和充实的重点。

第二，农村现代流通网络标准体系是为了规范农村流通经营秩序，为农村流通中需要协调统一的事项所制定的共同的、重复使用的技术依据和准则。相关的农村现代流通网络技术标准都存在客观内在的联系，相互依存、相互制约、相互衔接、相互补充，构成一个有机整体。

第三，农村现代流通网络标准体系的建立可有效确保编制工作的科学性，减少标准之间的重复和矛盾。因此，运用系统分析的方法建立标准体系十分重要。实践证明，不建立标准体系，不规划标准的最佳秩序，往往会使标准的制订处于盲目状态，以致在标准发展到一定数量后，会发现标准之间存在不协调、不配套、组成不合理，甚至互相矛盾的现象。

第四，通过科学、合理的农村现代流通网络标准体系的建立获得最佳秩序和效益。通过构建标准体系，使农村现代流通网络建立起最佳的技术秩序、管理秩序、工作秩序。通过在农村现代流通网络各方面、各环节都建立起互相适应的成龙配套的标准，帮助和促进连锁经营企业按照标准进行井然有序的经营管理活动，以提高效率。同时，制定标准时，不仅要考虑标准在技术上的先进性，还要考虑经济上的合理性，要综合考虑整个行业的最佳经济效益。

参考文献

[1] 黄国雄.开拓中国农村市场的几点思考[J].广东商学院学报,2007(2):72

[2] 黄国雄.转变观念,构建多元化的农村市场结构[J].商业时代,2013(4):4-5

[3] 杨海丽.我国连锁零售企业跨区域扩张研究[J].商场现代化,2006(10):3-4

[4] 李刚,汪旭晖.农村商贸流通服务业破坏性创新战略的影响因素及实施效果[J].兰州学刊,2010(7):98-101

[5] 曾伟,宋晓东.中国农村零售业发展研究[J].财经问题研究,2013(3):88-92

[6] 汪旭晖,徐健.农村零售业态创新:一个基于东北地区农民消费行为的探索性研究[J].农业经济问题,2009(5):44-49

[7] 黄漫宇.中国农村零售业态变革分析[J].农业经济问题,2011(9):72-76

[8] 原生梅,弓志刚.论现代农村商品流通体系的构建[J].财贸经济,2005(3):81-83

[9] 张如意,张鸿.城乡统筹视角下农村商贸流通主体的培育[J].商业经济与管理,2011(10):27-32

[10] 卜森.农村连锁企业市场扩张模式与路径分析[J].求索,2012(6):33-35

[11] 高柳珍, 吕文鹏. 渠道创新视角下的农村商品流通模式[J]. 改革与战略, 2012(5):109-111

[12] 荆林波, 丁宁. 中外零售企业在农村市场创新扩散的比较研究——基于沃尔玛与苏果的案例分析[J]. 河南大学学报, 2012(11):62-67

[13] 张喜才, 陈秀兰. 农村商品流通网络的整合发展研究[J]. 中国流通经济, 2014(04):20-26

[14] 李志刚. 扶植我国农村电子商务发展的条件及促进对策分析[J]. 中国科技论坛, 2007(1):123-126

[15] 高海霞. 基于消费市场特征的农村电子商务网购市场发展策略探讨[J]. 未来与发展, 2011(7):77-81

[16] 李玲芳、徐思远、洪占卿. 农村电子商务: 问题与对策[J]. 中共福建省委党校学报, 2013(5):70-74

[17] Shakil M. Rahman Ahmad Tootoonchi Michael L. Monahan. Digital technology: a vehicle for making rural businesses competitive, Competitiveness Review: An International Business Journal, 2011, Vol. 21 Iss 5:441-451

[18] 蒋耀平. 以信息化推进流通体系现代化[J]. 求是, 2010(15):26-28

[19] 赵志田、何永达、杨坚争. 农产品电子商务物流理论构建及实证分析[J]. 商业经济与管理, 2014(07):15-21

[20] 刘雪芹、吴红霞、张春玲. 与实体相结合的农村消费品县域电子商务发展研究[J]. 价格月刊, 2013(10):47-49

[21] Leslie Stoel SoWon Jeong Stan Ernst, Beliefs of small, independently owned rural retailers about internet use: a typology, Marketing Intelligence & Planning, 2010, Vol. 28 Iss 1:88 - 104

[22] 韩美贵、张兆同. 改善和发展我国农产品物流的思考[J]. 农村经济, 2005(9):21-23

[23] 张喜才. 鲜活农产品流通链条中冷链节点及政府支持研究[J]. 中国流

通经济,2012(4):46-51

[24]张喜才.中国农村市场体系建设研究[C].中国物流学术前沿报告,中国财富出版社,2014:52-63

[25]刘雪芹、吴红霞、张春玲.与实体相结合的农村消费品县域电子商务发展研究[J].价格月刊,2013(10):47-49

[26]Vanessa P. Jackson Leslie Stoel. A qualitative examination of decoupling, recoupling and organizational survival of rural retailers[J], Qualitative Market Research: An International Journal, 2011(4):410-428

[27]李国英."互联网+"背景下我国现代农业产业链及商业模式解构[J].农村经济,2015(9):29-33

[28]Mario Zappacosta. Information technologies for rural development: between promises andmirages[J]. info,2001(3):521-534

[29]Shakil M. Rahman Ahmad Tootoonchi Michael L. Monahan. Digital technology: a vehicle for making rural businesses competitive[J]. Competitiveness Review: An International Business Journal, 2011(21):441-451

[30]Huggins, R. and Izushi, H. The digital divide and ICT learning in rural communities:examples of good practice service delivery[J]. Local Economy, 2002(2):111-22

[31]Thomas, B., Sparkes, A., Brooksbank, D. and Williams, R. Social aspects of the impact ofinformation and communication technologies on agri-food SMEs in Wales[J]. Outlook onAgriculture, 2002(1):35-41

[32]Kourouthanassis, George M. Giaglis:Introduction to the Special Issue Mobile Commerce: The Past, Present, and Future of Mobile Commerce Research[J]. Int. J. Electronic Commerce, 2012, 16(4): 5-18

[33]Huang, E. Online experiences and virtual goods purchase intention[J], Internet Research,2012(3):252-74

✽参考文献

[34]Kim, C. , Tao, W. , Shin, N. and Kim, K. S. , An empirical study of customers' perceptions of security and trust in E – payment systems [J]. Electronic Commerce Research and Applications, 2010(1): 84 – 95

[35]张喜才. 电子商务进农村的现状、问题及对策 [J]. 农业经济与管理, 2015(6):46 – 51

[36]Venter, Christoffel J. Molomo, Mashiri, Mac. 2014 Supply and pricing strategies of informal rural transport providers[J]. Journal of Transport Geography, 2014(41):239 – 248

[37]Laura Galloway Robbie Mochrie, The use of ICT in rural firms: a policy – orientated literature review[J]. info, 2005(3)33 – 46

[38]贺国杰. 农村电商的物流瓶颈及应对措施[J]. 物流技术, 2015(34):61 – 62

[39]魏延安. 农村电商发展亟须应对的七个现实问题[J]. 中国乡村发现

[40]陈佳华. 浅析农村电商及特色化进程发展[J]. 物流工程与管理, 2015 (10):95 – 97

[41]刘云龙, 侯忠伟, 吴磊. 基于线上线下交易的农村物流发展模式研究 [J], 价格月刊, 2013(2):86 – 89

[42]丁丽芳. 我国农村物流发展的问题与对策[N], 光明日报, 2014 – 05 – 10

后 记

从事农业产业链研究近 10 年，越来越感觉到吃力。研究的内容、方法、视角都发生了较大的变化。新常态、互联网＋、供给侧改革等新思想层出不穷，我也隐隐地感觉到产业链是个筐，啥都可以往里装。作为青年学者，坚持一个研究方向本就不容易，因为我们所不能预期和决定的外部因素太多了。从中国人民大学师从张利庠教授、孔祥智教授，到现在独立地带课题、带学生，总感觉产业链研究需要有一个更大范围的总结和限定。我记得我的第一本著作中就提出要建设产业链学派，让产业链研究有一个团队。这虽是我的第三本产业链学术著作，有了进一步的拓展，但还是没有能够提出合理的框架。

我想着以后要更加深入地研究产业链，集中在产业链物流、产业链教育、产业链边界这三个环节，然后再完成一部教材《产业链管理》。当然，能力所限，我在研究过程中也汲取了很多前辈的成果，以便于开拓研究的方法和深度。

感谢北京物资学院商学院的领导和同事，魏国辰、于冠华、吕波、闫甜，还有肖为群、杜红平、郭红莲、罗倩文、孙静、董丽萍，等等。有幸跟大家在一起真的很幸福。期待我们能够共同创造更大的辉煌。

感谢中国人民大学张利庠教授、孔祥智教授，还有很多教授都给了我很大的启示，感谢他们。

感谢我的妻子和孩子，还有很多同学们，和他们在一起本身就很快乐。